Balázs Dercsényi–Gábor Hegyi–Ernő Marosi–József Török

IGLESIAS CATÓLICAS
EN HUNGRÍA

Autores

Balázs Dercsényi
historiador del arte, redactor del libro

Gábor Hegyi
fotógrafo, fundador del Archivo de Arte Fotográfico
"Iglesias Católicas en Hungría"

Ernő Marosi
historiador del arte, director de Instituto
de Investigaciones de la Historia del Arte de la Academia
de Ciencias de Hungría

József Török
profesor de historia eclesiástica de la Academia
de Teología Católica Péter Pázmány

Redactora responsable
Erzsébet Déri

Diseño
Julianna Rácz

Traducción
János Papp, Katalin Pálffy, Judit Stádler,
Ferenc Szőnyi, Krisztina Zilahi

Correción
Gloria Oviedo Chaves

Balázs Dercsényi

Gábor Hegyi

Ernő Marosi

József Török

Prefacio

György Fekete
Arquitecto de Interiores
Subsecretario de Estado
del Ministerio de Cultura
y Educación

Dr. István Seregély
Arzobispo de Eger
Presidente del Cuerpo
Episcopal Húngara

**CASA EDITORIAL HEGYI & CÍA
BUDAPEST, 1992**

IGLESIAS CATOLICAS EN HUNGRIA

A la edición del libro han contribuido:
La Oficina Comercial del Canal 2
de la Televisión Húngara–TFL (Gábor Török, András Fényes)
András Sólyom
Talleres Gráficos Révai Óbuda S. L.

A la creación del Archivo de Arte Fotográfico
"Iglesias Católicas en Hungría" han contribuido:
Fundación por el Desarrollo de la Arquitectura
MAFILMRENT S. L. (luminotécnico: András Elek, Imre Nagy)
Attila Czunyi, Gyula Frank, László Jónás (luces)
György Kalászi – fotógrafo
Editorial Cserépfalvi (Tamás Békés)
László Lethenyei (laboratorio de color)

Los colaboradores del libro expresan su agradecimiento
a todos quienes han contribuido con su confianza,
fe y dedicación a la edición de esta obra:

Color Point S. L. (János Bakos)
Intendencia Nacional del Patrimonio Arquitectónico y Monumentos
Históricos

Banco Budapest S. A.
Banco de Cooperativas de Ahorro S. A.
Fondo Cultural del Ministerio de Cultura y Educación
Ministerio de Relaciones Económicas Internacionales
Hungexpo

- La casa y el hombre se condicionan mútuamente.
- La relación entre Dios y su Casa es mucho más evidente, aunque más misteriosa.
- Los constructores de las iglesias, al edificar el templo, superan con creces sus capacidades originales.
- En los muros de las iglesias la historia va grabando definitivamente no sólo su propio ser continuo sino también la microhistoria de todos los hombres.
- En el silencio de las iglesias se apaciguan las debilidades que nos acompañan día tras día dentro de nuestras propias casas.
- La torre de la iglesia fue admitida hace tiempo por el paisaje como Buen Pastor de los rebaños apretujados de pueblos y ciudades.
- En las iglesias no somos nosotros quienes encerramos al Creador sino que es Él mismo quien se sienta entre nosotros para darnos consuelo y perdón.
- La iglesia es una forma arquitectónica básica, al igual que el sagrado cuerpo humano, creado a la imagen de Dios.
- La iglesia aun en ruinas sigue viviendo, pues está alojada dentro de nosotros desde el rito del bautismo.
- La nueva iglesia, en cambio, es el milagro construido de la confianza humana, fuente de las esperanzas más vivificantes.

Arquitecto de Interiores
Subsecretario de Estado del Ministerio de Cultura y Educación
Budapest, 1992

Al leer la historia del pueblo húngaro y la de su Iglesia, se da la impresión que este pueblo, que es cristiano y europeo desde hace un Milenio, llegó a acostumbrarse a la renovación constante, al reinicio y al resurgir. Reiteradas conflagraciones, guerras físicas y espirituales devastaron más de una vez la obra erigida por la fatigosa labor de generaciones sucesivas. Pese a ello, tal como lo rezan los versos de uno de los insignes poetas húngaros citado por el papa Juan Pablo II al visitar a Hungría: "Vive el magiar, sigue firme la plaza de Buda."

Estoy convencido que la inquebrantable vitalidad del pueblo húngaro emana de la fe en el Cristo resurrecto. Es por ello que la lectura del presente libro, que testimonia con las iglesias de varias épocas el espíritu de la hungaridad cristiana, nos hace partícipes de la experiencia de revivir la Historia. De este mismo espíritu brotan la vida y la cultura evocadas elocuentemente por las fotos magníficas de 131 iglesias católicas húngaras.

Debemos expresar nuestro agradecimiento a la Editorial Hegyi & Cía. por haber editado el presente álbum. Las 652 fotos en color son acompañadas por los estudios eruditos del dr. József Török y el dr. Ernő Marosi, quienes nos guían en lo referente a la historia eclesiástica y artística de las iglesias húngaras.

Al conocer las iglesias de nuestras latitudes el lector de países lejanos se aproxima a Hungría y a la historia húngara, recorriendo en el alma una región fronteriza que amalga las Artes de la Cristianidad del Occidente y el Este. Tal vez despierten estas páginas también el deseo de escuchar algún día en estas casas de Dios, que emanan el pasado y la espiritualidad, los cantos que laudan al Dios eterno, a los victoriosos moradores de su casa y a los santos.

Deseo que la belleza visual de las imágenes que hacen visibles las relaciones entre Dios y el Hombre rompa los cercos de nuestro idioma condenado a una soledad en Europa. Que nos acerquemos mútuamente, como portadores del legado común de Europa, conduciéndonos a crear nuestra futura casa europea común. Si el presente álbum logra obrar un poco en pro de este cometido, su edición y acogida con toda certeza serán acompañadas por la bendición de Dios.

Arzobispo de Eger
Presidente del Cuerpo Episcopal Húngaro
Eger, 1992

ENSAYOS

JÓZSEF TÖRÖK
La iglesia católica

ERNŐ MAROSI
Iglesias católicas húngaras
– compendio de historia del arte

JÓZSEF TÖRÖK
Historia de las diócesis
de Hungría

La iglesia católica

El húngaro antiguo prefería denominar la iglesia construida de piedra recurriendo al término egyház, inspirado en los modelos de la Iglesia espiritual de la comunidad viva de los cristianos. La palabra que deriva de ecclesia expresaba mejor las peculiaridades esenciales de esa comunidad que cualquier otro equivalente húngaro del templum latino aplicable para las construcciones destinadas al culto de cualquiera de las religiones.

Las enseñanzas de la iglesia

Los edificios de culto de la cristianidad asumieron unas funciones sustancialmente diferentes a las de los templos de las demás religiones; es más, se distinguieron decisiva y cualitativamente incluso de la Sacra Tienda judía y del Templo de Jerusalén. El mismo hecho de que en el momento de la muerte de Jesús "se oscureció el sol y… la cortina del santuario se rasgó por medio" (Lucas 23, 45), comprendía connotaciones profundas para los apóstoles y para los demás discípulos. Sin embargo, a pesar de la diferencia, se ha de tener en consideración el contenido espiritual que recibieron como legado paterno los primeros cristianos provenientes de los judíos.

La Iglesia como Cuerpo de Cristo (corpus mysticum) y el edificio, el templo-iglesia que sirve para congregarse, cuentan con antecedentes en el Antiguo Testamento. El Nuevo Testamento no fue una simple separación del Antiguo Testamento, sino que nació de éste último. El Quahal del Antiguo Testamento es la preconfiguración y el arquetipo de la comunidad del pueblo de Dios; si se congregaba, lo hacía para escuchar el verbo de Dios, para dar una respuesta colectiva en las oraciones y para ofrecer un sacrificio que sellaba de nuevo la unidad de la alianza.

En la época de los patriarcas, los judíos contaban con lugares sagrados, como por ejemplo Betel o Sikhem. El monte Sinaí, durante el éxodo fue santificado de una manera excepcional por la manifestación de Dios, sin embargo, a lo largo de su peregrinación en el desierto, el pueblo elegido sintió constantemente la necesidad de percibir la presencia de Dios. Por eso recibieron la tienda sacra, ese santuario portátil que servía para el encuentro del Señor con su pueblo mediante el culto practicado en él, así como para orientar la atención de los fieles al templo del futuro. En la tienda sacra se quardaba el Arca de la Alianza cuyos querubines advertían la presencia palpable y al mismo tiempo latente de Dios. Una vez establecidas en la Tierra Prometida, o sea, en Canaán, las tribus pudieron poseer un santuario común, pimero en Gilgal, luego en Sikhem y posteriormente en Silo. Finalmente fue Salomón quien realizó el proyecto de David, construyendo el Templo de Jerusalén. En el centro de éste fue colocada el Arca de la Alianza recuperada por el propio David, que preservaba la continuidad del culto de los ancestros. En el acto de dedicación, después de que los sacerdotes pasaron el Arca de la Alianza y las dos tablas de los Diez Mandamientos al Santo Santuario, "la nube llenó el templo, de forma que los sacerdotes no pudieron seguir oficiando a causa de la nube, porque la gloria del Señor llenaba el templo" (Reyes I, 8, 10–11). La exclamación de Salomón, quien concluyera la construcción del templo encerraba en sí sugestión y espanto: "¿Cómo es posible que Dios habite en la tierra? Si no cabe en el cielo y en lo más alto del cielo, ¡cuánto menos en este templo que he construido!" (idem, 8, 27) Había un solo templo para ofrecer diferentes sacrificios. No obstante ello, los fieles necesitaban de otro lugar también para poder escuchar y transmitir las enseñanzas reveladas, así como expresar su gratitud mediante el sacrificio de alabar y mediante la oración. Para todo esto servía la sinagoga cuyo culto se vinculaba estrechamente al culto del templo. El mismo Jesús frecuentaba la sinagoga. Baste citar el caso en que comenzara a leer en la sinagoga de Nazaret el Libro de Oseas; subió al Templo (ver Lucas 4, 14–27;7, 14–50). El lugar de reunión de los cristianos se relacionaba también con la sinagoga.

En el centro del Nuevo Testamento figura la persona de Jesús quien era el Emanuel (palabra hebrea que quiere decir: Dios está con nosotros. "La iglesia ya no volverá a significar una obra humana puesto que el sagrado humanismo de Jesús significará la iglesia de Dios" (ver Juan 2, 19 y Carta a los Colosenses 2, 9). La cortina del Templo se partió en el momento de la muerte de Jesús en la cruz por haber cumplido con su misión; los sacrificios de antaño fueron sustituidos por el sacrificio único y eterno, por el de Cristo. Los cristianos en el bautismo se identificaron con Cristo, lo que permite afirmar que los fieles son los templos del Espíritu Santo. El apóstol San Pablo reconoció esa realidad, expresándola en palabras: "en los fieles que aman a Cristo habita Dios" (Carta a los Romanos 8, 9–11; Corintios I, 3, 16–17; 6, 19–20; Corintios II, 6, 16). Una consecuencia directa de ello es que la Iglesia erigida de piedras vivas constituye también la morada de Dios (Carta a los Efesios 2, 19–22; Primera Carta de San Pedro 2, 5). Al mismo tiempo, la iglesia construida de piedras es el alter ego visible de la Iglesia espiritual invisible.

Los edificios de piedra que acogen a la comunidad de los fieles representan para los cristianos algo bien diferente que los templos paganos y el Templo de los judíos. La *Domus Ecclesiae* la podemos considerar más bien como sucesora de la sinagoga que la del Templo de Jerusalén, por cierto con notables cambios.

El pensamiento paleocristiano elaboraba las imágenes ancestrales de las Sagradas Escrituras y de la Iglesia, respectiva-

mente. La Iglesia, la ciudad bien construida era la protoima-
gen del Jerusalén celestial, el edificio sagrado cuya piedra fundamental o angular es Cristo, el Hijo; sus pilares son los apóstoles y sus piedras vivas son los fieles. La Iglesia – al decir de las
expresiones místicas del Cantar de los Cantares – es la novia de
Cristo y como tal espera fielmente a su novio divino para unirse
con él en el cielo en unas nupcias eternas y para realizar así la
más íntegra unidad entre ellos. El canto hímnico vuela desde
la iglesia edificada de piedra hacia la iglesia construida de vivas
piedras. El canto y la liturgia de la Iglesia son igualmente la
viva alabanza de Dios. En esta iglesia espiritual que se materia-
liza palpablemente en el edificio construido de piedras, Dios
hace llegar su gracia al Hombre que ofrece a su vez a Dios su
oración.

La enseñanza ideal de la época de la cristiandad primitiva
sobre el templo-iglesia, así como la Edad Media con su propio
pensamiento colmado de símbolos vinieron a enriquecer aún
más ese contenido teológico.

Puesto que la solemnidad siempre exigió la fuerza ennoblecedora de las Artes, la liturgia de la misa oficiada en la iglesia
llegó a convertirse en una especie de lugar que acumulaba las
actividades artísticas, desde sus modalidades más palpables
como la arquitectura formadora del espacio, hasta las más
abstractas como el canto gregoriano, acompañados por la orfebrería, la iluminación de códices, la escultura y la pintura,
respectivamente. ¿Qué es lo que aseguraba las bases para todo
esto? El rito de la dedicación, el cual confería sacralidad a la
iglesia, es decir el temploiglesia; aunque de una forma fragmentaria de la reflexión, sin embargo participaba de la sacralidad de Dios, al igual que el fiel que mediante los sacramentos
de iniciación recibe el bautismo y la confirmación y acude al
altar del Señor.

El rito de la dedicación

En los tiempos de paz de Constantino, según dijera Eusebio
"todo el mundo estaba colmado del gozo divino al ver resurgir
todos los lugares que poco antes fuesen destruidos por los tira-
nos paganos, como si se recuperaran de un mal grave y letal:
de nuevo se erigen iglesias enderezándose hacia el cielo infinito
y las iglesias otrora destruidas se están haciendo aún más es-
pléndidas" (Historia de la Iglesia, t. X, 2.). A pesar de la proliferación de las iglesias católicas, la liturgia de la dedicación, a
la que aportaron activamente casi todas las Iglesias locales, se
estructuraba lentamente. El conjunto del texto definitivo e
íntegro que constituye el *Pontificale* romano asimilaba en sí
elementos y oraciones romanos, galos, iberos y bizantinos,
basados principalmente en las partes correspondientes del
Nuevo Testamento. Originalmente la dedicación tenía un sólo
proceder, el ofrecimiento del sacrificio eucarístico. La mayoría
de las iglesias de la Urbe de Roma durante largo tiempo estaba
dedicada a uno u otro santo patrón. En los tiempos del papado
de (San) Gregorio (Magno) I (590–604) las iglesias fueron
dedicadas sin haberse colocado en ellas reliquia alguna. El
único acto de la dedicación consistía en la Santa Misa.

En la segunda mitad del siglo IV apareció fuera de la Urbe
de Roma un nuevo elemento, el cual simultáneamente con la
proliferación del culto a los mártires llegó a hacerse extraordi-
nariamente popular primero en Italia y poco después en la
misma Roma. El más conocido de los ejemplos de ello, si bien
no el primerísimo, lo ofrece la trayectoria del obispo milanés
San Ambrosio (334–397). El obispo, en vísperas de la dedicación solemne de la nueva basílica encontró los restos de los
mártires San Gervasio y San Protasio. Una comitiva encabezada por el obispo trasladó los restos mortales de los mártires a
la Basílica de Santa Fausta, donde la multitud de fieles velaba
orando durante toda la noche. El obispo, por solicitud del
pueblo, prolongó por varios días el homenaje solemne para
trasladar luego los restos a la nueva basílica en el marco de una
procesión solemne y sepultarlos bajo el altar.

Mientras fuera posible, en Roma no se quería perturbar las
tumbas de los mártires. Se prefería construir las basílicas de
forma que los altares mayores de éstas fuesen erigidos encima
de los mártires sepultados. El primer gran traslado de reliquias
a Roma tuvo lugar el 13 de mayo del año 609, con motivo de
la dedicación del Partenón. Entre tanto se propagó la costumbre de considerar como mausoleo los altares de las iglesias
construidas independientemente de las tumbas de los mártires,
bajo los cuales fueron colocadas las reliquias de los mismos.
Hacia finales del siglo VI y comienzos del siglo VII esta tradición se propagó de Roma a otras regiones.

En cuanto un templo pagano era transformado en iglesia
cristiana, se añadía un tercer rito a la celebración de la misa y
a la colocación de las reliquias de los mártires: la aspersión del
edificio con agua bendita como señal de purificación. Todo
esto se realizaba solemnemente, en el marco de una procesión
similar a la procesión de traslado de las reliquias.

En Roma y en toda Italia, junto a la Misa la colocación de
las reliquias llegó a ser la más típica ceremonia de dedicación
de las iglesias, mientras que la oración servía para la inaugura-
ción del altar. En Galia se desarrolló la dedicación del altar
convirtiéndose en el rito más característico de la dedicación
que fue seguida por la procesión de las reliquias y la "sepultura" de éstas.

El conjunto litúrgico quizás más hermoso de la época mero-
vingia de la Galia dominada por los francos surgió en la forma
siguiente: el obispo rodeado por sacerdotes arribó a la iglesia
vacía que iba a ser dedicada en medio del canto de Letanías. El
agua se mezclaba con vino, con lo que el opispo después de
haberlo bendecido procedía a la aspersión del edificio y el altar, respectivamente. Después recitaba una bendición para un-
tar luego los cinco puntos del altar y las paredes. Finalmente
bendecía los dosales y los vasos litúrgicos. Preparado de esta
forma el altar, se prendían las velas y antorchas para entrar las
reliquias llevadas por la procesión solemne. El obispo las colocaba bajo el altar y oficiaba después la Misa.

A este rito se agregaron a lo largo del siglo VIII nuevos elementos. El obispo, antes de entrar llamaba con su bastón a la puerta y en la ceniza dispersada en el pavimento de la iglesia inscribía las letras de los alfabetos griego y latino. Ambos elementos venían de la tradición irlandesa y fueron divulgados en el continente por los misioneros provenientes de esas islas. Al agua bendita le añadían sal y ceniza y de esta manera se multiplicaba el número de aspersiones también. Durante todo el rito uno de los sacerdotes daba vueltas alrededor del altar incensándolo sin cesar, siguiendo el rito bizantino. El más importante de los elementos era la interpretación de salmos que acompañaba toda la ceremonia y cuyo contenido aclaraba aún más el sentido de los gestos. El *Pontificale* germánico-romano surgido a mediados del siglo X en Maguncia y asumido oficialmente incluso en Roma, enriqueció con nuevas oraciones la ceremonia rica en gestos, cantos y bendiciones.

¿Por qué vale la pena evocar todo esto al analizar la historia

mayor, como por ejemplo la iglesia del Monasterio de San Martín que fue consagrada hacia 1001–1002 en presencia del rey.

Conviene recapitular una vez más en su totalidad la ceremonia que apareció a fines del primer milenio y comienzos del segundo y que se celebraba también en los actos de dedicación de las iglesias húngaras, concientizando a su vez en el sacerdocio y en los fieles lo sagrado del lugar.

Antes de trazar los cimientos, se colocaba una cruz de madera de altura propia de un hombre en el lugar escogido para el altar de la iglesia. La piedra fundamental cuadrangular se bendecía y se colocaba en la esquina del edificio ubicado en el así llamado lado del evangelio. El obispo procedía a la aspersión del lugar del altar con el agua bendita y después bendiciendo con el signo de la cruz cada uno de los cuatro lados de la piedra angular entonaban al final de la ceremonia el salmo no. 127: "Si el Señor no construye la casa, en vano se cansan

Sitiales canónicos de la catedral de Szombathely

de las iglesias húngaras? Cuando la conquista del suelo patrio los húngaros encontraron en varios lugares de su país iglesias cristianas construidas en piedra. Desde finales del siglo X fueron erigidas en creciente número las iglesias. El primer artículo del II Código de San Esteban postulaba que "cada diez aldeas construyeran una iglesia" contribuyendo a multiplicar los lugares que contaban con una iglesia. Por cierto, la mayoría de las primeras iglesias fue de madera y por ello no fueron consagradas, sino tan sólo bendecidas. Sin embargo, había un número considerable de iglesias dedicadas con una solemnidad

los albañiles". Después seguía con la purificación del lugar de los cimientos y el terreno con la aspersión del agua bendita.

La consagración de la nueva iglesia siempre constituía un magno acontecimiento para los fieles y el sacerdocio. Los participantes, desde el obispo hasta los fieles, pasaban la víspera en ayuno. El sacerdocio venía orando el breviario de dedicación de la iglesia desde la víspera de la festividad. La noche anterior a la dedicación, o sea en la vigilia, todos velaban en presencia de las reliquias, en una capilla próxima a la iglesia o en caso de que no hubiera capilla, en una tienda alzada para la ocasión.

*Tabernáculo gótico
de Tiszabezdéd*

en el pavimento las letras griegas y latinas que conformaban la cruz de San Andrés. La X enorme simbolizaba a Cristo, las letras sagradas simbolizaban el evangelio difundido por todas partes del mundo. Con los sacramentos y con el mensaje de Cristo tomaba posesión de la nueva iglesia.

Después de ello el obispo procedía a la aspersión del altar, los muros y el pavimento con el agua de San Gregorio compuesta por los cuatro elementos benditos por separado: agua, sal, ceniza y vino. El significado simbólico de los cuatro elementos son: el alejamiento de la tentación del demonio, la preservación de la pureza, la penitencia y la abundancia de los bienes celestiales. El obispo consagraba primero la entrada principal procediendo a la aspersión doble en forma de cruz, y la plegaria sonaba en alto por la paz y la salud de quienes vendrían a la iglesia buscando asilo en ella.

El agarrarse de los extremos del altar aseguraba la protección para los culpables desde los tiempos más remotos. El derecho de asilo ofrecido por la iglesia cristiana fue una institución importante de la sociedad medieval, si bien los malhechores podían abusar de ello, tal como lo testimonia el artículo no. 4 del Código de Leyes considerado como III Decreto del rey San Ladislao.

Después de la purificación hecha con el agua de San Gregorio se cantaba el prefacio mayor que es una oración solemne, por la bendición celestial. Con ello concluía la primera parte.

La ceremonia continuaba con la consagración del altar, durante la cual pasaban en una procesión primero las reliquias de los santos y el obispo ponía las mismas en el "sepulcro" colocado bajo la piedra del altar, para iniciarse luego la ceremonia de la consagración del propio altar. Tras echarse incienso alrededor del altar, el obispo mismo tomaba el incienso para depurar los cinco puntos distinguidos del altar que son los cuatro ángulos y el centro. Después de ello el obispo untaba el altar en los cinco puntos en cuestión cantándose al mismo tiempo el responsorium: "¡Llegue a tí, Señor, mi plegaria, igual que el humo del incienso que llega a tí!". El alto prelado, en homenaje a los doce apóstoles, untaba con el crisma los doce puntos de la iglesia. Terminada la unción ponía cinco velas de cera en el altar acompañados de cinco granos de incienso, prendiéndolas en homenaje a las cinco heridas de Cristo. Las llamas alentaban a los presentes a dirigirse al Espíritu Santo: "¡Ven, Dios Espíritu Santo, colma los corazones de tus fieles y prende en nosotros la llama de tu amor!". El altar untado con el crisma se hacía idéntico a Cristo mismo, es más, durante la ordenación del subdiácono el obispo le dirigía estas palabras:

"¡El altar de la Sagrada Iglesia es el mismísimo Cristo!"

Después de las oraciones de clausura el obispo bendecía los vasos sagrados y los dosales del altar, para oficiar luego la Misa Solemne. Los presentes imprimían profundamente en su memoria el día de la consagración de la iglesia y anualmente se celebraba el aniversario de la dedicación como el cumpleaños de la iglesia.

Las iglesias construidas de madera no fueron consagradas, de manera que recibían tan sólo la bendición. Los edificios aún no terminados, pero utilizados provisionalmente para el culto eran tan sólo bendecidos y la consagración tenía lugar sólo

Por la mañana se concluía la vigilia recitando los siete salmos penitenciales.

El obispo y los sacerdotes acudían en procesión a la nueva iglesia sin que entraran inmediatamente en ella. Despúes de bendecir el agua el alto prelado daba tres vueltas al edificio, dos a la derecha y una a la izquierda, para proceder luego a la aspersión de los muros con el agua bendita. Volviendo a la entrada el obispo golpeaba tres veces con la punta de su bastón la puerta cerrada, realizándose un diálogo entre él y el diácono que estaba dentro. El diálogo que se repetía tres veces comprendía citas del salmo. Seguidamente se abría la puerta y tras su entrada el obispo trazaba con su bastón en la ceniza dispersa después de haberse concluido la construcción de la iglesia. La bendición era una ceremonia más sencilla que podía ser realizada incluso por un sacerdote. Recitando el salmo no. 50 *(Miserere)*, el sacerdote procedía a la aspersión del edificio con agua bendita para bendecir luego también la iglesia y el altar. Siempre recitando salmos realizaba la aspersión de las paredes internas y terminaba la ceremonia de bendición con la Misa.

Si la iglesia estaba rodeada por el cementerio – lo que era general en la Edad Media y en algunos lugares se ha preservado incluso hasta nuestros días – el obispo procedía a la ceremonia de consagración del cementerio la cual era igualmente ceremonia de bendición *(benedictio)*.

A raíz de un azote natural o de un sacrilegio la iglesia podía perder su carácter sagrado obtenido mediante la consagracion. Tal era el caso de un asesinato cometido intra muros, por lo cual había que reconciliar la iglesia profanada y sólo después de la ceremonia de reconciliación podía celebrarse en ella la sagrada liturgia.

La *dedicación* de la iglesia puede celebrarse en homenaje a un misterio de la fe (p.e.: al de la Santísima Trinidad, al de la Santa Cruz que siendo muy frecuente equivale a la Fuente de Bautismo) o en homenaje a un santo. El *título* de la iglesia, por lo tanto puede ser de dos tipos y en caso de haberse dedicado a un santo, el patrono es éste y el día del homenaje al santo en cuestión es el *patrocinium*. (La voz patrocinium originalmente significaba poder protector y autoridad protectora.) Sin embargo, el misterio de la fe no solía llamarse patrono. La festividad anual del título, tarde o temprano desplazaba a un segundo plano el aniversario de la iglesia.

El interior de la iglesia

A finales del primer milenio y a comienzos del nuestro, el espacio interno de las iglesia más o menos era uniforme en toda la Iglesia Occidental. El altar como centro sagrado de la iglesia no se apegaba estrechamente al muro del presbiterio sino que se podía darle vuelta. El púlpito, o sea, la cátedra del obispo que diera nombre a la catedral, se colocaba en el presbiterio (eventualmente acompañado por el banco del sacerdocio) pero en la ceremonia del sacrificio eucarístico el obispo o el sacerdote y los fieles miraban en una misma dirección, es decir, el celebrante estaba en posición inversa. Conviene observar en este punto que la cátedra del obispo no siempre se colocaba detrás del altar. Según testimonia el *Liber Pontificalis,* hasta el papado de (San) Pascual I (817–824), en la basílica de Santa María Maggiore el trono del papa era colocado en el centro de la nave. En el presbiterio, ante el altar y el papa estaban de pie los hombres y detrás de éstos las mujeres. Sin embargo, Pascual I mandó trasladar el trono del sumo pontífice al presbiterio o ponerlo detrás del altar, porque como dijera, no quería escuchar las observaciones hechas a media voz por las mujeres.

Igual ubicación pudo tener el trono de San Esteban en la Basílica de la Beata Virgen de Alba Regia (Székesfehérvár), la llamada regni sedes principalis (la sede principal del reino) tantas veces mencionada en la Edad Media.

Púlpito de la iglesia de la abadía de Zirc

La mirada fijada en una dirección única tenía un significado simbólico por expresar la atención prestada al advenimiento definitivo de Cristo, en especial si la dirección en cuestión coincidía con el Este. La orientación de las iglesias se ajustaba a menudo a la dirección en que surgía el sol en el día del santo patrono, vinculándose de esta forma al criterio señalado.

El altar debía ser de piedra tal como lo sugerían los antecedentes del Antiguo Testamento. El altar es el lugar donde la tierra se junta con el cielo (Génesis 28, 10–22), el Monte Sagrado a donde descendió el Señor y el trono sublime desde donde reina. Moisés sacaba agua de la roca "que representaba al Mesías" (Primera Carta a los Corintios 10, 4). El rito de la consagración del altar enfatizaba aún más este rico contenido

Candelabro de la vela de Pascua de la iglesia parroquial de Császár

simbólico. Lo que hemos expuesto hasta aquí no ha agotado del todo el contenido teológico del altar. Si el mismo tenía forma de una mesa, entonces constituía una alusión a la última cena, si bien en ésta no se utilizó la mesa, conocida en épocas posteriores. Con el tiempo comenzaron a proliferar los altares macizos tallados en piedra, de cuyas variantes la de forma de sarcófago es la más reciente. La estructura del altar adquiere su forma a fines de La Edad Media y posteriormente, a comienzos de la Edad Moderna; el tabernáculo también llega a encontrar su lugar en el altar.

El citado Eusebio en un famoso discurso de consagración pronunciado en el siglo IV habla de Cristo como "del altar unigénito". El altar, más allá de aludir a la persona de Cristo, evoca para los fieles los acontecimientos de la vida de Cristo ya que puede ser el pesebre de Belén o – tal como lo hemos mencionado – la mesa de la Ultima Cena o, eventualmente la mesa del Señor, la Cruz, el Calvario y finalmente el Sepulcro de Cristo. En un sentido moral, según San Agustín, el altar es la imagen de la fe o el corazón de los fieles ofrecido a Dios. En el prefacio dedicatorio el obispo oraba en los siguientes términos: "Hágase en este altar el culto a la inocencia, sacrificada sea en él la soberbia, frenada la ira, repugnada la impureza y en vez de tórtolas y pichoncitos de palomas se alce el sacrificio de la pureza e inocencia". Finalmente, el altar terrenal es la proto-imagen del altar celestial del Libro del Apocalipsis o Visión de Juan.

Tal vez resulte más comprensible así, que cuando el sacerdote recitaba el verso del Salmo de la Escalinata surgido en la Edad Media: *"Introibo ad altare Dei, qui laetificat iuventutem meam"* (Acudo al altar de Dios que alegra mi juventud) se estremecía su corazón y su alma por haber podido ponerse ante el altar del Señor.

En los primeros siglos de la cristianidad cubrían la tabla del altar tres doseles blancos de tela de cáñamo o lino. Al comienzo el *antependium* no era un manto bordado colgado ante el altar sino una tela costosa adornada con hilos de oro, plata y piedras preciosas que rodeaba todo el altar de forma de mesa. (Hay que señalar aquí que en vez del antependium podía haber láminas de plata doradas y adornadas con relieves que cubrían en parte o completamente el altar. El rey San Esteban mandó confeccionar una pieza de esta índole para la basílica de Alba-Regia (Fehérvár) La cobertura adornada resaltaba la majestad y dignidad del altar. El uso de los colores litúrgicos (blanco, rojo, verde, violeta y negro) surgió en la Edad Media, pero hasta finales de ésta no hubo normas unánimes en este aspecto.

El respeto al altar se expresaba en la costumbre según la cual se colocaba en el altar tan sólo los objetos más necesarios para la liturgia. De entre las cubiertas del altar el antependium era puesto en el altar antes de la misa y era el mismo sacerdote – tal como lo indica una fuente de 1287 – el que tenía que retirarlo "con gran cuidado". El orden de la misa de la Urbe de Roma ya desde el primer milenio significó la norma para la Iglesia occidental; por cierto, esa norma no regía con tanto rigor como en los tiempos posteriores al Concilio de Trento (1545–1563). Según las disposiciones del papa León IV

(847–855) que conservaban una tradición ancestral, se podía colocar en el altar tan sólo el cofrecito que contenía la eucaristía, los cuatro libros del Evangelio, así como las cajitas, hechas la mayor parte de metal o a veces de marfil, para las reliquias. La cruz sólo llegó a colocarse en el altar en la Edad Media.

Según las costumbres del primer milenio, al frente de la fila de sacerdotes que marchaban a la misa se portaba la cruz. Durante la misa el subdiácono mantenía la cruz de procesión poniéndose detrás del altar, de modo que estuviese frente al sacerdote que oficiaba la misa. Por ambos lados le acompañaban dos portavelas que hacían aún más solemne con la luz viva de las llamas el sacrificio de la misa. La cruz aludía a la estrecha relación existente entre la última cena y la eucaristía, así como al carácter de sacrificio de la eucaristía. (En el fondo de ello pervivía la costumbre según la cual las sentencias eran dadas a conocer en la Antigüedad ante la imagen del emperador.) Debido al reducido número de ayudantes y a razones prácticas, se ponía en el altar una cruz de tamaño menor acompañada por velas, forma que fue introducida por el papa Inocencio III (1198–1216): "Durante la misa hay que poner en medio del altar una cruz entre dos candelas". Por lo tanto la cruz apareció en el altar sólo en esa época, aunque sin embargo, a partir del siglo XVI se perpetuó establemente. La cruz se hizo más larga para que el sacerdote durante el sacrificio pudiese efectivamente alzar su mirada más de una vez hacia el altar, de acuerdo a las prescripciones de la misa. Posteriormente los candelabros adquirieron un contorno cada vez más esbelto y alto.

Para la eucaristía, o sea, para la custodia del Santo Sacramento se utilizaba en la mayoría de los casos el cofre mencionado (*pyxis*). Las escasas anotaciones del *Liber Pontificalis* aluden dos veces a la paloma con una cierta torre. En dicha torre podía estar colgada esa paloma metálica que contenía la eucaristía; esta forma peculiar de custodiar la eucaristía existió posteriormente en muchas partes hasta los siglos XIII–XIV. Si encima del altar había una estructura sólida, el así llamado *ciborium*, la paloma eucarística era suspendida en él.

Tras la desaparición del ciborium había que solucionar la custodia del Santo Sacramento, de modo que el IV Concilio de Letrán (XII Concilio Universal) dispuso conservarlo en el punto más bello del altar. Esa disposición aún se refería al cofrecito colocado entre tanto en una plataforma y llamado igualmente ciborium. El tabernáculo construido en muchos lugares en la pared del presbiterio también servía para conservar la eucaristía. En la pared del coro podía haber asimismo un tabernáculo para los Libros de las Sagradas Escrituras y a veces existía un nicho aparte para los *utensilios* de culto: cáliz, jarritas, bandeja, incinerador y cajita para el incienso.

Los fieles demandaban cada vez más la posibilidad de expresar su veneración al Cristo presente bajo las dos especies de pan y vino. En ese entonces, en el siglo XIII el rito de la misa venía enriqueciéndose con la Elevación; la custodia de la eucaristía servía junto al ciudado de los enfermos para la devoción individual y para la adoración del Sacramento fuera de la misa. El tabernáculo (la tienda) nació como un reflejo concreto y objetivo de la espiritualidad eucarística y como tal encontró su

lugar cerca del altar. Las gráciles estructuras de piedra o madera hechas en forma de torre ricamente adornada podemos considerarlas como sucesoras de las torres de custodia de la paloma eucarística; sin embargo, conservaron en la mayoría de los casos el ciborium. En algunos lugares siguió el uso de los tabernáculos separados e incluso podemos observarlo aún en nuestros días. No obstante, a partir del siglo XVI los tabernáculos comenzaron a aparecer cada vez más frecuentemente en el altar, siguiendo con su decoración el cambiante estilo. El tabernáculo llegó a integrarse en el altar, mientras su portezuela decorada con tallado seguía fines didácticos al presentar la cruz o una escena escogida del Evangelio que aludía al Santísimo Sacramento. A veces la cruz se colocaba encima del taber-

Dibujo de la capilla Bakócz de la basílica de Esztergom

náculo. Por dentro el tabernáculo tenía una cubierta de lámina de oro o de seda blanca. Después del Concilio de Trento era obligatorio cubrir por fuera el tabernáculo con una tienda de seda o lino, adecuándose el color de la cubierta al ciclo litúrgico. Esta prescripción no fue introducida en Hungría. En las catedrales húngaras el Santísimo Sacramento era generalmente guardado en una de las capillas laterales.

A lo largo de la Edad Media el sacerdote oficiante y los fieles asistían a las misas estando de pie durante la ceremonia. En el caso de de los seglares privilegiados, evidentemente podía haber excepciones, pero hasta comienzos de la Edad Moderna no había bancos en las iglesias, salvo los del coro. El patrono, que investido de su patronato aseguraba el mantenimiento de la iglesia, a partir de los comienzos de la Edad Moderna mandó confeccionar bancos ricamente tallados para sí mismo y para sus familiares, enfatizando de esta manera sus derechos. (De vez en cuando el patrono era sepultado en la iglesia o en la cripta, de modo que la lápida o el epitafio perpetuaba su memoria.)

Las catedrales, las iglesias de capellanía colegiada y las de los conventos poseían un coro que en el espacio existente entre el presbiterio y la navc contaba dos filas de bancos (stallum) ricamente decorados y ubicadas una frente a la otra en posición paralela. Durante la misa o la oración de oficio, la comunidad tomaba asiento en los bancos.

El espíritu litúrgico de la Edad Media resaltaba el carácter sagrado y místico de la misa. Por ello el presbiterio a menudo estaba separado de la nave con una cortina que podía ser sustituida por una estructura sólida de madera (verjas ricamente talladas en madera) o de piedra. Guardan el recuerdo de ello los balaustres comulgatorios aparecidos en la Edad Moderna.

Durante la Cuaresma era costumbre cubrir todas las cruces y en las iglesias donde el presbiterio estaba separado por una cortina *(velum quadragesimale),* ésta era abierta sólo en ciertas ocasiones como los domingos. Con el crecimiento de la importancia de los colores esa cortina pasó a ser de color púrpura.

A partir del siglo XII, se instalaron al menos uno, generalmente dos y no pocas veces tres altares laterales en los puntos de encuentro del presbiterio y la nave principal o en la misma nave central y, más tarde, en las capillas laterales. Sus antecedentes fueron el creciente número de religiosos ordenados como sacerdotes, los que por solicitud de los fieles o por demenda expresa de éstos, oficiaron misas diariamente; por consiguiente además del altar mayor hacían falta varios altares más. En las iglesias del sacerdocio secular los altares laterales eran utilizados también por las comunidades mayores o menores. Sin embargo, la misa oficial de la feligresía local siempre se oficiaba en el altar mayor. Hacia finales de la Edad Media los altares erigidos en las capillas laterales fueron construidos ya por los gremios, ya por las confraternidades beatas, ya por las familias acomodadas. Las donaciones permitían la adquisición de los accesorios litúrgicos del altar mientras que las fundaciones garantizaban las celebraciones litúrgicas y los salmos oficiados en horarios determinados.

De esta manera una parte de la feligresía se aproximaba incluso físicamente a la liturgia. Sin embargo, es justo plantear la cuestión del idioma litúrgico ya que la mayoría de los creyentes desconocía el latín utilizado en la liturgia. Por lo tanto cabe preguntar: ¿en qué medida comprendieron la misa y con qué conocimiento participaron en la misma? La respuesta la tenemos que iniciar con una aseveración muy sencilla. Ya se ha hablado del hecho de que el clero y la feligresía generalmente asistían a la misa estando de pie. A veces podían arrodillarse (como era el caso de la Elevación) o inclinarse para recibir la bendición. Esta actitud admitida por todos los miembros de la comunidad reflejaba el espíritu de la presencia activa, impidiendo a su vez que los presentes se sintieran degradados como meros observadores.

En el I Código de San Esteban hay un párrafo de tonalidad muy severa que regula el comportamiento de los fieles durante la misa. El texto – ya que sería infundado suponer que San Esteban, quien estableció dicha ley, hubiera emitido reglas sin sentido – podía tener un sentido lógico sólo si el clero relataba y explicaba "en cristiano", es decir, en un lenguaje común accesible para los presentes la esencia del contenido de los fragmentos leídos de las Sagradas Escrituras como una especie de "alimento espiritual". Ese decreto-ley armonizaba con el proceso europeo tendiente a insertar una explicación y un sermón pronunciados en lenguaje popular entre la primera parte de la misa compuesta por fragmentos de las Sagradas Escrituras y la parte correspondiente al sacrificio propiamente dicho. Los sermones proliferaron a un ritmo acelerado durante el siglo XII y a comienzos del siglo XIII; con la aparición de las dos grandes órdenes mendicantes, la de los franciscanos y la de los dominicos, el sermón adquirió una importancia aún mayor y de esta forma surgió el púlpito.

El obispo, siguiendo las tradiciones del primer milenio, se dirigía al pueblo desde su tribuna. El sacerdote estaba de pie durante la homilía, colocándose ya ante el altar, ya en las gradas de éste. La lectura del Evangelio se hacía en el *ambón* (grada o tribuna con escalones) que se hallaba situado al lado de la entrada del coro. A veces había incluso dos ambones, uno para la lectura de la Epístola y otra para la del Evangelio. Los cantores se paraban en las gradas del ambón. No obstante, esta disposición se realizó sólo en los casos ideales ya que la mayoría de las iglesias de la Hungría medieval no estaba dotada de este tipo de instalación. El púlpito construido al comienzo en madera e instalado en la nave como una estructura portátil, se hizo importante. Hacia finales de la Edad Media se hacían púlpitos estables cada vez mayores y cada vez más ricos en materiales y decoración. Los había de piedra o de madera. Hasta el siglo XVI normalmente eran cuadrados mientras que los de diseño ovalado llegaron a propagarse con el nuevo estilo decorativo. El techo del ambón, el baldquín, apareció igualmente en el siglo XVI, teniendo también una finalidad acústica práctica; pronto se convirtió en el portador de una rica decoración y no pocas veces en una obra coronada por un grupo de esculturas.

La utilización del baptisterio por separado *(baptisterium)* se hizo cada vez menos frecuente en la Iglesia Occidental, de modo que en las catedrales y en las iglesias parroquiales fueron las pilas bautismales *(fons baptismalis)* las que permitieron administrar el más relevante de los Sacramentos que es el bautismo. Paralelamente, el bautizo de los adultos dió paso al bautizo de niños. El rito de la inmersión pasó a ser sustituido por la ablución triple. Las iglesias parroquiales se llamaban iglesias bautismales, iglesias matrices *(ecclesi baptismalis)* justamente por la presencia de la pila bautismal. En las iglesias filiales *(filia),* así como en las iglesias monacales no había pila bautismal puesto que era prohibido administrar en ellas el bautizo. La pila de piedra colocada sobre una plataforma llegó a colocarse en uno de los rincones de la iglesia o de la capilla lateral y su cobertura adquirió una rica decoración sólo en la Edad Moderna, acogiendo a menudo la estatua de San Juan Bautista.

A lo largo de su vida el creyente a menudo evoca en su memoria el hecho de su bautizo y en el alma piensa a menudo en las gracias del mismo. Para ello sirve la pila de agua bendita situada, ya por separado, ya insertada en una columna, pero siempre cerca de la entrada de la iglesia. De esta pila sacan el agua bendita los fieles para purificarse de las culpas, así como para evocar su bautizo. En las naves de entrada de las iglesias medievales se hallaban recipientes de agua que servían para el aseo de los fieles que querían librarse del polvo de los caminos. Esos lavabos pueden ser considerados como los precursores de las pilas de agua bendita.

Una de las piezas de equipamiento de la iglesia católica consiste en el *confesionario,* aparecido en la Edad Moderna. En la Iglesia primitiva la confesión individual tenía lugar en el presbiterio, donde el confesor y el confesante se ponían al lado del altar. El desplazamiento de la confesión colectiva y su limitación al período de la Cuaresma multiplicó las confesiones individuales. El mismo Código de San Esteban alude a la obligatoriedad de la confesión. En la Edad Media el sacerdote escuchaba la confesión sentado en una silla simple colocada al lado del altar mientras que el confesante estaba de rodillas ante él. La verja que separaba el coro de la nave, siempre que existía, igualmente era un lugar idóneo para escuchar la confesión. El Concilio de Trento enfatizó la importancia de la confesión y

los fieles se confesaban con creciente frecuencia, de modo que desde finales del siglo XVI se colocaba una verja entre la silla del sacerdote y el confesante. El confesionario actual, cerrado, comenzó a difundirse tan sólo en el siglo XVII y en Hungría no ha llegado a desplazar del todo ni siquiera hoy en día los ricamente adornados confesionarios barrocos semicerrados.

Los confesionarios encontraron su lugar idóneo en la nave central y, de ser posible, se situaban cerca de la entrada o en la capilla lateral. El rico diseño artístico de los confesionarios contribuyó a hacer más solemne el espacio interior de las iglesias.

Aumentaban la solemnidad también las artísticas cruces apostólicas pintadas o talladas que venían sustituyendo las cruces crismales de consagración. Esas cruces apostólicas posteriormente, en el Barroco, estaban provistas de candelabros y velas.

Los altares barrocos tenían por adorno los relicarios. A lo largo de la Edad Media las reliquias anunciaban la riqueza, el poder y la magnitud de una u otra iglesia o de uno u otro lugar de peregrinaje. A partir del siglo IX las reliquias han pasado al altar, colocadas al comienzo en estuches modestos y, posteriormente, en cofrecitos de gran valor artístico. Más tarde se gurdaban a veces detrás del altar a una altura convenientemente segura. La extraordinaria variedad de formas de los relicarios era un enorme desafío para la orfebrería. En la Edad Moderna aparecerían entre los candelabros cuatro relicarios y a veces incluso un ataúd de cristal revestido de perlas y terciopelo, con los restos de un mártir.

Las tablas canónicas — aun cuando tenían una finalidad

Balaustrada renacentista de la catedral de Vác

práctica – contribuían a aumentar la magnificiencia del altar. Tenían la misión de ayudar en caso de los textos especialmente relevantes pero siempre invariables que son recitados de memoria por todos los sacerdotes y justo por ello plantean la posibilidad de un eventual error. Los cánones rituales venían prescribiendo hasta la reforma más reciente (1969) que si el centro del altar estaba ocupado por el tabernáculo, entonces hubiese ante la portezuela del tabernáculo dos tablas con las palabras de la Ultima Cena, habiendo al mismo tiempo en los dos extremos otras dos tablitas de la misma índole.

El portalibros era una especie de soporte hecho de metal o de madera. El misal yacía sobre una almohadilla bordada.

En el altar o al pie del cuadro del altar se ponían las ofrendas hechas con el fin de perpetuar la gratitud de los fieles. Por ejemplo, tras un parto aparentemente difícil pero superado exitosamente, la madre agradecida mandaba confeccionar un pequeño objeto de plata en bajorrelieve que formaba un recién nacido, que era colocado lo más cerca posible del altar o ante el cuadro sagrado.

La luz tiene una rica simbología. Con respecto a la cruz del altar hemos referido ya que en el acto de la entrada solemne, en

Confesionario cerrado de la catedral de Szombathely

el de la procesión, la cruz estaba acompañada con velas y que las personas portadoras de ellas rodeaban el altar con las velas e incluso con antorchas, las que suministraban luz y anunciaban e incluso aumentaban el ardiente amor de los creyentes por Dios. La luz de las velas y la de las mechas simbolizaba también la eterna iluminación.

A partir del siglo X en las iglesias más ricas se empezaron a colocar las velas en *candelabros* de tamaño más grande y de diseño artístico, hechos de metal o a veces de madera. La colocación de dos velas, decretada por el papa Inocencio III, estuvo seguida por la de otras, de modo que el número de candelabros se aumentó, tanto en el altar mayor como en los altares laterales. A principios de la Edad Moderna surgió la costumbre unánime de poner seis candelabros en el altar, acompañando la cruz por ambos lados. En caso de una misa oficiada por el obispo de la diócesis se prendía una séptima vela que podía colocarse en el altar o encima del tabernáculo.

Entre las velas la más importante es la de la Pascua. Cristo dijo de sí mismo: "Yo soy la luz del Mundo". Las llamas vivas que emiten luz y calor, anuncian el entusiasmo, el amor, la gracia y principalmente la fe. Desde los tiempos más remotos, la vela de la Pascua ha simbolizado al Cristo resucitado que con la salvación ofrecida con su calvario, su muerte en la cruz y su resurrección libró a toda la Humanidad de ese cautiverio causado por el pecado original y agravado por los pecados personales. El antecedente de ello está en el Antiguo Testamento, en la columna de fuego que sacó al pueblo elegido del cautiverio egipcio.

La vela de la Pascua de Resurrección es prendida con el fuego consagrado de la vigilia de la Pascua. Seguidamente se recita el *Laus cerei,* es decir, el canto laudatorio de la vela pascual, canto éste que lleva por título la palabra inicial: *Exultet.* Se pone en un candelabro de diseño artístico la vela de tamaño grande que lleva como adorno cinco granos de incienso que evocan las cinco heridas de Cristo, así como el año en curso y las letras alfa y ómega que son una alusión más a Cristo. Otrora el candelabro se ponía al lado evangélico del altar. Hoy por hoy se lo pone junto a la pila bautismal. Hasta hoy en día la vela de Pascua suele ponerse sólo en los cuarenta días posteriores al Sábado de Gloria (Sábado Santo), o sea, desde dicho día hasta la Ascensión de nuestro Señor conmemorada el Jueves Santo. En la Edad Media – tal como lo testimonian los códices litúrgicos – se prestaba especial atención a que la vela de Pascua fuese apagada justo en el momento en que el sacerdote recitaba la frase del Evangelio en que se anuncia la Ascensión de Cristo. Este detalle testimonia a su vez la armonía existente entre las palabras de la liturgia y los símbolos de la misma. Según las prescripciones actualmente vigentes la vela de Pascua permanece todo el año colocada junto a la pila bautismal y debido a estar siempre allí, poco a poco se ha ido transformando su significado.

El uso de la luminaria colocada ante el tabernáculo comenzó a difundirse en la Iglesia Occidental a partir de la Edad Media. El uso de las llamas de las iglesias orientales fue traído a Europa por los caballeros de las Cruzadas que incluso divulgaron tal uso enfatizado constantemente en los siglos XIII y XIV por los sínodos regionales hasta lograr que se generaliza-

ción. La utilización de las campanas proviene de Italia y se difundió en los siglos V y VI por todas partes. El rito de la dedicación de la campana nacía simultáneamente con la de la iglesia. La nueva campana era lavada con agua bendita. El obispo la ungía por fuera con el óleo de los enfermos haciendo siete cruces, y la ungía por su interior con el crisma haciendo cuatro cruces para incinerar después bajo la campana una mezcla de incienso y mirra, perfumándola. Salmos y plegarias precedían en serie la bendición solemne de la campana. En la ceremonia de dedicación la campana recibía en el bautizo el nombre de un patrón celestial que a menudo era uno de los tres arcángeles. En el campanario de la mayoría de las iglesias solía haber tres campanas: la campana vieja (la mayor), la media y la menor (de difuntos). En el campanario de las catedrales y en el de las iglesias más ricas podía haber varias campanas mientras en el campanario de las capillas menores había una sola y ésta solía ser modesta.

Reanudando el tema del espacio interior de la iglesia deben ser mencionadas las estatuas, así como los cuadros y ante todo los cuadros de altar. Hacia finales de la Edad Media los altares estaban provistos de superestructuras destinadas a acoger el conjunto de cuadros y estatuas. También los altares laterales eran erigidos en homenaje a uno u otro santo, hecho éste que se le comunicaba a los fieles en forma más directa con los cuadros del altar. La costumbre poco a poco adquirió fuerza de ley y por consiguiente el cuadro del altar mayor representaba el título de la iglesia y al mismo tiempo, del altar mayor. El resto de los cuadros del altar

Confesionario abierto de la iglesia otrora perteneciente a los cistercienses de Székesfehérvár

Confesionario abierto de la iglesia parroquial de Tata

sen las llamas perpetuas. Si no había luminaria debía estar prendida una vela ante el tabernáculo, para expresar la devoción ininterrumpida de los fieles. Según San Agustín la vela de cera simboliza al cristiano redimido por Cristo. La vela de cera debe consumirse por completo; de la misma forma debe dedicarse el cristiano al servicio de Dios. En vez del fiel es la llama de la vela o de la mecha la que vigila y custodia en la iglesia.

La luminaria invita a la iglesia a los fieles para que adoren a Dios porque advierte que Cristo está realmente presente en la eucaristía. Llaman a orar hasta las *campanas,* cuya voz recorre el entorno de la iglesia antes de la misa y durante la Eleva-

glorificaba el resto de los padrinos de título. No obstante, los cuadros de los altares de varios lugares se refirieron durante mucho tiempo al sacrificio de la cruz y a la Ultima Cena. Una reminiscencia de ello lo constituye el Velo de la Cuaresma que era colocado ante el cuadro del altar mayor entre el Miércoles de Ceniza y el Sábado Santo. Ese velo o frontal generalmente representaba la escena del Calvario, con el Cristo en la cruz y con María y Juan al pie de ésta. Si el frontal era púrpureo o negro, entonces lo ornamentaba tan sólo una cruz blanca. Esta última proviene del citado Velo de la Cuaresma. Obviamente, si el cuadro representaba al Cristo sufrido, no hacía falta el frontal. Entre las estatuas figura la estatua llamada "la Virgen portátil" inspirada por la devoción popular, por el peregrinaje y la procesión. Las banderas guardadas en la nave central igualmente eran requisitos imprescindibles.

El punto más característico de las iglesias católico-griegas era, al igual que en las iglesias orientales, el iconostasio, el soporte de cuadros. El coro que generalmente era semicircular se dividía por el iconostasio en dos: el presbiterio interno y el externo. El presbiterio exterior estaba separado de la nave mediante una grada y se extendía hasta el iconostasio. La parte central, el ambón, servía para dar lectura al Evangelio y para pronunciar el sermón. Las plegarias dichas en nombre del pueblo se pronunciaban en el presbiterio externo. La pared ornamentada con cuadros estaba provista de tres puertas. La puerta central era la llamada puerta regia y por la misma podían entrar durante el oficio sólo el diácono, el sacerdote y el obispo. Las otras dos puertas eran menores. La del norte servía para los seglares. La puerta regia a menudo se adornaba con una cortina artística.

En el iconostasio el número y la orden de los cuadros han sido el resultado de una larga evolución histórica, constituyendo en la actualidad el conjunto de cuarenta y ocho cuadros. Entre las tres puertas están los cuadros fundamentales. Por uno de los lados se ve el cuadro de San Juan Bautista o el de San Nicolás de Myra y el cuadro del santo patrón de la iglesia. En el centro se colocaba el cuadro de la Madona con el niño Jesús *(Mater Dei Genitrix)* y el Salvador como Juez del Mundo. Encima de la puerta regia se colocaba el cuadro de la Ultima Cena; a la izquierda de éste se veían siete escenas de la vida de Cristo y a la derecha seis de la de la Virgen María. Encima del cuadro de la Ultima Cena se veía a Cristo como rey y sumo pontífice acompañado por los cuadros de los doce apóstoles, seis a la derecha y seis a la izquierda. En lo alto, Cristo crucificado y la Virgen acompañada por el apóstol Juan. A los dos lados de ese cuadro aparecían las grandes figuras del Antiguo Testamento: Moisés, Aron, David, Salomón y los profetas. La rigurosa orden de aparición de los cuadros preservó durante largos siglos la verdadera fe: la liturgia no podía olvidarse de ninguno de los sucesos históricos de la Salvación. Sobre el altar generalmente se tendía el baldaquín y detrás del altar se situaba el trono del sacerdote.

Sepulcro del Señor de Garamszentbenedek
(Museo Cristiano de Esztergom)

La vida en la iglesia

Apenas si se puede resumir en escasas frases la complejidad de la rica vida litúrgica del oficio divino que ha venido moldeándose durante dos milenios. A continuación, nos limitamos a ofrecer tan sólo una miscelánea de ejemplos.

El año litúrgico revela ante los fieles los principales acontecimientos de la vida de Jesús, abarcándolos desde el tan esperado nacimiento (advenimiento) hasta la evocación esperanzadora de su advenimiento definitivo (la fiesta de Cristo Rey). El Velo de la Cuaresma, en una forma similar a la de los candelabros de Pascua, señalan que en la iglesia hay objetos vinculados a uno u otro ciclo o a una u otra festividad. El más importante de todos éstos es el *Vía Crucis*.

En los muros de las iglesias suele aparecer la serie de doce piezas del Calvario que presenta a los feligreses la trayectoria y los sufrimientos de Jesús. La devoción propiamente dicha proviene de los peregrinos que recorrieron la Tierra Santa y no dejaron de recorrer también el camino de sufrimientos conducente desde la supuesta casa de Pilatos hasta la basílica erigida sobre el Sagrado Sepulcro. La primera ruta de peregrinaje trazada fuera de la Tierra Santa se debe a un fraile dominico español, cuya tradición pronto se difundiría a comienzos de la Edad Moderna, paralelamente con la renovación católica. En Hungría el Vía Crucis se compone de catorce estaciones, pero hay países en los que la componen sólo siete.

En la Navidad las comunidades solían poner en la iglesia el Pesebre, alegrando con ello a los niños. El primer Pesebre fue construido por San Francisco de Asís, a principios del siglo XIII. La tradición se difundió desde Italia como un elemento importante en la religiosidad popular y echó raíces sobre todo en aquellos países y en aquellas regiones donde era habitual el arte de hacer tallas en madera y donde los maestros locales realizaban las estatuillas de los protagonistas de los acontecimientos de Belén.

La tradición de preparar el Sagrado Sepulcro pertenece a Europa Central y se basa en las tradiciones litúrgicas de fines del primer milenio. Cuando el sacrificio de Viernes Santo llegó a convertirse en una costumbre universal de las Iglesias del Occidente, la conservación de la Eucaristía no consumida se asociaba con la ceremonia de sentido simbólico de ponerla en la tumba. Había catedrales en las cuales los cruzados preparaban en la noche del Viernes Santo una tumba simbólica. En la madrugada de la Pascua elevaban de esa tumba simbólica la cruz o la Eucaristía porque Cristo había resucitado. En el siglo XI se conocía y se practicaba esa ceremonia de la "doble sepultura-elevación" incluso en Hungría, donde la ceremonia era efectuada en una capilla próxima a la iglesia o en una capilla lateral.

Ya esta única alusión nos hace percibir que la liturgia requería todo el espacio de la iglesia. El coro y el altar mayor siempre han sido y siguen siendo el centro, pero las procesiones y las entradas solemnes, la aspersión de agua bendita y otras ceremonias que precedían todas las misas mayores, integraron en las ceremonias litúrgicas el espacio de la nave, es más, en las grandes festividades como por ejemplo el Domingo de Ramos con su procesión que recuerda la entrada de Jesús en Jerusalén, requiere del más amplio entorno de la iglesia. Lo hacen aún más los dramas litúrgicos presentes incluso en la práctica de la Iglesia húngara. El *tractus stellae* representado en la fiesta de la Epifanía recuerda la visita de los Reyes Magos en Belén, mientras que el *officium sepulchri* celebrado en la madrugada de la Pascua, representaba el peregrinaje de las mujeres a la tumba de Cristo, siguiendo el rito de la Elevación. Es conocido también el officium infantum celebrado en la vigilia del día de los Santos Inocentes que era una procesión solemne, y la bendición de los niños. En las iglesias monacales la misa solemne estaba precedida por una procesión que recorría también el amplio patio interno de los monasterios.

La liturgia dramática de la Semana Santa se iniciaba con la evocación de la citada entrada del Domingo de Ramos, mediante una procesión solemne en cuyo marco el sacerdocio y los fieles entraban en la ciudad representando con su desfile solemne los acontecimientos de Jerusalén antes de entrar en la iglesia. Durante la semana de la Pascua, en todas las vísperas arrancaba una procesión dirigida a la pila bautismal, para expresar la gratitud por las gracias recibidas con el bautizo.

Durante los cuarenta días de la Pascua la estatua de Cristo resucitado y provisto de la bandera triunfal era colocada en el llamado extremo evangélico del altar. A fines de la Edad Media la estatua de Cristo era elevada hasta el techo y suspendida con un cordón justo el momento de leerse en el Evangelio el fragmento referente a la Ascensión. Las reformas ulteriores al Concilio de Trento proscribieron los espectáculos de esta índole.

Según los testimonios que nos ofrecen los códices litúrgicos medievales, así como los misales y los libros de salmos, se podría analizar extensamente cómo la iglesia jerárquicamente estructurada llegó a cobrar vida dinámica durante las misas, vida ésta que en comparación con la devoción propia del Barroco ya representaría un empobrecimiento. El enfoque peculiar de la época más reciente ha puesto énfasis en los aspectos intelectuales de la liturgia con los que hace casi superfluo el rico sistema de símbolos y, por consiguiente, aisla la liturgia de todas las manifestaciones artísticas. Sin embargo, no puede hacerlo, pues para el ser humano siempre constituye un momento solemne el encuentro con Dios y la solemnidad jamás podrá prescindir del respaldo de las Artes, o si se quiere, de su fuerza ennoblecedora y enaltecedora.

Es por ello que la iglesia construida de piedra siempre ofrece una morada para las Artes que seguirán preparando a los constructores del templo espiritual, de la Iglesia, a las piedras vivas, a los fieles para la fiesta final que tendrá por escenario la eternidad.

Qué terrible es este lugar;
es nada menos que la Morada de Dios
y la puerta del cielo.

(*Génesis 28, 17*)

Iglesias católicas húngaras
– compendio de historia del arte

Premisas de la reseña de historia del arte

Este tomo presenta una parte – necesariamente pequeña – de las iglesias católicas de Hungría. Los redactores del material aspiraron a que en la selección figurasen las iglesias más importantes. Pero "la importancia" es un principio difícil de medir. En primer lugar la iglesia católica no es una casa material, no sólo es el lugar de reunión de la comunidad, sino la casa de Dios y de la oración. Desde la Edad Media, los constructores y decoradores de las iglesias a menudo han recurrido a las palabras del octavo verso del salmo 26 para expresar sus propósitos: "Yo amo la morada de tu casa, el lugar en que se asienta tu gloria." Para el hombre creyente toda iglesia es la casa de Dios y en cada una de ellas encuentra la morada de su gloria. Y donde más la encuentra es en la qua está ligado desde su infancia – o en los momentos más significativos de su vida –, la que visita cada día. Sería difícil atenerse a esta importancia, quizás la única y verdadera, pues su esencia radica en las regiones más ocultas del alma humana.

Para los compiladores del libro hubo un sólo criterio dado en la selección de los ejemplos: la fama de las iglesias. Haremos como el turista que visita los templos; nuestro proceder se dejará influir ante todo por la visión, por la superficie. Pero, ¿acaso la contemplación consigue necesariamente sólo una falsa apariencia? ¿Acaso lo superficial resulta inevitablemente engañoso y ajeno a lo sustancial?

Desde el punto de vista de la historia del arte, estos interrogantes se refieren también al estudio de las iglesias. Pues es verdad por un lado, que no existiría historia del arte sin la arquitectura y la decoración artística de las iglesias, pero este acierto no es verdad absoluta a la inversa, ni se pueden considerar las iglesias únicamente como obras de arte, o como conjunto de obras, vistas a través de la mirada de la historia del arte. El objeto de ésta lo constituyen recuerdos, a través de cuya calidad estética visible podemos evocar, revivir contenidos de tiempos pasados. Sin embargo, el motivo primordial de la vivencia estética de una iglesia no es la visión histórica, sino la devoción religiosa, esa identificación que ignora la reserva y la delimitación, que no conoce otra cosa que lo presente. Esta receptividad estética no inquiere la edad del objeto contemplado, sólo le interesa la intensidad del efecto que produce. El culto religioso conserva tradiciones. Está abierto ante los valores de lo antiguo, pero no por su edad sino por su actualidad; abandona la intimidad de la devoción y es la mentalidad la que se centra en la antigüedad, en el testimonio del monumento histórico o en la curiosidad documentable con datos. La necesidad de la contemplación religiosa la pueden satisfacer no solamente obras reconocidas como artísticas en el sentido moderno, portadoras de expresión individual, e individuales también por su originalidad, sino también objetos, productos en serie, menos exigentes, de carácter estereotipado. Sin tener en

cuenta lo antedicho, no sería completa ni auténtica nuestra reseña de las iglesias católicas de Hungría. Éstas aparecen a menudo en nuestras imágenes. Sin embargo, la historia del arte no puede contar con ellas como monumentos. Su presencia ofrece ensañanzas más bien para la estética del ambiente, para la sociología del arte religioso.

Incluso desde otro punto de vista nuestro tema resiste a ser tratado con criterios propios de la historia del arte. El título Iglesias católicas en Hungría requiere de explicación, pues sólo hemos incluido en nuestro libro las iglesias utilizadas aún hoy por la Iglesia católica. Este proceder obedece a que aún así podemos presentar sólo una parte fragmentaria de las iglesias en cuestión, como también es nuestra intención evitar resucitar discusiones sobre derechos de propiedad hace tiempo concluidas con otras iglesias. Debido a ello, el presente tomo ofrece más un panorama sobre la composición del "stock" de las iglesias católicas de hoy, que sobre la arquitectura de las iglesias y el arte eclesiástico húngaros. Sería un vano esfuerzo construir, a partir de estos ejemplos, una historia o historia del arte únicas.

La historia de la iglesia católica es uno de los temas centrales de la historia eclesiástica y de la historia universal del arte. No fue en Hungría donde surgieron los tipos y las formas de su arte; nuestro país, que adoptó el cristianismo hacia el año mil, se unió relativamente tarde a la corriente de la evolución universal. Incluso más tarde, el carácter universal de la Iglesia católica era el que garantizaba los lazos espirituales y culturales que conducían a la adopción de nuevos fenómenos, entre ellos los logros artísticos más novedosos. Empero, no sería oportuno entregar aquí un sumario de la historia de estilo universal de la iglesia católica ilustrándola, donde sea posible, con ejemplos nacionales. Este método sería injusto, pues acentuaría más de lo debido nuestras carencias, o lo que no pudo crearse, o bien por causas históricas, o bien porque fue destruido por los avatares de la historia más de una vez, sin dejar rastro alguno.

Este tomo presenta las iglesias católicas de la Hungría de hoy; no todas las que pertenecieron a la Hungría histórica, ni tampoco todas aquellas que los católicos húngaros (merece atención la coincidencia en la declaración de la pertenencia religiosa y de nacionalidad, por ejemplo en Transilvania o en Subcarpatia) utilizan hoy para su culto religioso. La persona un poco entendida en las condiciones de la historiografía del arte húngaro, sabe bien que, justamente porque la Hungría actual representa las regiones siempre más azotadas por devastaciones bélicas del que fuera el antiguo territorio del país, privadas casi completamente de sus viejos monumentos, tampoco el repaso de la historia del arte de Hungría es concebible remitiéndonos únicamente a nuestro territorio actual. No es, por tanto, nuestro objetivo escribir una historia del arte coherente, pero es inevitable que al evocar el pasado de las iglesias, comunidades eclesiásticas o localidades, descubramos en ellas los elementos comunes: cuestiones de la historia universal y nacional, así como las respuestas específicas buscadas y halladas por el catolicismo nacional a estas cuestiones vitales. Una cuestión histórica de esta índole es, en primer lugar, la relativa al carácter nacional, húngaro de nuestros monumentos arquitectónicos.

El material de nuestro tomo está constituido por los edificios al servicio del culto religioso, de la liturgia. Independientemente del período histórico al que los mismos pertenecen o del estilo artístico que representan, lo común en ellos es que están al servicio del ejercicio religioso activo. En cuanto a su esencia, en una primera aproximación, resulta por lo tanto indiferente cuál es la época que los produjo, cuán remoto es el pasado a cuyo legado pertenecen. En nuestra selección predomina el legado de épocas artísticas más recientes, del siglo XIX y más de una vez, del siglo XX. En general, cuanto más antiguo sea el monumento tratado, más debemos contar con que su utilización litúrgica viva sólo es posible, cuanto más se modifica su forma original.

Nuestras imágenes demuestran que la forma, la disposición y el acondicionamiento de las iglesias católicas de la Hungría actual estuvieron determinados básicamente por las formas del ejercicio religioso del catolicismo de los siglos XVII y XVIII y por el estilo del arte barroco. También se adapta a esta tradición la mayor parte de las construcciones procedentes del siglo XIX y de la primera mitad del siglo XX. Pero, tampoco este estrato de nuestros monumentos – que marcó su huella sobre las transformaciones efectuadas en monumentos anteriores, medievales – está del todo intacto. Desde comienzos de los años 1970, de acuerdo con los requisitos de la reforma litúrgica implantada por el II Concilio Vaticano, en todas partes han tenido lugar importantes cambios y transformaciones. Estas modificaciones tomaron cuerpo no tanto en la edificación de nuevos templos, sino más bien en la adaptación del edificio y del interior de los antiguos. Cambió, se desplazó el centro del acto litúrgico, se modificó la relación entre la jerarquía sacerdotal y la comunidad de feligreses, se transformó el espíritu de la prédica y de la enseñanza, y los sacramentos como fuentes de la gracia, aparecieron en una nueva e inseparable unidad. Todo ello incidió en menor o mayor medida también en la división del espacio interior y de la ornamentación artística de las iglesias. El desmontaje de los límites de la jerarquía se convirtió en una aspiración general – tanto en el sentido espiritual, como material, y arquitectónico de la palabra. En lugar de la representación de la comunidad, el restablecimiento de la acción conjunta de la comunidad desvió el énfasis de la representatividad hacia la participación, de la representación visual a los símbolos claros, entendibles. La desaparición de los comulgatorios, la sustitución de los altares mayores por mesas de altar libres, la aparición de ambones unidos al altar, que unifican la liturgia y ensañanza de la comunión, en lugar de los púlpitos situados en lo alto, representan los signos exteriores del cambio de la relación con el legado histórico, así como de la búsqueda de otros ideales históricos enraizados en el contexto del cristianismo primitivo. En Hungría no existen ejemplos arquitectónicos del comienzo del cristianismo; la tradición cristiana se inició varios siglos más tarde: la reforma litúrgica ha sido un desafío en la evaluación y utilización de la mayor parte de los monumentos nacionales. Supone un desafío la entrada en la iglesia de la técnica moderna de nuestra era, de la ampliación electrónica del sonido y de las técnicas audiovisual y de alumbrado, que han creado condiciones casi catastróficas para el legado histórico.

Los puntos de vista arriba mencionados evidencian que el

Imposta prcedente de la abadía benedictina de Szekszárd, último tercio del siglo XI (Szekszárd, Museo)

provecho principal al examinar la historia del arte de las iglesias radica en el estudio e interpretación de sus transformaciones y sucesivas renovaciones. Éste es el medio más importante a nuestra disposición, para comparar lo que una determinada época creó, con la manera en que adoptó esta herencia a sus propias necesidades. En la demostración de estas necesidades pretendemos conseguir la comprensión de la espiritualidad y de los rasgos característicos de la religiosidad de las distintas épocas. En la serie de sucesivas renovaciones merecen atención particular las obras de restauración de este siglo. En ellas se expresa el suceso histórico reflejado también por el concepto de monumento histórico o monumento arquitectónico. Según ello, la iglesia puede reclamar aprecio y protección, no sólo como espacio y objeto del culto religioso, sino también por su calidad estética, como creación humana. La protección de monumentos en cierto modo pretende detener el proceso histórico, aspirando a rescatar los valores bajo las leyes del cambio y a conservarlos. Y a menudo ambiciona aún más: girar atrás la rueda de la historia, recrear condiciones otrora existentes. En este caso es obvio que ella misma es renovación, al servicio de un ideal tomado de la historia. ¿Es posible compaginar la devoción religiosa y la visión comparativa de nosotros desde un ángulo exterior? ¿Quedará realmente detenida la historia al concluir las labores de la protección monumental? La historia de siglo y medio de restauraciones modernas demuestra que no: la protección de monumentos, sus principios, sus ideales y su praxis tienen su historia propia. Procedemos de manera correcta y justa si valoramos tanto sus logros del pasado, como sus rendimientos actuales dentro de los marcos de sus propias condiciones espirituales. Como testigos de una época de transición, como partícipes de cambios históricos, poseemos quizá una única ventaja: la de ser conscientes de nuestra propia situación transitoria y de la paciencia y comprensión hacia los principios e ideales de épocas precedentes.

En este punto, incluso la aproximación histórica, por más ajena que parezca, y también la visión artística se pueden matizar con un elemento importante: la asimilación de lo estético en nuestras iglesias católicas. Con el reconocimiento de que aquellos hombres antiguos, ya ajenos para nosotros, que dieran expresión en ellas a su convicción y forma a su mensaje legado para sus sucesores, fueron nuestros antecesores y aunque no coetáneos, sí eran nuestros semejantes. La suerte de sus creaciones que hoy está en nuestras manos nos advierte sobre la suerte de nosotros mismos y de nuestros ideales.

Iglesias y épocas de la historia del arte

Románico, gótico, renacimiento, barroco, clasicismo... los términos de la historia del arte escolar no sirven verdaderamente para caracterizar nuestros monumentos, pero tampoco podemos renunciar a estos medios auxiliares de la orientación histórica. En efecto, mucho más que los datos de las fuentes históricas, nos relata por ejemplo el hecho de que el primer edificio de la catedral de Kalocsa, a juzgar por los fragmentos de sus cimientos puestos al descubierto, era un templo románico que fue relevado por una edificación totalmente nueva en el siglo XIII, sumamente moderna en su tiempo. De ésta se han conservado incluso algunos fragmentos de relieves que ornaban el edificio. La catedral barroca existente aún hoy fue erigida en el siglo XVIII sobre los cimientos góticos, siguiendo sólo el plano interno del coro en lugar del deambulatorio. Los edificios precursores medievales representan en este caso tan sólo una tradición perdida en el tiempo, que señala nada más el pasado remoto de la iglesia. Apenas difiere de ésta el destino histórico de otras iglesias importantes, aunque sus muros se hayan conservado en su mayoría, como es el caso de las catedrales de Győr, Pécs y Veszprém. De entre las catedrales medievales húngaras existen hoy día solamente la de Gyulafehérvár, conservada en su estado románico, así como la de Zagreb, gótica en su mayor parte. Pero ¿qué podemos decir de las iglesias abaciales de Ják o Lébény, básicamente de estilo románico, las cuales recuperaron ese carácter tras una restauración purística, después de haberse desalojado o destruido su interior barroco? Lo que hoy sabemos de nuestros templos medievales es el resultado de reflexiones científicas y de las subsiguientes intervenciones de la protección de monumentos.

Prueba del carácter abstracto de nuestros conocimientos es el hecho de que sólo es directamente accesible para nosotros el último estado medieval de nuestras iglesias. Sólo restos de cimientos, fragmentos de muros y relieves representan — particularmente — el grueso de la aquitectura de las iglesias de los siglos XI–XII, ya que durante el Medioevo dichos edificios fueron reemplazados por nuevos o porque los mismos desaparecieron en siglos posteriores. Incluso las iglesias conservadas llevan en sí la huella de múltiples transformaciones. A juzgar por el estado actual de la catedral de Veszprém, parece casi increíble que hasta hoy se hayan conservado partes importantes de su primer edificio, de las cuales proceden relieves ornados con el motivo palmetta muy difundidos en Hungría en el siglo XI. Ese edificio fue reconstruido ya en el siglo XIII, se le agregó a fines del siglo XIV un santuario y una cripta existentes aún hoy; tras varias remodelaciones, en el marco de una

Capitel de la catedral de Veszprém, siglo XI (Veszprém, Museo)

*Relieves de la pared
de la escalinata sur
de la cripta de la catedral
de Pécs: Génesis,
siglo XII
(foto: 1883)*

ambiciosa concepción fue barroquizado en el siglo XVIII; lo cual no fue ningún obstáculo para que sorprendentemente tarde cuando el interés científico y la protección de monumentos había comenzado a favorecer ya a los monumentos barrocos, fuese restaurado dentro de un espíritu purista historizante, a principios de nuestro siglo.

El proceso demostrado aquí a base de algunos ejemplos se evidencia de manera similar a partir de los datos históricos de todas las iglesias húngaras, casi sin excepción. Hacia el año 1200 y durante el siglo XIII el legado arquitectónico de los siglos XI–XII necesitó de importantes complementos, transformaciones y modernización. Por ello, predominan entre los monumentos de la época de la casa Árpád, las obras de ese período románico tardío. El proceso de urbanización adquirió un papel determinante en el país en los siglos XIV–XV. Fue entonces cuando las iglesias de las localidades con rango de ciudad obtuvieron sus dimensiones y disposición correspondientes a las exigencias burguesas. Es característico el caso de Buda, donde la situación privilegiada de la burguesía alemana se robusteció relativamente temprano, ya en la segunda mitad del siglo XIII y de acuerdo con ello se edificó su iglesia parroquial de la Asunción, cuyas proporciones resultaron definitivas hasta el día de hoy. Al mismo tiempo, los húngaros construyeron su iglesia parroquial de María Magdalena primero de forma modesta recordando los templos de las aldeas. Los ciudadanos húngaros de Buda conquistaron su igualdad de derechos en una lucha de dos siglos, muchas veces a través de

procesos dirigidos a separar las distintas parroquias. Ello se advierte también en las sucesivas reconstrucciones de sus iglesias, sustentadas por investigaciones arqueológicas realizadas en el lugar de los templos destruidos. La imagen de las iglesias procedentes del Medioevo tardío y particularmente el estado y las características de su instalación, interior y ornamentación originales, se pueden ilustrar en la Hungría de hoy, sólo en algún que otro monumento aislado, conservado gracias al azar. Si no existieran las catedrales de Pozsony (Bratislava) y de Kassa (Košice), la iglesia de San Miguel de Kolozsvár (Cluj), la iglesia parroquial de Szászsebes (Sebes) o la iglesia Negra de Brassó (Brasov), apenas si tendríamos noción sobre importantes logros de la historia de la arquitectura. O bien, sin

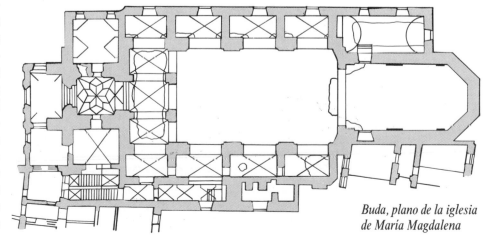

*Buda, plano de la iglesia
de María Magdalena*

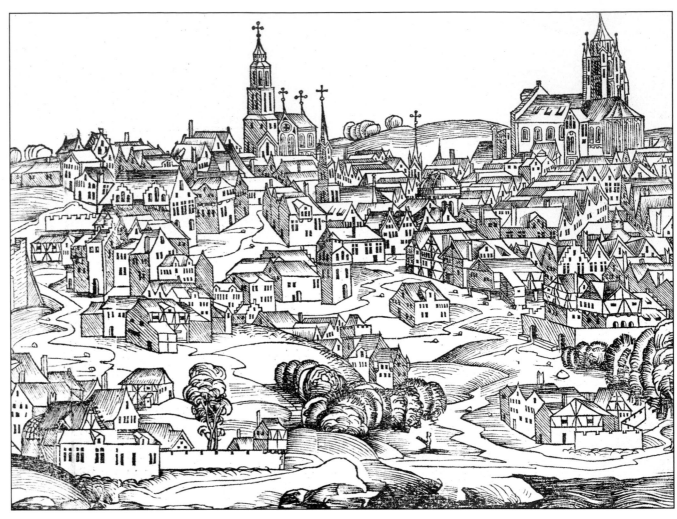

Panorama de Buda, vista del Barrio del Castillo desde el Danubio, con las iglesias de San Jorge, de la Asunción y de San Nicolás. Xilograbado, Hartmann Schedel, Weltchronik, Nuremberg, 1493

conocer el interior conservado casi íntegramente en su estado original de la iglesia de Santiago de Lőcse (Levoča), la de San Egidio de Bártfa (Bardejov) o de numerosos templos pueblerinos de las regiones del Szepesség (Spiš) y Liptó (Liptov, en Eslovaquia), así como en Transilvania (Rumanía), nada sabríamos del interior de las iglesias húngaras medievales. Tampoco por eso pretendemos en este libro trazar un panorama global de la historia del arte, pues la historiografía de las artes nunca puede renunciar a abordar la totalidad del patrimonio de la Hungría histórica. Por ejemplo, la mayoría de las antiguas ciudades comerciales medievales están fuera de nuestras fronteras actuales. En la Hungría de hoy, la ciudad de Sopron es la única que ha conservado el carácter urbano medieval con su correspondiente casco viejo. El destino de Buda y Pest, sin duda alguna las ciudades más importantes que ya en la Edad Media tardía poseían el carácter de capital, refleja elocuentemente las características derivadas de la historia del territorio actual del país. Aquí se observa ya desde comienzos del siglo XVI un estancamiento del auge anterior, al que siguieron también durante los siglos de la dominación turca, de la conversión del país en escenario bélico, la ruptura y desaparición de las tradiciones. Para las regiones centrales del país las fechas límite son 1526 y 1541, años de la derrota de Mohács y de la caída de Buda respectivamente, así como 1686, que señala la reconquista de Buda de los turcos y el retorno al ambiente normal de la evolución del arte europeo. Pero la tradición de

las iglesias medievales no sólo fue rota por la conquista del imperio otomano, sino también por el movimiento de la Reforma, ese inmenso cambio filosófico y religioso producido en el siglo XVI. La pertenencia religiosa de los templos húngaros va entonces dividiéndose gradualmente, su uso y derecho de posesión pasan a manos de diversas iglesias que se separan y desde el inicio de la Contrarreforma se oponen hostilmente. Esta circunstancia es la que determina la permanencia de su integridad, la conservación o el cambio de su interior.

Estos procesos tuvieron lugar en un país dividido política y religiosamente, cuyos centros estaban fuera del territorio de la Hungría actual. Algunas regiones de la Hungría de hoy, en primer lugar sus márgenes del Oeste y Nordeste, separadas entre sí por la zona ocupada por los turcos, cual cuña en el cuerpo del país partido en tres, no eran más que los linderos de las citadas esferas de intereses políticos. Si algo sucedía en la Hungría del Oeste y del Este que merezca la atención de la historia del arte y si lo sucedido afectaba la suerte, la forma de las iglesias católicas, entonces las causas de ello hemos de buscarlas más allá del territorio mencionado.

Hasta los aspectos negativos del patrimonio arquitectónico geográfica y políticamente dividido, diezmado por devastaciones y transformaciones posteriores, permiten extraer ciertas conclusiones relativas a las particularidades del arte húngaro. Parece que las obras del arte renacentista italiano en vano aparecieron tan temprano en Europa Central, dentro del arte cortesano de la época del rey Matías; en efecto sus formas adoptadas en los templos tan sólo caracterizaron alguno que otro altar, tabernáculo, portal o lápida sepulcral. La arquitectura religiosa continuó con la tradición medieval, y en ella se observa la falta del período renacentista, salvo en algunas capillas. Entre éstas sobresale la capilla de la tumba de Tamás Bakócz, en Esztergom. El campo principal del arte renacentista húngaro, así como del manierismo y del Renacimiento tardío no fue el templo católico, sino ante todo la cultura laica. El objeto de las polémicas religiosas y de las luchas de propiedad fue la herencia medieval. Su asimilación o renovación en el nuevo espíritu era el problema de las corrientes de la Reforma, y la relación con esa herencia desempeñaba un importante papel incluso en la Contrarreforma católica. En las iglesias católicas que se hallan en el territorio actual de Hungría sólo unas pocas huellas recuerdan la floreciente cultura renacentista tardía del siglo XVII, cuyos centros se encontraban principalmente en la alta Hungría y en Transilvania. Las huellas de la ornamentación floral renacentista del siglo XVII y de la pintura al fresco, se conservan en el templo del pueblo de Csempeszkopács, procedentes del período cuando se usó como iglesia protestante.

Del año 1650 data el techo de la iglesia de Szentsimon de madera, pintado en estilo renacentista tardío. De esa época, junto a numerosos monumentos protestantes, éste es el único ejemplo católico que se conserva. El resto cayó víctima, probablemente, de las febriles construcciones barrocas. En este sentido, el intenso apoyo a las obras de templos católicos en el siglo XVIII no tuvo únicamente consecuencias favorables.

Las reformas litúrgicas adoptadas por el Concilio de Nagyszombat en 1630 son importantes no sólo por haber definido la relación de la renovación de la iglesia católica con las costumbres locales, "nacionales" surgidas aquí en la Edad Media, sino también porque indican que las precondiciones de la Reforma deben buscarse en la tradición del Medioevo tardío. Esta relación es la que determina también la situación de los templos barrocos construidos en el mismo período: en ellos adquieren importancia las tradiciones de culto nacional y los elementos iconográficos medievales, así como la reorganización de las órdenes monacales, en decadencia desde hacía mucho tiempo. Recién entonces aparecen en las iglesias católicas húngaras numerosos rasgos estilísticos, tipos arquitectónicos y de representación propios del arte renacentista italiano. Una nota característica de los mismos es la predilección por las reglas de la composición renacentista, pesada y tectónica, ya conservadoras en esa época. Favorecía a este fenómeno el hecho de que en las regiones occidentales de Hungría, pertenecientes al imperio de los Habsburgo, llegara a predominar una corriente estilística, conservadora y moderada en comparación con el rendimiento individual de los grandes artistas barrocos del siglo XVII, representadas por maestros italianos llegados de Austria y Bohemia. La influencia de la tradición artística local y de la praxis artística gremial de la Alta Hungría contribuyó igualmente al surgimiento de las tendencias conservadoras. La primera se refleja en la difusión e influencia permanente del tipo de iglesia y de decoración típicas en Hun-

gría Occidental, pero presentes ante todo en la iglesia de los jesuitas de Nagyszombat. La segunda está representada por aquella práctica de los tallistas en madera, continuadora de la tradición del arte de los altares del Medioevo tardío, e inspirada en los rasgos estilísticos más modernos del manierismo del Norte de Europa, cuyos maestros de Lőcse trabajaron incluso en el primer tercio del siglo XVIII, por ejemplo en Nyírbátor.

Hacia 1700 esta tradición artística llegó a ser el fundamento, sobre el cual se construyó una cultura única de difusión nacional. En el siglo XVIII, debido al absolutismo de los Habsburgo y a la recatolización impuesta a la fuerza por la monarquía se dieron las precondiciones para el nuevo auge de edificación de templos católicos, que se extendió luego casi sin excepción a todas las iglesias. En el siglo XVIII la gobernación absolutista desempeñó un papel significativo en la reglamentación de los asuntos ecelsiásticos. Los órganos gubernamentales

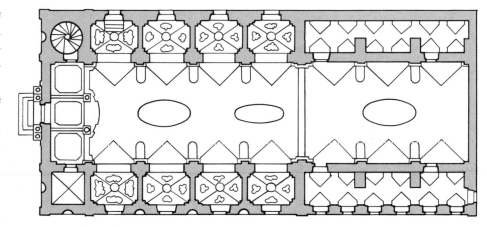

Nagyszombat, plano de la iglesia jesuita

crearon las bases financieras del funcionamiento de la red de parroquias; durante el reinado de María Teresa su intervención en los asuntos de la Iglesia culminaba en la transformación de la organización diocesana, en la creación de nuevos obispados. Hacia 1700 aún funcionaban edificios medievales utilizados por necesidad y mezquitas turcas transformadas provisoriamente en templos católicos. A principios del siglo XVIII se inició una actividad constructora de proporciones nacionales, especialmente bajo la dirección de grandes maestros del barroco austríaco. El estilo de la generación de maestros como Johann Bernhard Fischer von Erlach, Johann Lukas Hildebrand o Georg Raphael Donner fue adoptado por maestros de diverso talento al servicio de los órganos gubernamentales centrales, o por quienes trabajaban por invitación de grandes mecenas u órdenes religiosas o bien, afincados en Hungría siguiendo la coyuntura de la época. Las tareas de la primera mitad del siglo se relacionaron en gran parte con la reconstrucción del país devastado por las guerras turcas y por las luchas de independencia, mientras que los trabajos grandes y masivos fueron producto del segundo tercio del siglo. En el establecimiento de contactos con el extranjero le correspondió un papel notable a la reorganización de las órdenes monacales. La renovación de las órdenes de los benedictinos, cistercienses y premonstratenses, el resucitar de sus monasterios medievales comenzó partiendo ante todo de sus claustros matrices austriacos, bohemios y moravios.

Con el transcurso de algunas generaciones, el arte barroco transformó definitivamente la fisonomía del país. Borró masivamente los templos medievales, transformando incluso su entorno arquitectónico. Móviles importantes de ese dinamismo, portador de indudable modernización, fueron las ideas artísticas asimiladas por los maestros y también por sus mecenas, gracias a los libros, a los modelos y a los grabados. En el escenario aparecieron escuelas y tendencias rivales y una gran diversidad de modas; junto a las corrientes tradicionales del Barroco tardío arraigadas en el gran Barroco italiano, aparecieron también otras variantes estilísticas, provenientes de los modelos franceses, tales como el estilo rococó y más tarde, el estilo Luis XVI. En las manos de los maestros formados en Austria, Alemania del Sur y Bohemia, esas varientes adquirían un inconfundible carácter personal, al tiempo que se adaptaban en cada generación, a determinados tonos fundamentales. El estilo grave y serio de comienzos del siglo es relevado hacia mediados del siglo por los conjuntos rococó más libres, de efectos más pictóricos. A lo que reacciona, a fines del siglo, una orientación más fría y mesurada en el sentido clásico. La variante estilística que por la predilecta ornamentación de elegante dibujo del estilo Luis XVI, suele llamarse en Europa Central estilo Zopf, las corrientes estilísticas del Barroco tardío clasicizante siguieron siendo determinantes incluso hasta la primera década del siglo XIX, expecialmente en las obras locales de provincia.

Ese vigoroso movimiento, de alternación de estilos y modas no es un fenómeno vital orgánico de los templos católicos. En ellos se materializó el lenguaje artístico, de formas, separando los cambios de gusto y estilos dentro del mismo. Tal proceso no sólo caracterizó el siglo XVIII en Europa. Desde el Renacimiento impregnó su huella en medida creciente, sobre la asimilación del arte y no sólo de las obras de arte individuales. Sin embargo, en Hungría – sin tener en cuenta a algunas personalidades excepcionalmente cultas, pioneras de su época en la

János Mihály Hesz: Bautismo de Vajk, 1825. Variante del cuadro encargado para la catedral de Esztergom (Balatonfüred, parroquia)

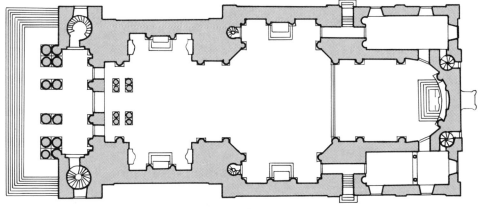

Vác, plano de la catedral

conciencia estética – fue entonces que se difundió y se generalizó la visión artística consciente que desplazaba al conjunto homogéneo de impresiones. Se volvieron conscientes la tradición y la historia autónoma de las artes. Frente a su múltiple y complejo singnificado se busca la transparencia racional; en lugar de sus apariencias pictóricas se aspira a la realidad de la materia; a su desenfrenada agitación se prefiere entonces la serena dignidad de la antigüedad. El programa winckelmaniano del clasicismo se manifiesta en buena parte de manera inconsciente, en la búsqueda de tales valores y en la depuración del gusto. Lo transmiten asimismo las distintas variantes del Barroco tardío, así como el nuevo tono que comienza a imponerse en las academias. Pronto arriban a Hungría los exponentes radicales de este programa. La catedral de Isidore Canevale erigida en Vác sustituye ya en los años 1760 los proyectos anteriores más articulados por una estricta interpretación del tipo del Panteón romano, cuyo espectáculo llena de orgullo incluso al gran poeta húngaro Ferenc Kazinczy, quien pasa por allí como prisionero en 1800.

La coincidencia sea tal vez fortuita, pero no cabe duda de que el gran cambio, la separación de la impresión estética de la experiencia religiosa y la secularización del arte, son frutos de la Ilustración. Por efecto de esta corriente intelectual se modificó también la situación, la valoración de la iglesia católica. Las ideas de la Ilustración no sólo provocaron la crisis de la ideología religiosa y el proceso de secularización no sólo transformó el lugar de la Iglesia y del templo, sino que afectó a la mayor parte de las iglesias en lo que respecta al derecho de propiedad. El ague producido durante el siglo XVIII gracias, ante todo, al estímulo de la gobernación absolutista, finalizó con los decretos de política eclesiástica de José II, con cuyas medidas se liquidaban ciertas órdenes monacales, y más tarde en el estancamiento de toda una serie de iniciativas anteriores, todo esto en medio de las dificultades económicas causadas por las guerras napoleónicas.

La realización de varias tareas importantes entre ellas los proyectos más ambiciosos como la construcción de las catedrales de Esztergom y Eger y la de la abadía de Pannonhalma, sólo se llevó a cabo en el siglo XIX, en un período de restauración conservadora vista desde la época de la Illustración y de la revolución francesa, y en la época de las reformas vista desde la perspectiva del futuro. Esa ambigüedad es la que determina la situación, en la historia del arte, de los templos católicos del siglo XIX. Por un lado, es indudable que en su edificación y decoración desempeñó un papel importante la reorganización de la Iglesia húngara frente a las ideas de la Ilustración y las medidas eclesiásticas del absolutismo ilustrado, sobre todo frente a aquellas que limitaban las órdenes religiosas y el dominio del clero, como igualmente la resistencia de la Iglesia católica al proceso de liberalización iniciado en la asamblea nacional de la época de las reformas (1825–1848). Por otro lado, esas iglesias formaban parte del programa de renovación de la cultura nacional en la época de las reformas. En ellas subsistía la concepción del templo como cometido artístico autónomo.

Los edificios cupulares de pórtico clásico de las catedrales de Eger y Esztergom brindan entonces la oportunidad a los mejores arquitectos de la época para demostrar su capacidad en las tareas más exigentes y monumentales de la composición arquitectónica. En la ciudad de Pest, que se prepara para obtener el rango de nueva y moderna capital del país, la cúpula de la basílica de San Esteban en el barrio Lipótvros está llamada a manifestar el nuevo acento, a subrayar el carácter racional del plano de la ciudad, ordenado en sentido clasicizante. Esta racionalidad, el idealismo inspirado en la teoría de la arquitectura, la fresca claridad y reservada elegancia, son las notas más características de las nuevas construcciones. Nada demuestra mejor la inspiración cultural del momento que el carácter de museo que se observa con frecuencia en su interior, en sus instalaciones. El buen gusto clasicizante está representado y es difundido por maestros extranjeros, como por ejemplo los artistas italianos invitados por el arzobispo de Eger János Pyrker : el pintor Michelangelo Grigoletti o el escultor Marco Casagrande. Un elemento importante de esta manera de ver es la copia y la reminiscencia : el seguimiento consciente y doctrinario de famosas obras clásicas o de principios de composición celebrados en la historia del arte.

Esta actitud propia de los príncipes de la Iglesia húngara de la primera mitad del siglo XIX tiene carácter historizante, pues busca los ideales de la monumentalidad en el pasado, en las grandes obras del Renacimiento. También en otras tenden-

Maqueta del conjunto de la catedral de Esztergom (Esztergom, Museo Catedralicio)

cias del arte eclesiástico católico húngaro resultaron definitorios los diversos sentidos de orientación de la conciencia histórica. Uno de ellos, el acentuado culto a los santos nacionales y el enriquecimiento de su representación plástica con hechos conocidos de la historia nacional, significaron la continuación de una antigua tradición, ya presente en el arte barroco nacional. La representación artística de los reyes húngaros santos significa el eslabón, por medio del cual la visión histórica predominante del arte nacional hace su entrada en los templos católicos. Esta tendencia no contradice la precedente: en la creación de la Academia Nacional tomaron parte también los altos prelados, cuando – como en el caso de János Mihály Hesz y Mihály Kovács que trabajaron en Esztergom y Eger, respectivamente – mediante encargos eclesiásticos y el apoyo a la formación de artistas y a sus viajes de estudio al extranjero se trataba de elevar el nivel de la satisfacción de estas exigencias y capacitar a los maestros nacionales para el desempeño de sus tareas.

La otra vertiente de las tendencias artísticas historizantes se caracteriza igualmente por móviles estéticos y de historia del arte. Esta tendencia se enfrenta al estilo tradicional de los príncipes de la iglesia, y a la frialdad ajena y externa de la monumentalidad clasicizante, a los cuales opone la intimidad del sentimiento. También los modelos de esa intimidad romántica son históricos: frente a Rafael los maestros de la "vieja escuela alemana", en primer lugar Durero; frente a los grandes del Cinquecento los maestros del primer Renacimiento, Giotto y los artistas de Siena, Perugino y Filippino Lippi, Botticelli. El ejemplo lo proporcionan las comunidades internacionales de artistas románticos, opuestas al clasicismo, cuya escala autoritaria de valores se sustituye por la convicción y la fé personales. Se destaca entre ellas la confraternidad italiana de los pintores "nazarenos" alemanes. Tanto estos artistas, como los admiradores de su arte, son a menudo conversos que abandonaron los ideales de la Ilustración a principios del siglo XIX. El representante húngaro más conocido de este romanticismo religioso fue Ferenc Széchényi, miembro del círculo vienés de San Clemente Hofbauer.

La actitud historizante que evocaba las formas medievales de la religiosidad buscando en ellas el punto de apoyo, se generalizó a mediados del siglo XIX. Fue entonces, cuando el seguimiento de los estilos medievales se convirtió en el programa del arte sacro católico. El punto de partida fueron iniciativas individuales. Tal fue la base del proyecto neogótico de József Hild, diseñado para la capilla Hermina de Pest y también pertenece a las obras neogóticas tempranas la iglesia de Fót, que por encargo de István Károlyi fue realizada por Miklós Ybl conjuntamente con maestros vieneses, entre ellos el pintor Karl Blaas. Estas iniciativas pronto adquirieron una forma institucionalizada, tipo movimiento; las investigaciones eclesiásticas, arqueológicas e iconográficas estimulan pues el seguimiento formal de las creaciones de épocas artísticas anteriores. Entre los fundadores de la historiografía del arte nacional, también encontramos hombres eclesiásticos como Arnold Ipolyi, Flóris Rómer y Béla Czobor quienes tomaron parte en ese movimiento. Uno de sus principales patrocinadores, el arzobispo de Esztergom, János Simor, fundó el Museo Cristiano

para reunir en una colección los modelos adecuados. Las variantes estilísticas del historicismo, el neorromanticismo, el neogótico y el neorrenacentismo se consolidan como formas de expresión, en las que el templo es declarado como parte de una tradición. Esta fidelidad a la tradición en el sentido eclesiástico, religioso es, sin duda, conservadurismo y lo es incluso en el sentido artístico. Las formas historizantes alejan al arte sacro de la evolución artística moderna; el realismo, las aspiraciones modernas que comenzaron con el impresionismo, no encuentran o sólo en casos excepcionales, el camino a las iglesias. Las representaciones artísticas de los temas bíblicos y de la problemática religiosa, vividas personalmente, que rechazan el vestuario y estilización históricos, desde Mihály Munkácsy a Károly Ferenczy, permanecen asimismo fuera de los muros de la iglesia, hallando su lugar en las salas de exposiciones.

Los templos católicos de la segunda mitad y de fines del siglo XIX son testimonio de esta religiosidad convertida en problemática, del conflicto entre convicción y comportamiento, conservadurismo y progreso, praxis artística y conciencia estética. Cuantitativamente es enorme y de importancia determinante aún hoy, lo que nos legó esa época: grandiosos edificios de iglesias que dan toques solemnes a la fisonomía de las ciudades surgidas desde el Compromiso austro-húngaro de 1867 hasta la época del Milenio, otorgándoles la importancia de la cual ya no disponía la Iglesia en la vida política. Se agregan a las nuevas realizaciones, las labores de protección de monumentos (desplegada en ese tiempo), que con el método del purismo historizante adaptan también los monumentos históricos a las necesidades de la época. Son, precisamente, las restauraciones de monumentos – llamadas a la vez a evocar y a acentuar períodos altamente valorados en el pasado nacional – las que muestran con mayor claridad la gran diversidad de la escala de valores científicos, históricos y religiosos. La tarea del restaurador de monumentos, al igual que la del arquitecto, fue la reconstrucción no sólo de iglesias sino también de edificios laicos y de castillos. Sin embargo, muy pronto llegó a ser consciente la especial responsabilidad profesional del restaurador en la conservación de los restos históricos. Hacia 1900, la exigencia más avanzada en la protección monumental es "conservar, no restaurar" y se pone fin, entre otras, a la destrucción premeditada de los monumentos e interiores barrocos. Sin embargo, el historicismo predominará aún por largo tiempo en el arte sacro y también el estilo neobarroco aparecerá en el período entre las dos guerras mundiales. En ello no sólo se manifestó la tolerancia o aprecio por los valores del arte barroco, sino también la nostalgia por el papel social de la Iglesia durante la época del Barroco y por el carácter de su religiosidad.

El gusto moderno y el arte sacro se separaron, eligieron caminos diferentes. Las posibilidades de su aproximación y reconciliación fueron indagadas de diferentes maneras. Una de ellas fue iniciativa del art nouveau, buscando por vías divergentes la posibilidad de liberar a las formas tradicionales de las reminiscencias de estilo puristas. El procedimiento no era una negación del historicismo, y junto a éste de la destinación eclesiástica, de la tradición representada por la liturgia, sino más bien el rechazo de las máscaras estilísticas adoptadas deliberadamente por el historicismo del siglo XIX. Rellenar la estructura básica tomada del neogótico con ornamentación nacional y oriental – o sea la búsqueda de una originalidad nacional que nunca existió – fue el camino particular del arquitecto Ödön Lechner, incluso en la construcción de iglesias. El templo de Zebegény, proyecto de Károly Kós, en el que se utilizaron materiales modernos, ladrillo y hormigón armado, refleja las formas tradicionales de la iglesia de las aldeas húngaras. El origen de los experimentos de la construcción de iglesias modernas entre las dos guerras mundiales se remonta a las aspiraciones de comienzos del siglo, que acentuaban la estructura, y las formas funcionales, determinándolas por los materiales modernos de construcción. Sus rasgos historizantes se manifiestan únicamente en las formas espaciales y en agrias alusiones a la evocación de formas.

En esos ejemplos, la resolución del antagonismo entre tradición y modernidad está precisamente en hacer consciente este antagonismo. La dualidad sólo puede disolverse en la meditación. Este mismo camino es el que buscó para el arte sacro el art nouveau, mediante la elaboración de la temática eclesiástica del simbolismo. En Hungría, los artistas de Gödöllő fueron en primer lugar los que crearon la variante moderna del romanticismo religioso del siglo XIX. Su estilo historizante, aplicando principalmente las técnicas históricas – el buon fresco, el mosáico, la pintura sobre vidrio, el gobelino – representa una de las tendencias fundamentales del arte sacro húngaro del siglo XX. Esta intención continuó siendo determinante también en los inicios del compromiso entre el arte moderno y el arte sacro histórico en el período entre las dos guerras. El arte de la llamada "escuela romana" apoyada por el poder estatal del "curso cristiano", un arte clasicizante que dió una nueva interpretación metafísica al Renacimiento italiano, buscaba la monumentalidad sobre todo en el distanciamiento, incluso en el arte sacro.

La relación entre historicismo y modernidad, representación y símbolo, intimidad y monumentalidad es la que determinó el arte de las iglesias del siglo XX. Sus tendencias ora se relegan al segundo plano, ora se imponen nuevamente. Las condiciones exteriores del arte sacro católico húngaro de los últimos cuarenta años han favorecido la sencillez y la funcionalidad exenta de monumentalidad. Hoy en día de nuevo le toca el turno a la "citación de formas", libremente historizante de principios del siglo. Sin embargo, mientras tanto, a raíz de las reformas del II Concilio Vaticano, ha cambiado la concepción del carácter de la liturgia de la iglesia católica. Este cambio, el más importante desde el Concilio tridentino, en Hungría se ha impuesto en forma paradójica, no tanto por sus creaciones originales, sino más bien por la nueva interpretación que da a nuestra herencia.

Tipos de iglesias

La conformación y disposición de todas las iglesias cristianas están determinadas por las condiciones y composición de la comunidad, así como por el carácter y el orden del culto religioso, de la liturgia. Estos factores se hallan sometidos a los cambios de la historia: en la correlación interna de la comunidad se refleja tanto el lugar que la cristiandad ocupa en la sociedad, como la estructura de la sociedad laica. Sin embargo, la liturgia no sólo expresa estas conexiones, sino también el cómo el hombre creyente piensa sobre su propia relación con lo trascendente. Refleja lo que una comunidad considera lo mejor, lo más digno, así como también manifiesta el propósito de un grupo de personas de expresar y distinguir su propia identidad. En un principio, las distintas costumbres de lugares, provincias y áreas lingüísticas acentuaban las diferentes tradiciones y hasta el día de hoy, diferencias similares responden a las discrepancias de concepción de las religiones cristianas separadas unas de otras. De esta manera, el historicismo aparece en la liturgia tanto en el aspecto social como en el ideológico. Por lo tanto, los distintos tipos de iglesias correspondientes a distintas funciones litúrgicas y sus modificaciones, nos conducen de manera más directa al conocimiento de la historia.

El patrimonio artístico de Hungría presenta una continuidad histórica sólo desde la fundación del Estado cristiano. Esta historia no arranca desde los comienzos del mismo, sino a partir del grado y del estado de diversificación que la arquitectura y el arte del templo cristiano alcanzaron hacia la vuelta del milenio. Fue importante la decisión política del rey San Esteban de haber aceptado su corona del papa de Roma y de haber elegido como base de su organización eclesiástica el ritual latino, pues éste determinó también la orientación principal de los contactos artísticos. Nuestros conocimientos sobre el primer período, sobre la época de la fundación son bastante escasos. No obstante ello, a base del reducido número de hallazgos y fuentes escritas, parece cierto que la labor de la organización de la Iglesia húngara estuvo aparejada por una actividad constructora en tres géneros de templo: la edificación de

Símbolo de San Juan Evangelista: fragmento del frente de un altar, Zalavár, siglo XI (Szombathely, Museo Savaria)

Hidegség, iglesia parroquial: frescos del ábside y de la cúpula de la rotonda, siglos XIII y XVIII

catedrales (la tradición atribuye a San Esteban la creación de diez obispados), el establecimiento del sistema de parroquias al servicio de la orientación y asistencia espiritual de la población (la II ley de San Esteban prescribe que cada diez aldeas deben construir una iglesia), así como la fundación de las órdenes monacales. Estos tipos de iglesias, aunque con algunos cambios, continuaron siendo marcos vigentes hasta fines de la Edad Media.

La función litúrgica elemental estaba desempeñada por las iglesias rurales. Hoy, en su mayoría son iglesias parroquiales. Entre los monumentos medievales resulta difícil distinguir entre las iglesias bautismales de mayor rango eclesiástico, o sea las parroquias, y las iglesias filiales subordinadas a las primeras, las capillas. Entre los templos románicos rurales conservados, no hay ninguno que pueda identificarse, sin equívocos, con los templos mencionados por la ley de San Esteban, aunque los tipos de iglesias rurales románicas tardías sí permiten pensar en exigencias parecidas. En esas iglesias el presbiterio estaba separado, en general por un arco de triunfo cubierto por una bóveda, encima del altar. Éste se situaba de forma que el sacerdote oficiando la misa se dirigía hacia el Este, de espaldas a los feligreses. El muro oriental del presbiterio que era el muro detrás del altar tenía a menudo alguna decoración figurativa. Cerca de él, en el muro lateral se hallaba un nicho guardando los objetos litúrgicos y a veces otro, en forma de banco. La sacristía se adhería por lo general al muro norte del presbiterio. Esta división obcdccc a algunos tipos arquitectónicos básicos: ábside con plano de arco, cubierta de semicúpula o presbiterio cuadrado, cerrado por una pared derecha. Estos tipos se encuentran paralelamente en todos los templos románicos de Hungría. Sólo más tarde, en el gótico, se generalizó el presbiterio poligonal diseñado sobre los cinco lados del octágono y construido con pilastras angulares.

La composición arquitectónica de los templos medievales más pequeños, es decir la articulación de su espacio y masa sólo presenta el empleo de pocas variantes. Al presbiterio se adhiere la nave, lugar de los feligreses, donde éstos asisten a la misa estando de pié. Su forma más simple es la sala cubierta por techo de vigas de madera, que más tarde fue reforzada con bóvedas, lo cual en nuestros monumentos nacionales sólo aparece en el Medioveo tardío o en la Edad Moderna. Una de sus formas singulares es el espacio circular que aparece a menudo en nuestros templos rurales en su variante simple o combinada con nichos.

Más allá de su misión fundamental de la celebración litúrgica, las iglesias rurales tenían también otras funciones. En ellas se administraban los sacramentos a la comunidad, principalmente el bautismo, y su espacio interior o su entorno servían incluso para los funerales. La sepultura dentro del interior de las iglesias era un apreciado privilegio de los terratenientes que ejercían el patronato sobre las mismas. Durante mucho tiempo, los historiadores de arte sostuvieron que la sillería fabricada en madera, frecuente hasta en los templos rurales más pequeños, era el sitio de honor asegurado para el patrón. Pero otros datos demuestran que el sitio de primer rango debía estar cerca del altar, de modo que la mayoría de las sillerías debían ser usadas por los cantores. La torre no era una parte esencial

de esos templos rurales, pero en todo caso se trata del elemento arquitectónico más sobresaliente, más característico, que completa el edificio dándole un aire de terceta. A partir del siglo XIII, rara vez en los templos rurales falta el campanario, que señala el pueblo desde lejos.

Templos rurales que sobrepasaban esa exigencia mínima los hubo ya en la época de la casa de Árpád. La parte oriental de la iglesia de Tarnaszentmária, construida con nave transversal rematada por ábsides laterales y con cripta abovedada bajo el presbiterio presenta ambiciones singulares. El presbiterio gemelo de la iglesia de Tornaszentandrás puede ser signo del doble título difundido especialmente en las zonas mineras. La nave de la de Magyarszecsőd permite suponer incluso altares laterales. Tal enriquecimiento del culto y la multiplicación del número de los santos patronos en la Edad Media tardía caracterizaron también a las iglesias rurales. Los espacios para erigir dos altares laterales se ofrecían mejor a ambos lados del arco triunfal, donde incluso los frescos desempeñan con frecuencia el papel de retablo. Las rotondas de espacio central cupular, de seis lóbulos, podían tener igualmente una especial misión litúrgica.

Las iglesias de las órdenes monacales, sobre todo las benedictinas, satisfacían otras necesidades. Por otra parte, de los primeros siglos de la organización de la Iglesia húngara no se ha conservado – aunque los había – ningún monasterio de rito griego. En las iglesias monacales sus tareas litúrgicas eran más

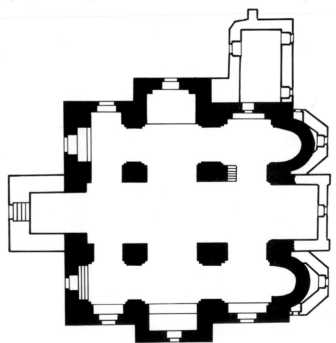

Szekszárd, plano de la antigua iglesia abacial

numerosas que aquellas de las iglesias parroquiales. Acogían a la comunidad de los frailes aislada del mundo laico, aseguraban espacio para sus ceremonias y salmos, como también para las procesiones festivas de los monjes y para las misas celebradas con la participación de los laicos. En esas ceremonias tenían un papel importante los altares que eran visitados siguiendo un orden establecido y los coros, ubicados en diversos sitios del templo, en parte en la galería del órgano, que se respondían al entonar antífonas y responsorios. No conocemos a ciencia cierta la función de las criptas. Servían, probablemente, para el culto de reliquias o bien para fines de sepultura. Para desempeñar estas funciones las órdenes monacales idearon soluciones arquitectónicas ya adoptadas en el extranjero, que satisfacían de manera funcional las complejas exigencias. Según demuestran los hallazgos, en el siglo XI los benedictinos húngaros buscaron distintos modelos. Parece cierto que la abadía benedictina de Tihany era un edificio tipo basílica, con un coro elevado encima de la cripta que encerraba la tumba del fundador real, Andrés I. Los restos de la abadía de Szekszárd que alberga la tumba de Béla I se caracterizan por la composición espacial céntrica de la arquitectura bizantina. Asimismo, la disposición del templo de Feldebrő procedente del siglo XI sigue el plano céntrico de origen bizantino. La cripta de dos naves, a la que se adhería una cámara sepulcral abovedada, aparecía ubicada en el centro del espacio del templo, con entrada y una fachada provista de ventanas a través de las cuales se podía ver la tumba, de manera que el interior de

Zsámbék, ruinas del templo de la prepositura premonstratense, vistas desde el este, segundo cuarto del siglo XIII

la iglesia difería esencialmente de los templos de la Iglesia oriental. En cuanto al constructor, de misión presumiblemente monacal, no disponemos de ningún dato concreto.

Entre estos primeros edificios monacales, fueron frecuentes las iglesias privadas. Siguiendo el ejemplo del rey San Esteban, fundador de la prepositura laica de Székesfehérvár, sus sucesores erigieron, una tras otra, abadías benedictinas que servían de lugar de sepultura para ellos y sus familias. Su ejemplo fue secundado, ya a partir de los años 1060, también por los nobles del país. En Hungría, la institución de la iglesia privada surgió cuando la reforma eclesiástica, que culminó con la lucha entre el papa Gregorio VII y el emperador Enrique IV, ya había cuestionado las exigencias del fundador laico. A comienzos del siglo XII también el soberano húngaro renuncia a sus prerrogativas eclesiásticas y desde entonces la legislación eclesial sólo concede derechos de patrono al fundador laico. No es casual que el tipo más frecuente de las iglesias benedictinas húngaras apareciera a fines del siglo XI. A este tipo de basílicas, de tres naves, tres ábsides, y dos torres, construidas con atrio en el lado occidental, pertenece el templo abacial de Somogyvár fundado por San Ladislao en 1091, para monjes benedictinos de Saint-Gilles. Era una basílica similar construida con cripta de tres naves bajo su presbiterio, la iglesia de la prepositura de Santa Margarita de Dömös, del príncipe Álmos y de su hijo, el rey Béla II. Estos templos reflejan el espíritu de la reforma benedictina. Como especialidad húngara, sólo se puede considerar un único rasgo suyo: junto a sus pequeñas dimensiones la sencilla conformación de su espacio, que garantizaba el mínimo necesario para el ejercicio litúrgico, lo cual tiene su explicación en el reducido número de los monasterios húngaros. La principal excepción fue la abadía de Pannonhalma, fundada en el monte de San Martín, de privilegios especiales, que estaba considerada la cabeza de la orden benedictina húngara.

Los monasterios benedictinos de Hungría fundados en su mayoría por patronos húngaros, en los que vivía un contado número de monjes, no podían rivalizar con los grandes centros monacales de la Europa del románico, ni en su importancia cultural ni en su prestigio. A los ojos de la sociedad húngara de la época, la misión principal de esos monasterios era cultivar la memoria de los patronos laicos, ciudar su sepulcro y orar por su alma. A partir del siglo XI aumentó el número de monasterios pertenecientes al patronato de la aristocracia laica y durante el siglo XIII, período de auge de la identidad nacional, los mismos llegaron a ser una expresión representativa de la cohesión de las familias de la alta nobleza. Tenían gran valor los derechos de sepultura que poseían y los registros de bienes comunes del Medioevo tardío, que llegaron a formar parte del Código Tripartito de István Werbőczy, testimonian entre otras cosas que las iglesias de dos torres eran consideradas como "edificadas a manera de monasterio". Tales son, por ejemplo, las iglesias benedictinas de Ják y Lébény edificadas en el siglo XIII y apenas difieren en su aspecto exterior de sus ejemplos homólogos benedictinos los templos de las preposituras premonstratenses fundadas a partir de la segunda mitad del siglo XII, igualmente por patronos feudales, entre ellos los templos de Türje, Mórichida (Árpás) y Zsámbék.

Feldebrő, vista sur de la iglesia parroquial, siglos XI–XVIII

El sistema de reformas de la orden cisterciense se caracteriza por una mayor severidad de la vida monacal, por el aislamiento del mundo incluso en la elección del lugar de sus monasterios, y por el respeto, sin tener en cuenta las pretensiones laicas, de las reglas vigentes en toda Europa, que reflejaban la organización centralizada de la orden. Sus construcciones que aparecieron en Hungría en la segunda mitad del siglo XII propagaban el tipo de monasterio ideado para la estricta observancia de las normas de la vida monacal, que según los indicios influía también sobre la arquitectura de los monasterios de otras órdenes. Los cistercienses que denominaban a sus templos modestamente como oratorios, evitaban ciudadosamente en su construcción toda pompa, decoración y "vanidad" superfluas. La mayoría de sus iglesias en Hungría, entre ellas las de Zirc, Pilis y Szentgotthárd, fundadas entre 1182 y 1184 por iniciativa del rey Béla III, se adaptaban a las tradiciones más estrictas de la orden. Estos edificios sólo los conocemos por algunos restos conservados. A nivel europeo pertenecían, sin duda, a las edificaciones menores, más sencillas de la orden. La grave pureza de las iglesias de los monasterios cistercienses está representada hoy por un único edificio conservado, la iglesia filial de Bélháromkút (Bélapátfalva), fundada en 1232, de la abadía de Pilis.

*Fragmento de la escena
de Abraham y los tres
ángeles, de mediados
del siglo XII.
Parte frontal
de la balaustrada
de la iglesia
de la prepositura
de San Pedro de Óbuda
(Budapest, Museo
Nacional)*

Sin embargo, en su interior no se han conservado los muros
que separaban el coro monacal del espacio de los hermanos
laicos, los conversus, como también en su fachada sólo pocos
restos de bóvedas recuerdan la función original de su atrio y de
la entrada sur de los conversus.

Los templos monacales de la época románica unificaban
varios espacios bajo un solo techo, según se separaban entre sí
las corporaciones eclesiásticas de aquel tiempo, aislándose de
los feligreses incluso en el espacio. En los edificios medievales
las repetidas transformaciones no pudieron borrar las huellas
de las barandillas de las sillerías que con su parte dorsal separaban el presbiterio. Entre los restos de los mismos se han conservado preciosas obras de arte. Entre ellas, las más importantes
no proceden de iglesias de monasterios, sino de preposituras
laicas o de catedrales. En la abadía benedictina de Zalavár
fundada en 1019 se han conservado fragmentos de una barandilla de mármol ornada con enrejado de bandas, de un piso
decorado y de un frente de altar. Las maderas de relieve de la
prepositura de San Pedro de Óbuda, de marco ricamente decorado que representan escenas, eran el adorno de una barandilla
del presbiterio de mediados del siglo XII. A un conjunto seme-
jante pertenecía también una parte de las tallas del siglo XII de
la catedral de Pécs. En ésta, la fachada del presbiterio erigido
sobre una espaciosa cripta presenta una rica hilera de relieves

*Restos de la estructura
del siglo XII del altar
de la Santa Cruz
en la catedral de Pécs
hallados durante las
excavaciones de 1883*

y esculturas, uno de cuyos temas era la apocalíptica visión del segundo advenimiento de Cristo. Parte de la misma eran también las figuras de ancianos sosteniendo instrumentos musicales. En el medio de la fachada se hallaba el altar de la Santa Cruz, altar mayor de la nave de los legos, bajo un pabellón abovedado ricamente tallado y pintado. A ambos lados de éste, escalinatas con paredes ricamente adornadas con ciclos de relieves narrativos, conducían a la cripta. También la balaustrada del coro demuestra que la división interior y la disposición de las basílicas románicas siguieron principios similares a los de las iglesias de los monasterios.

Así lo demuestran también sus tipos arquitectónicos. Sabemos muy poco de los primeros edificios de las catedrales húngaras, pues todas ellas fueron totalmente transformadas o reconstruidas ya en los siglos XII y XIII. Pero, sus restos revelan edificios de sencilla división, de grandes dimensiones, en los que la articulación y decoración más finas eran característica de los objetos de su interior. Fragmentos parecidos a los de Zalavár testimonian asimismo la decoración que tenía la prepositura de la Virgen María de Székesfehérvár. De los restos de esta prestigiosa iglesia capitular lega se puede deducir que gran parte de su espacio de tres naves estaba dedicada al coro de los canónigos. Su parte occidental debía ser un atrio, cuyos restos recuerdan el tipo del llamado Westwerk surgido hacia el año 800, en la época carolingia. Huellas de una estructura similar pueden descubrirse también en los fundamentos descubiertos de la primera catedral de Kalocsa, procedente igualmente del siglo XI. Székesfehérvár se convirtió muy pronto en un lugar de culto a San Esteban y a San Emerico. La tumba de San Esteban puede identificarse, tal vez, con la cavidad descubierta en la parte occidental de la nave central de la catedral. La rica ornamentación y división arquitectónica de esta iglesia de ceremonias de coronación, situada en el camino de los peregrinos de Jerusalén, que a partir del siglo XII se utilizó también como sepultura real, fue el fruto, al parecer, de una total reconstrucción posterior, efectuada en el siglo XII. Fue entonces cuando se erigió también el portal de decoración figurativa de la prepositura real, que se puede reconstruir a partir de numerosos fragmentos encontrados.

La ornamentación más rica, la acentuación de capiteles, cabezas de pilares y cornisas, con tallas ornamentales, apareció presumiblemente hacia mediados del siglo XI. Capiteles de este tipo, clasicizantes, posiblemente de origen bizantino y piedras de cornisas ornadas con series de palmetta se han encontrado entre los restos de la Basílica de Veszprém, que data del siglo XI. La datación de los fragmentos fue posible gracias al hecho de que los mismos coinciden con el estilo representado por fragmentos de tallas encontrados también en Tihany, Feldebrő y Szekszárd. Durante las ambiciosas construcciones de catedrales del siglo XII se realizó la concepción del templo ricamente ornado con tallas, de variada división espacial interna. La ornamentación arquitectónica arcaizante evoca, a la vez, la representación artística del imperio en pugna por la herencia del imperio mundial romano y la de su gran adversario, la reforma monacal. Durante la segunda construcción de la catedral de San Adalberto de Esztergom, prolongada empresa que

Detalle de una piedra del umbral de la antigua abadía benedictina de San Adriano de Zalavár, siglo XI (Keszthely, Museo)

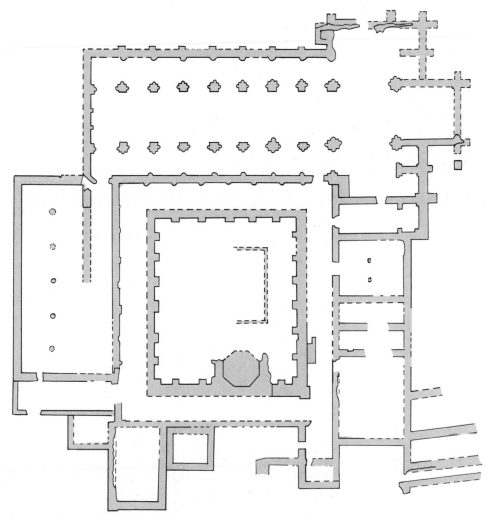

Pilisszentkereszt, plano de la abadía cisterciense

abarcó casi todo el siglo XII, el arsenal de formas arquitectónicas del románico maduro, majestuoso, coríntico, al término de
las obras durante el reinado de Béla III, se convirtió en la
adopción de los modelos del primer gótico francés del poder
real centralizado, moderno en aquel entonces. En la arquitectura de las catedrales húngaras permaneció como una rareza y
una excepción la síntesis de formas de orden superior, reflejo

del acuerdo entre el poder obispal y el real – sacerdotium y
regnum –: la catedral gótica. Ésta sólo se realizó en Kalocsa,
en la segunda construcción iniciada en el primer decenio del
siglo XIII, que relevaba a la primera, de la época de San Esteban. Sus cimientos, que muestran un plano de tres naves, crucero y coro rodeado de capillas, sostienen en parte los muros de
su sucesora barroca; los restos de sus elementos divisorios del

Dédes, ruina
de la iglesia del Espíritu
Santo del monasterio
de los paulinos, vista
desde el Oeste,
siglo XIV

Nave de la iglesia de San Nicolás de los dominicanos de Buda, transformaciones antes y después de 1258; partes restauradas dentro del edificio del Hotel Hilton de Budapest

terciense. Las huellas de este primer período, los restos de presbiterios cuadrangulares, de bóvedas simples y de naves no abovedadas cual salas, pueden descubrirse en fragmentos de edificios transformados más tarde, tal como lo demuestran los monasterios de frailes y monjas dominicos de Buda y sus alrededores. Así pues, en el último tercio del siglo XIII, la sala que reunía al público laico congregado para escuchar el sermón y el presbiterio tipo capilla, alargado, poligonal, iluminado por ventanas altas, que acogía la comunidad de monjes, se convirtió por toda Europa en la forma más difundida en los templos de las órdenes mendicantes. Este tipo predominaba también en Hungría, con el contraste entre ambas partes, la nave funcional y el presbiterio de mística elevación. En la Edad Media, este contraste no era solamente una diferencia visual. Las dos zonas se hallaban separadas por una estructura frontal del presbiterio, el lettner, una galería sostenida por arcadas. El lettner frente al presbiterio de la iglesia franciscana de Sopron, conservada en su mayor parte en su estado de 1280, lo podemos imaginar a base de los fragmentos puestos al descubierto recientemente. El presbiterio de la iglesia franciscana de Sopron es un monumento de la arquitectura gótica clásica conservada en relativa integridad. En la arquitectura de la Europa Central del siglo XIV, las órdenes mendicantes desempeñaron un papel importante. Aquí se materializaron los principios de la simplificación del sistema gótico clásico, de su reducción formal, soluciones de una arquitectura que respondía a la exigencia de la austeridad y que al mismo tiempo era precursora de las

primer gótico expuestos en museos, testimonian la pureza y la rigurosa coherencia de su construcción.

Las catedrales húngaras medievales conforman un mundo desaparecido del cual nos informan sólo pocos fragmentos encontrados. Su historia, su destino medieval posterior, la crónica de sus remodelaciones siguen sin estar escritas todavía.

*

Con el tiempo, se diversificó fuertemente y se desarrolló la triple tarea básica medieval de la construcción de iglesias. Los móviles sociales de los cambios se manifiestan con especial claridad en el cambio de los tipos arquitectónicos de las órdenes monacales. La base de la aparición de las órdenes mendicantes fue el desarrollo urbano, las necesidades de sus ciudadanos. En Hungría, tanto los frailes dominicos como los franciscanos aparecieron relativamente temprano, ya en los años veinte del siglo XIII; sin embargo, sólo tenemos algún conocimiento sobre sus monumentos arquitectónicos desde la segunda mitad del siglo, a partir del período posterior a la invasión de los tártaros. En un principio, sus templos erigidos en Hungría se caracterizaban por la sencillez, la omisión de las dimensiones excesivas y ornamentaciones costosas, y por la acentuación de la pobreza conforme a las primeras reglas y disposiciones de esas órdenes, así como por la disposición ordenada, reglamentada de la edificación de los monasterios, según el modelo cis-

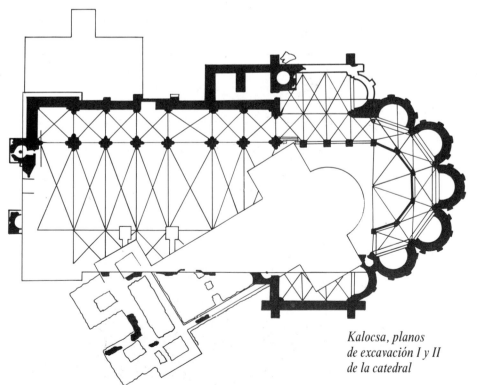

Kalocsa, planos de excavación I y II de la catedral

soluciones decorativas del gótico tardío. La sacristía de bóveda de estrellas del monasterio franciscano de Szécsény es un raro ejemplo conservado en Hungría de esa tendencia. El estilo de reducción de las órdenes mendicantes debía a su modernidad su influencia, su papel de modelo desempeñado en la arqui-

*Fortaleza de Eger,
ruinas de la catedral
de San Miguel,
siglos XI–XVI; después
de la restauración*

tectura del siglo XIV, que se manifestaba incluso en la reconstrucción gótica de las catedrales. Durante el siglo XIV también la orden de los paulinos de fundación húngara adoptó el tipo arquitectónico de los templos de las órdenes mendicantes.

Sin embargo, el mayor cambio en la arquitectura gótica de las iglesias se produjo en las iglesias parroquiales. En éstas, se reflejan más elocuentemente los grandes cambios de la sociedad húngara. Las iglesias parroquiales románicas son, casi sin exepción, templos rurales. Una de las primeras iglesias parroquiales urbanas de mayor porte es la iglesia parroquial de la Virgen María de los alemanes de Buda; una basílica de tres naves de presbiterio poligonal, diseñada originalmente con dos torres, cuya edificación comenzó hacia 1247. El proceso de urbanización de las ciudades comerciales y de las villas agríco-

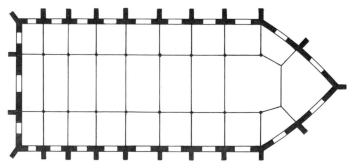

*Gyöngyös,
reconstrucción del plano
de la iglesia parroquial
de San Bartolomé, obra
de József Csemegi*

las tiene a menudo un indicio más seguro aún que el documento escrito de las prerrogativas de la urbe: la aparición de las órdenes mendicantes y la edificación de iglesias parroquiales con exigencias urbanas. Mientras que los tipos góticos de los templos parroquiales rurales — como son por ejemplo el de Berhida del siglo XIV o el de Nagyvázsony de 1481, del gótico tardío — no sobrepasaban mucho a las dimensiones de las iglesias rurales del románico, el acento de las innovaciones arquitectónicas y dimensionales por igual llegaba a destacarse en las iglesias urbanas. Sin duda alguna, en éstas últimas se disponía de mano de obra artesanal más calificada y también de una

mayor orientación extranjera. Los territorios austriacos, bávaros y francos hasta donde llegaban las relaciones comerciales y familiares de la burguesía húngara, eran a la vez tierras de origen de las nuevas formas y estilos arquitectónicos. El mayor rendimiento de la arquitectura gótica de Sopron es la reconstrucción de la iglesia parroquial de San Miguel de la villa, en el siglo XIV. El taller de constructores que seguía aquí ejemplos de la Baja Austria, en varios templos góticos de la ciudad echó los fundamentos de una praxis constructora aún viva en el primer tercio del siglo XV. Desde fines del siglo XIV, lo moderno era el tipo de iglesia con naves de la misma altura. Siguiendo esta forma se efectuó la remodelación de la iglesia de la Asunción del Castillo de Buda. En igual forma y con deambulatorio se edificó la iglesia parroquial de Pest, ciudad en auge a comienzos del siglo XV y una gran masa de iglesias similares predominaba también — a menudo hasta en el siglo XIX — en el panorama más abierto, campestre de las grandes villas agrícolas de la Llanura húngara, como la iglesia de San Andrés de Debrecen o la iglesia de San Demetrio de Szeged. Ese mismo tipo de iglesia de tres naves con igual altura (Hallenkirche) del gótico tardío, arraigado en la tradición de la arquitectura bávara del siglo XV, puede descubrirse en el edificio de fuertes notas barrocas de la iglesia de San Bartolomé de Gyöngyös, como también en la iglesia parroquial de Sárospatak de proporciones espaciosas, o en el templo de Gyöngyöspata que adquirió su forma definitiva en el siglo XV.

Más de una vez, hasta las iglesias más grandes siguieron estos ejemplos. La catedral de Eger, con su presbiterio del gótico tardío, de fines del siglo XV, construido con deambulatorio, capillas y galería, era una de las iglesias más modernas de su época, sin terminar, con cuya grandeza sólo era comparable la reconstrucción del templo de la prepositura de Székesfehérvár en la época del rey Matías, que incluía también la capilla funeraria del monarca.

Los ejemplos muestran cierta tendencia a la uniformidad.

Hacia fines del Medioevo no sólo cambió el círculo de los constructores, sino que se diluyeron también las diferencias entre los edificios de diversa misión o rango. Así, podían guardar parentesco entre sí la iglesia de San Esteban de Nagyvázsony, la iglesia franciscana de la Ciudad Baja de Szeged o bien la capilla sepulcral de Hentel, ciudadano de Székesfehérvár – todas ellas son monumentos de aquella corriente del gótico tardío que realizó con bóvedas de nervaduras decorativas la grandiosa unidad del espacio y cuyo punto de partida y centro era el taller arquitectónico del gótico tardío de la corte real de Matías. La desaparición de los límites en el Medioevo tardío, entre los distintos tipos de iglesias, fue resultado también de los cambios producidos en el culto religioso.

Si bien no se ha conservado el interior gótico tardío de nuestros templos medievales, los documentos escritos mencionan gran cantidad de retablos, candelabros, esculturas y lápidas sepulcrales con escudos y figuras, donados y conservados por personas privadas, corporaciones religiosas y gremios, como la que poseen aún hoy algunas iglesias de la Alta Hungría. (hoy Eslovaquia). De todo esto no nos han quedado más que algunos fragmentos, pero los frescos conservados en algunos templos rurales muestran la gran diversidad de temas y en parte también el lugar de los antiguos altares, como por ejemplo en el de Velemér, decorado en 1378 por Johannes Aquila, en el de Nógrádsáp de comienzos del siglo XV, en los de Szentsimon y Tornaszentandrás procedentes de la misma época, o bien en la iglesia parroquial de Santiago de Kőszeg, del siglo XV. Este fenómeno demuestra desde los templos menores a las catedrales, la acrecentada exigencia del enriquecimiento del culto religioso y de la veneración de los santos. Una enorme cantidad de imágenes de santos servía para evocar el ejemplo del personaje representado, apoyar las oraciones y los donativos en agradecimiento por su ayuda.

Una de las causas principales de ese culto masivo de la imagen es el individualismo. Individuos, familias, corporaciones y gremios aspiran a poseer los objetos de su propia devoción religiosa, a perpetuar su presencia, a asegurar su propio bienestar y salvación mediante píos donativos. La demanda del fervor religioso individual ejerce influencia incluso sobre la arquitectura. En el Medioevo temprano la instalación de capillas privadas era privilegio de príncipes y de altos prelados. En los siglos XIV y XV cada señor feudal, incluidos los dueños de los palacios conseguía la autorización necesaria para hacer lo propio. Entonces, la multitud de iglesias parroquiales urbanas desaparece casi entre las capillas privadas y capillas sepulcrales adherentes o construidas a su alrededor. Las mismas rodean incluso a las catedrales. La fachada historizante con aire de decorado de la catedral de Pécs entraña incluso las capillas medievales aregadas a su cuerpo. De la catedral de Győr la única parte que se conserva en estado medieval es la capilla de la Santa Trinidad, del obispo János Héderváry. En Székcsfehérvár, lugar de sepultura de los reyes húngaros, Luis el Grande mandó edificar para su familia la capilla de Santa Catalina y en la época del rey Segismundo también otros nobles, como el vaivoda Stibor o el cortesano Pipo de Ozora, obtuvieron el permiso para construir capillas sepulcrales.

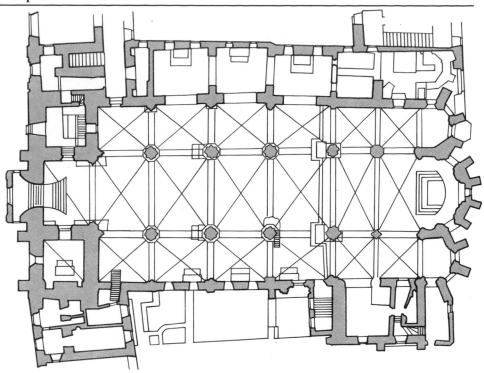

Buda, plano de la iglesia parroquial de la Asunción

En la época gótica se operaron cambios en la liturgia, que transformaron a fondo el carácter del espacio arquitectónico. En los altares se yerguen retablos ricamente adornados con representaciones figurativas que desvían la exigencia de lo espectacular hacia estas paredes dorsales. A partir de finales del siglo XV encontramos también altares renacentistas en piedra y mármol. Aunque eran más raros, por su material perdurable de ellos se han conservado más que de los retablos de la misma época. Uno de los mismos – probablemente obra de Giovanni Dalmata – adornó la capilla de la fortaleza de Diósgyőr. Por encargo del párroco András Nagyrévi, en el primer decenio del siglo XVI se confeccionó para la iglesia parroquial de Pest un hermoso altar de mármol y tabernáculos para el conjunto renacentista del presbiterio. Uno de los altares renacentistas más

Debrecen, ruinas de la antigua iglesia parroquial de San Andrés, siglo XIV. Grabado, 1802

*Autorretrato
de Johannes Aquila,
pintor de Radkersburg;
fragmento del fresco
en la pared
septentrional del
presbiterio de la iglesia
de Velemér, 1378*

*Pared meridional del
presbiterio de la iglesia
de Velemér,
con la representación
de objetos litúrgicos
en el nicho pintado,
Johannes Aquila, 1378*

bellos fue encargado al maestro florentino Andrea Ferrucci
por el cardenal Tamás Bakócz para su propia capilla sepulcral.

El altar no sólo estaba ornado con cuadros, sino también
con relicarios, hermas de media figura, parecidas a la de San
Ladislao de Nagyvárad (Oradea), o bien sarcófagos con relieves sostenidos por columnas que seguían el modelo del sepulcro de mármol blanco de Santa Margarita, en el claustro de las
monjas dominicas en la isla Margarita, en el siglo XIV, o como
el relicario de plata de San Simeón de Zára.

Todo esto acentúaba más que nada el carácter misterioso de
la liturgia eucarística. El sacerdote consagraba la ostia aislado
de los fieles; sin embargo, a partir del Medioevo tardío muestra le eucaristía sosteniéndola en lo alto, para satisfacer así el
creciente deseo de los feligreses de ver el pan eucarístico. Los
fieles elevan la vista, mirando la sagrada ostia en la esperanza
de testimoniar el milagro, de ver el cuerpo de Cristo, como lo
habían podido ver en las conocidas representaciones de la misa
de San Martín o San Gregorio, o bien las gotas de sangre que

habían dado fama a numerosas ostias guardadas como reliquias de la Sagrada Sangre.

Desde el siglo XV se propaga la solemne custodia de la eucaristía que en las iglesias mayores se guarda en tabernáculos ornados con torres (fragmentos de un tabernáculo similar se han conservado en la iglesia parroquial del centro de Pest), y en tabernáculos murales de los templos menores. Toda una serie de tales tabernáculos se fabricaron antes y después de 1500 en estilo renacentista italiano.

*

El período de la grandiosa renovación de las iglesias católicas húngaras fueron los siglos XVII y XVIII, época de la difusión del estilo barroco. El rasgo húngaro de este proceso estriba en que estuvieron a disposición los restos arquitectónicos y de interiores procedentes del Medioevo tardío, pues el Renacimiento no había dejado huella en la mayoría de los templos. En éstos, el legado medieval significaba muros vacíos o ruinas, a causa de las devastaciones bélicas o después de su uso por protestantes o turcos. Era necesario, por tanto, restaurar una gran cantidad de iglesias, lo cual comprendía la transformación barroca del edificio y del interior, en las iglesias medievales conservadas en mejor estado. Esta amplia actividad que a lo largo del siglo XVIII se extendía a todos los templos era, a la vez, una reforma, la puesta en práctica de las exigencias litúrgicas después del Concilio de Trento.

Los ejemplos eran implantados por órdenes monacales en Hungría, principalmente por los jesuitas. En la iglesia jesuita de Nagyszombat aparece muy pronto, hacia 1630, el nuevo tipo de espacio alargado, uniformemente dividido, en el que todo está al servicio de la vivencia colectiva de los feligreses: el carácter regular de la arquitectura y de la decoración, la armonía de la iluminación, el espectáculo del altar que cierra el presbiterio como una inmensa pared en forma de imagen. Este altar enmarca como arco triunfal a los solemnes actos de la liturgia, al tiempo que el lugar del sermón se traslada al púlpito flotando en lo alto, en el medio de la nave. Mientras que el lugar de los sacerdotes es el presbiterio decorado con gran

Zára (Zadar) sarcófago de plata, relicario de San Simeón, 1377–1380; Francesco de Mediolano. Escena con el maestro que trabaja en el sarcófago

pompa, apenas separado arquitectónicamente de la nave de los fieles, el orden de éstos se halla asegurado por la hilera de bancos de la nave. En la ceremonia barroca, el creyente no es un observador pasivo, se sienta, se pone de pié o se arrodilla, según lo demanda el texto y la acción litúrgicas, teniendo como marco para ello el mobiliario de la iglesia. De la misma manera, no sólo escucha sino que es participante de la oración y del canto común, parte integrante del texto litúrgico que fluye encima de su cabeza entre el presbiterio y el coro del órgano y de los cantores, o bien que le arrebata en el canto popular, apoyado por el sonido del órgano. El espacio interior de la iglesia está al servicio de la experiencia religiosa colectiva. Faltan las paredes que en los templos medievales separaron al sacerdocio y a los feligreses, la unidad visual de la nave se convierte aquí en un importante requisito.

Tabernáculo con el escudo de la ciudad de Pest, 1507 (Budapest, iglesia parroquial del Centro)

El espacio de las iglesias medievales se llenó cada vez más con objetos de la devoción colectiva e individual. Los mismos adquieren un papel sustancial, estrictamente reglamentado en el espacio del Barroco temprano, en el sistema de altares laterales y de las capillas que éstos albergan. Para el modelo del barroco húngaro adoptado sobre todo en la construcción de iglesias jesuitas, cuyo primer ejemplo fue la iglesia de Nagyszombat, servían soluciones más sencillas, elaboradas según la iglesia jesuita Il Gesú de Roma. A mediados del siglo XVII, del estado de la otrora iglesia jesuita de Győr, desde la remodelación de su nave principal, sólo se conservan las capillas laterales. En sus interiores de ambiente íntimo, ornados con estucos, la grave y artística ornamentación de la bóveda y la arquitectura de marco de los altares conforman una cautivadora unidad. Las pinturas del altar con las decoraciones talladas y pintadas que las acompañan, así como los pequeños cuadros de la bóveda, representan por la conexión de sus contenidos, conjuntos que requieren de una contemplación profunda, reflexiva. Los donantes eran diversos grupos de la sociedad de Győr del siglo XVII. Los cuadros representan a los santos predilectos de los soldados húngaros y alemanes, de burgueses y de nobles. El altar del capitán de fortaleza Pál Sibrik no sólo representa a su santo patrono, San Pablo, sino también al ideal del soldado húngaro cristiano, San Ladislao, vencedor de los paganos. En el altar de Santa Rosalía, entre los santos que protegen contra la peste, la Virgen María que ayuda a triunfar sobre los paganos está representada por la Santa Virgen Victoriosa de los soldados alemanes.

El diseño y la distribución del espacio de la iglesia jesuita de Győr conforman uno de los primeros conjuntos barrocos conservados de la Hungría actual, el cual fue el modelo de un tipo, predominante por largo tiempo. Ese espacio interior acompañado por capillas laterales es la forma de disposición más frecuente incluso en la primera mitad del siglo XVIII. La emplearon a menudo los jesuitas que transformaron de esta manera la iglesia de San Jorge de Sopron. En ella agregaron capillas laterales rompiendo muros entre los contrafuertes a ambos lados del espacio de la capilla gótica. Como en Győr, también aquí predomina en la división de muros y bóvedas, el ornamento artístico de estuco adoptado por mediación de maestros italianos llegados desde Austria. Fue igualmente un maestro de origen italiano, Giovanni Battista Carlone afincado en Eger, quien construyó para los jesuitas, entre 1717 y 1733, la iglesia de Eger, diseñada por el jesuita húngaro István Pethő. El maestro Carlone siguió el mismo modelo en la iglesia de la orden minorita de Miskolc y también en la iglesia de Santa Ana de la orden pía de Debrecen. Los cambios estilísticos del siglo XVIII transformaron a fondo el carácter de ese tipo de espacio, ya tradicional. El diseñador anónimo de la iglesia Universitaria de Pest, construida originalmente para la orden paulina, aplicó la división monumental del barroco austriaco de principios del siglo XVIII, con su clásico orden de pilastras y majestuosas columnas libres en el arco de triunfo. En la misma época y según el mismo modelo se edificó la catedral barroca de Kalocsa que guarda un parentesco estilístico con la iglesia paulina de Pest. A su vez, el constructor húngaro, János György

Pauer, transformó la nave gótica de la iglesia parroquial de Pest en un espacio barroco de capillas laterales, siguiendo el método empleado en la anterior remodelación de la iglesia de San Jorge de Sopron.

Junto al tipo de capillas laterales que caracteriza aproximadamente desde 1630, a las mayores obras de iglesias, los edificios de los templos menores o que fueron el resultado de la transformación de antiguos, se construyeron a menudo con una sola nave, de espacio único, en el que la pompa del interior aparecía en una visión única. Los franciscanos poseían un sentido especial para el aprovechamiento respetuoso del legado medieval, como lo demuestra el templo de la Ciudad Baja de Szeged, cuyo interior barroco enmarca en una nueva unidad a la división del edificio gótico, o bien la iglesia de Nyírbátor que conservó las proporciones del espacio gótico incluso después del abovedamiento y restauración barrocos. Esta relación no sólo se alimenta del aprecio estético de la Edad Media sino también de la prosecución consciente de la tradición de la religiosidad medieval.

Conjuntos parecidos están representados también por las iglesias parroquiales menores, con sus altares laterales. El interior del presbiterio con el altar mayor y los altares junto al arco de triunfo, conforman a menudo un conjunto impresionante, de acento singular. El mismo aparece con variada pompa incluso en las iglesias parroquiales menores. A lo largo del siglo XVIII esos conjuntos frente al presbiterio se convierten en el centro de atención cuidadosamente ideado, de la visión ofrecida por el interior de las iglesias. Hay particular acento en la simetría de ambos lados del arco triunfal. Altar o altares y púlpito inauguran aquí la visión del presbiterio que se abre de forma impresionante. Esta impresión global es la que llega a ser el objetivo principal de la distribución del espacio de las iglesias en el siglo XVIII, como también el sublime efecto global de las distintas artes se pone completamente al servicio de la liturgia. En la época de las grandes misas y oratorios barrocos, incluso la música se convierte en un tema de las artes plásticas, la música celestial de los ángeles aparece a menudo en la decoración del coro del órgano y en la construcción que alberga este instrumento.

La impresión emotiva, parecida a una visión, rompe los límites del espacio de la iglesia. La técnica de representación ilusionista ensancha las bóvedas en arquitecturas de apariencia y en cielo raso que se abre encima de ellas. Los frescos del techo realizados por Paul Troger en la nave y en el presbiterio de la iglesia jesuita de Győr y el mobiliario de ésta procedente del siglo XVIII, con el suntuoso púlpito de Lajos Gode, discípulo de Donner, son precursores de esta concepción, cuyo auge es, sin duda alguna, la pintura mural de Franz Anton Maulbertsch en la iglesia parroquial de la Ascensión del Señor, en Sümeg. La misma divide, dándole una nueva interpretación, a todo el espacio, apenas movido con recursos arquitectónicos. En este espacio, la pintura se elimina y transfigura ella misma, al representar la apariencia de todo. Se acentúa la división arquitectónica, con altares pintados que al parecer continúan el mobiliario real, e imágenes que parecen romper las paredes. La iluminación física del edificio desaparece y ésta se diluye en la luz interior que constituye el componente y el principio vital de la composición pictórica. Esta luz es al propio tiempo, el reflejo de la luz celestial trascendental, de la esencia del Verbo tomado cuerpo. En la pared del altar, Cristo que sube al cielo se envuelve en esta luz, transfigurando hasta la iluminación real que penetra a través de las ventanas del presbiterio.

El carácter pictórico del interior de las iglesias de mediados del siglo XVIII expresa, además, el principio que busca la fuente de la vivencia religiosa en la experiencia sensorial. El arte brinda la totalidad de la ilusión, cuyo sentido espiritual lo ofrece la alegoría: la visión no existe por sí misma, sino que se adelanta, anunciando las imágenes de una realidad sublime, eterna. No es casual que la base de este arte fuera la restauración católica del siglo XVIII, apoyada por el absolutismo y que sus principales patrocinadores y orientadores fuesen altos pre-

Győr, iglesia benedictina (antes jesuita), altar de los santos húngaros, 1642

lados conservadores de la contrarreforma, como el primado Imre Esterházy, el obispo de Veszprém, Márton Bíró Padányi, los dos Althan de Vác y otros.

La ilusión demanda cierta distancia: las condiciones de acogida del espacio y del interior de la iglesia se asemejan al efecto producido por el teatro. Las construcciones de los altares pretenden conseguir este efecto: el altar mayor de la iglesia de Santa Ana de Buda, el altar mayor de los jesuitas de Eger, obra de Johann Anton Krauss, así como el altar lateral del Calvario con aire dramático, de la iglesia parroquial del centro de Pest representan sendos ejemplos magníficos de esta impresionante escenografía. Incluso la manera de presentación del cuadro es una escena dramática, un suceso dinámico. Sobre el cuadro del altar de la iglesia de Todos los Santos de Miskolc, ángeles abren la cortina esculpida en piedra, mientras que la luz que atraviesa la construcción del altar de la iglesia franciscana de

Sümeg envuelve con aureola a la antigua estatua venerada de la Piedad. La arquitectura se modifica al servicio de fines parecidos. En el siglo XVIII llegan a predominar los espacios únicos, cada uno de cuyos elementos arquitectónicos es, a la vez, un medio de la ilusión, que se crea en el espacio y en la perspectiva. Las bóvedas de las cúpulas bohemias, que se utilizan más a menudo como cobertura, dividen las zonas del espacio como fragmentos de espacios mayores, centrales, cupulares. El mismo efecto persiguen sus paredes arqueadas, ondulantes, dando la impresión de espacios adherentes, mientras los pilares producen un grave efecto corpóreo.

La pretensión de la grandiosa unidad en la arquitectura fue inspirada por el arte arquitectónico de Austria, Alemania del Sur y Bohemia, en el siglo XVIII, también a través de maestros establecidos en Hungría, así como por el intercambio de diseños y modelos. Uno de los nuevos ideales arquitectónicos es la conformación central del espacio. Ejemplos raros de ello son edificios cupulares de plano alargado, elíptico, como la iglesia de Santa Ana de Buda construida por Kristóf Hamon y Máté Nepauer y dos obras del carmelita de origen alemán Athanasius Wittwer, la iglesia de los carmelitas de Győr y el templo de los paulinos de Pápa. El arte monumental del siglo XVIII proveniente del Sur de Alemania y Bohemia, que evoca la dignidad del primer Barroco romano, adquirió gran prestigio en Hungría a mediados del siglo gracias a la actuación del austriaco Franz Anton Pilgram. Entre sus realizaciones encontramos el diseño de conjuntos arquitectónicos de grandes proporciones que dominan un ambiente. Parece que las catedrales de Esztergom y Vác, junto con el grupo de edificios que pertenecen a ellas, llegaron a ser enormes conjuntos, majestuosos y de alto vuelo, que seguían el ejemplo de las grandes catedrales austriacas, especialmente de los monasterios imperiales. El zenit de la construcción de las monasterios de Pilgram radica en la prepositura premonstratense de Jászó y en el proyecto de la abadía cisterciense de Szentgotthárd, realizado sólo en parte. El principio de la monumentalidad representado por Pilgram, le confirió un papel rector a la arquitectura. En sus obras no se hallan separados arquitectura e interior, y el espacio está determinado por las dimensiones de la totalidad del edificio.

Este mismo principio prevalece también en la actividad de otro arquitecto prestigioso de la época, Jakab Fellner, que trabajó al servicio del obispo de Eger, Károly Esterházy, en la diócesis de Eger, como también en el Transdanubio. Tal vez, más importante que los rendimientos sobresalientes de estos grandes maestros y de sus coetáneos fue su amplia actividad proyectista en las obras de los grandes latifundios que abarcaba incluso los templos parroquiales rurales, actividad ésta que

Franz Anton Pilgram: Vác, proyecto de la catedral, con el muro del presbiterio en el centro, 1760

transmitía los elementos de su estilo hasta el nivel inferior del escalafón social. Mientras que en las oficinas de construcción de los grandes latifundios eclesiásticos y señoriales influía la presencia personal de los maestros principales o la aplicación precisa de sus proyectos, ese mismo papel era desempeñado por la supervisión de la dirección de construcciones de la Cámara, dirigida al principio desde Viena y luego por el consejo gobernante interesado en la difusión de la influencia de los mejores arquitectos vieneses que dirigían las obras.

La impresión general irracional, que hacia mediados del siglo XVIII se convirtió en el ideal de la construcción de iglesias católicas, supone la existencia de una labor sumamente racional y de una consciente actividad profesional. En la evolución de la arquitectura eclesiástica fueron imponiéndose paulatinamente las consideraciones de la teoría artística, imponiéndose

Buda, plano de la iglesia parroquial de Santa Ana

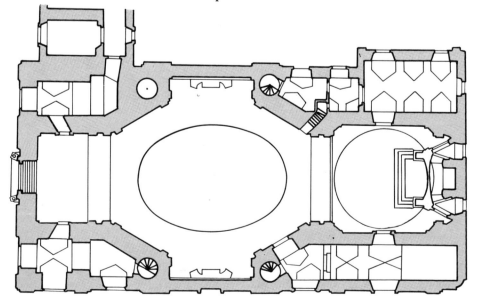

en lugar de la mera impresión, las leyes del arte. Una de las corrientes del racionalismo del siglo XVIII representada por Winckelmann rechaza la alegoría barroca, sustituyéndola por los ideales de la Antigüedad. La escuela de Lessing concientiza las posibilidades singulares de las artes; los jóvenes del "Sturm und Drang" buscan la expresión de los sentimientos personales. A partir de esa época, el artista se halla solo, expuesto frente a su mecenas y a su tarea. Es él quien transmite las ense-

ñanzas y exigencias de las academias, de la teoría de la arquitectura. Este racionalismo de la época de la Ilustración halla su primera manifestación en el frío clasicismo que viene a reemplazar al calor íntimo de la experiencia rococó. Los primeros ejemplos de la nueva tendencia son las graves y pesadas construcciones de altares, continuadoras de la división arquitectónica, de Menyhért Hefele y de Franz Anton Hillebrandt, en las catedrales de Győr y Székesfehérvár, respectivamente. Tam-

*Menyhért Hefele:
Szombathely,
presbiterio de la
catedral, con los frescos
de Franz Anton
Maulbertsch
y József Winterhalder,
1791–1799*

bién la arquitectura y las artes plásticas se alejan de la ilusión: en vez del atractivo colorido de la visión sensorial, hacen desfilar materiales palpables, maderas nobles, mármol y metal. La catedral de Canevale de Vác evoca el espacio cúbico sencillo y la masa concisa de los edificios de la Antigüedad; la catedral de Hefele de Szombathely modifica el plano barroco por su serenidad y clara división, las enormes proporciones y la severa división de los templos de Jakab Fellner en Tata y Pápa, así como las torres de estilo francés de este último, reflejan las exigencias de la nueva corriente. Al mismo tiempo señalan la búsqueda en varias direcciones, los intentos de adaptación entre las tendencias del clasicismo. Ninguno de ellos es "consecuente": el espacio de la catedral de Vác está ornado con los frescos ilusionistas de Maulbertsch; éste y los colaboradores de su taller son, asimismo, los pintores de las otras dos iglesias mencionadas. Por falta de los frescos de Maulbertsch y Winterhalder destruidos durante la guerra, el espacio de la catedral de Szombathely permenece como un marco arquitectónico vacío y pesado. Artista rococó por su sensualismo y temperamento, Maulbertsch sólo sabe adaptarse a duras penas a los requisitos del nuevo clasicismo académico. La mayoría de sus coetáneos afronta esta misma dificultad, entre ellos János Lukács Kracker, que en sus mejores creaciones se aproxima a un tono extático, propio del manierismo; Cimbal, susceptible a las delicadezas de los airosos efectos del color o István Dorffmeister, pintor de Sopron, quien actúa en todo el Transdanubio. Su dilema caracteriza a la época: lo entonces moderno no era de carácter sacro, lo adecuado para las iglesias no era moderno; pertenecía más o menos a la tradición barroca. "La modernización" sólo sería posible mediante el vaciado de las creaciones arquitectónicas.

*

Comprender las realizaciones del siglo XIX es inconcebible sin tener conciencia de este dilema. Esto es lo que explica el surgimiento de un nuevo concepto a lo largo del siglo, "el arte eclesiástico" y su correspondiente movimiento artístico. Desde el punto de vista de la liturgia, la tarea no ha cambiado: las funciones de la iglesia en el siglo XIX son idénticas a las de los templos barrocos. Difieren tan sólo las condiciones de recepción de su contenido y del arte. Las iglesias clasicizantes del siglo XIX, las catedrales de Esztergom y Eger, la iglesia de Santa Ana de Esztergom y las demás, manifiestan la mayor autonomía artística, la adopción de las tareas más exigentes en cuanto a lo teórico. Son edificios cupulares de un plano que combina principios espaciales centrales y longitudinales. Su mensaje principal radica precisamente en la demostración de estos problemas artísticos.

No pudo evitar la ruptura – el contacto ya superficial entre arte e iglesia – tampoco la evasión a lo histórico, a las épocas en las que dicha relación era orgánica aún. Ante todo, era imposible compaginar las formas invariables del culto religioso y de la liturgia desde el Concilio de Trento, con las formas románicas, góticas o renacentistas, que respondían al espíritu religioso de antaño. Las formas historizantes concedían aún mayor terreno al saber profesional y a la invención como anteriormente y así el carácter indirecto de los modelos históricos quedaba incluido entre los conocimientos enciclopédicamente sintetizables.

Los monumentos restaurados en estilo puro ni se convirtieron en medievales, ni en auténticos. Las serias ambiciones del arte eclesiástico, evocador de formas históricas, estaban condenadas al fracaso por su propia nostalgia ajena a la vida; sus obras superficiales no están exentas del ambiente de los bailes

Ferenc Engel: Vál, fachadas de la iglesia parroquial, 1819–1824

Pécs, fachada sur de la catedral en la primera mitad del siglo XIX. Grabado en acero de L. Rohbock

de máscaras, propios del teatro y de las fiestas de la época. La concepción del arte eclesiástico siempre suponía cierto aislamiento frente al arte moderno: la limitación de la libertad artística del arte, sin los "peligros" intelectuales del mismo. La historia de evolución de los tipos de iglesias atestigua su unificación gradual y luego, la desaparición de su vigencia. En última instancia, las diferencias permanecen sólo desde el punto de vista de las dimensiones, cabida y tareas técnicas a solucionar. El camino de la renovación, la posibilidad de reconciliación entre modernidad y arte sacro debe ser el concepto del templo como espacio arquitectónico, que no difiera esencialmente del espacio laico común, es decir, aquella función que la reforma litúrgica del II Concilio Vaticano asignara a la arquitectura eclesiástica.

El cuadro en la iglesia

Después de las grandes polémicas teológicas efectuadas en la primera época de la Iglesia, el cristianismo húngaro medieval recibió ya lista la tradición eclesiástica de la veneración iconográfica, así como también seguramente, la mayoría de las imágenes y representaciones artísticas. A partir de la Reforma, la presencia y el culto a las imágenes es una nota característica de las iglesias católicas.

De la decoración medieval de nuestros templos sólo se han conservado algunos fragmentos. Éstos se inscriben en las tareas, habituales por toda Europa, de la representación iconográfica. Gran parte de las imágenes pertenecía a series de cuadros narrativos, destinados a ornar las paredes del templo. Es menor el número de cuadros venerados conservados ya que este tipo adornaba anteriormente los altares o se hallaba dentro del marco arquitectónico de los portales de las iglesias.

Una parte de los cuadros permaneció, incluso en la Edad Moderna, en el centro del culto, atrayendo a miles y miles de peregrinos. Aparte de los célebres cuadros nacionales venerados algunas copias que resultaban milagrosas por sí solas representaban imágenes de las Vírgenes de famosos lugares de peregrinaje como Loreto, Mariazell, Passau o Częstochowa. A raíz de su milagroso derramamiento de lágrimas acaecido en 1699, un icono popular bizantino de la Virgen María en el templo del pueblo de Máriapócs consiguió igual fama, convirtiéndose en un centro del culto para quienes tenían puesta su esperanza en la Virgen. La ruta de este cuadro como objeto de culto, llevado a Viena por orden de la emperatriz, estaba marcada en todas partes por copias hechas del mismo. Toda una serie de crucifijos, conjuntos escultóricos de la Piedad, estatuas e imágenes medievales de María fueron rodeados de una veneración cúltica después de la Edad Media. Una parte de ellos eran probablemente restos devotamente guardados del interior de los templos medievales. Otra parte se conservó casi por milagro. Se habla a menudo de hallazgos milagrosos. La Virgen de los franciscanos de Szeged fue entontrada, presumiblemente, en un pantano y también fueron descubiertas debajo de la tierra la Madona de la capilla de Bakócz de Esztergom y la diminuta estatuilla de hueso de la Virgen del templo de Máriabesnyő.

Comunión de Santa Ursula frente a un altar medieval. Zólyomszászfalu, tríptico, mediados del siglo XV (Banska Bystrica, Museo)

Ciertas formas de la religiosidad del Medioevo tardío perduraron no solamente en hábitos píos relacionados con los cuadros de culto y con los peregrinajes. Tuvieron su continuación también en las representaciones llamadas a despertar la identificación emotiva, elemento principal de la religiosidad mística. Al servicio de esta vivencia mística se hallaba un arte expresivo que era continuador de la tradición iconográfica del gótico tardío. El altar Krucsay de Nyírbátor es heredero del misticismo medieval, por el aprovechamiento escénico de los marcos arquitectónicos y por la acentuación naturalista de los tormentos de la Pasión. El espectador encuentra el punto de partida abajo a la izquierda, en la figura del Cristo arrodillado en el Monte de los Olivos. De ahí, la vista va subiendo, de escena en escena, hacia la del Ecce Homo, para volver luego abajo, al grupo de la crucifixión. Ésta es la representación principal del cuadro, debajo de ella se ve Cristo en la tumba y en el frontón del altar se halla el Cristo Resucitado.

El que observa atentamente las representaciones del altar Krucsay, meditando al contemplar cada escena, recorre en la imaginación un camino como es el de las estaciones del Calvario. El paralelo con los Calvarios barrocos erigidos uno tras otro precisamente en esa época es correcto, tanto más cuanto que la parte central del altar de Nyírbátor es la representación del grupo de tres figuras de la Crucifixión. Otro monumento, raro y antiguo, del misticismo medieval es el árbol de Isaías del altar mayor de la iglesia parroquial de Gyöngyöspata, procedente de mediados del siglo XVII, con los antepasados de Cristo en sus ramas y con la Virgen y el Niño en su copa. Las ramas del árbol abrazan el cuadro del nacimiento de Jesús, y su tronco es al mismo tiempo un tabernáculo para guardar la eucaristía. El estilo renancentista tardío de la obra permite suponer que la misma procede de los talleres de tallistas en madera de la Alta Hungría, donde centinuaba esta tradición desde la Edad Media. Igual estructura grave, renacentista tardía tiene el altar lateral con el arcángel San Miguel, cuya composición – esculturas de ángeles que llaman la atención sobre el cuadro y el grupo de la Santísima Trinidad del frontón, en medio de ángeles músicos – pese a lo anticuado de su estilo, representa la misma composición barroca del altar inspirada en la idea única de los altares análogos de Győr, de estilo más moderno.

Las funciones medievales del cuadro tanto en la manera de representación de los iconos como en el diseño iconográfico de las festividades, son conservadas en el marco tradicional del iconostasio, por la decoración de cuadros de los templos católicos griegos. Durante la unión alcanzada y consolidada a fines del siglo XVII, junto a otros hábitos litúrgicos de la Iglesia bizantina, los templos católicos griegos continuaron incluso con la tradición bizantina de la clausura del presbiterio con una pared de imagen, erigida frente al mismo. La mayoría de los iconostasios católicos griegos proceden del siglo XVIII e incluso del XIX, y en sus cuadros las tradiciones iconográficas se mezclan en forma singular con una manera de pintar más moderna.

De acuerdo a los principios anunciados por el Concilio de Trento, el retablo barroco representa ante todo un suceso, de manera realista y expresiva, a diferencia de los altares medievales en cuyo núcleo se hallaba por lo general un cuadro destinado al culto. Tampoco los personajes secundarios – sobre todo esculturas – de los santos son sólo participantes pasivos, elementos complementarios de un ideario, sino que adquieren un papel cada vez más importante en el conjunto de la obra. Tal es la conexión también entre las pinturas y esculturas de los altares laterales de la catedral de Győr. El altar mayor pintado hacia 1666–1667, y colocado en la iglesia parroquial de Árpás, representa a la Virgen María cubriendo a Hungría con su manto, como Patrona Hungariae, que actúa respondiendo a la súplica de los nobles del país. A sus piés, la congregación de los mortales incluye en la imágen al espectador y también su problema actual más importante, la lucha contra los turcos.

En este principio de composición radica justamente el elemento principal, más difundido del cuadro barroco y también de la composición de los altares. En el altar de los Pastores procedente de Privigye, que llegó a parar a la orden pía de Kecskemét, los pastores de la adoración "acuden" en forma de escultura al cuadro del nacimiento de Jesús, sugiriendo un acercamiento similar para el espectador. A ambos lados de la visión de la Asunción de la Virgen, pintada por Maulbertsch para el altar mayor de la iglesia de Zirc, los santos frailes, Benedicto y Bernardo se retiran con un gesto de devota adoración. La agrupación iconográfica más frecuente en Hungría es la de los reyes santos, patronos del país, en torno a la imagen de María o alrededor de la figura de San Esteban, que ofrece el país a la Virgen. San Juan Nepomuceno, uno de los santos más populares de la época barroca, aparece en las representaciones de rodillas, con frecuencia sobre el modelo del puente Carlos de Praga, escenario de su martirio. En el grupo escultórico del altar mayor de la iglesia jesuita de Eger, que representa la misa de San Francisco Borja, los antiguos sacrificios del Antiguo Testamento aparecen en una unidad visionaria con el sacrificio de Jesús en la cruz. El acento no está en las múltiples alusiones teológicas ricamente elaboradas, sino en el espectáculo visual. El gesto impresionante de la acción, de la presentación y homenaje, coloca incluso a los cuadros de culto en el centro de alguna acción. Hasta una estatuilla tan diminuta como la de Máriabesnyő es capaz de convertirse en el núcleo dominante de toda una construcción de altar. El interior de la iglesia parroquial imperial, de orden secundario en comparación con la obra de Maulbertsch de Sümeg, resulta capaz de evocar, con las arquitecturas pintadas de István Dorffmeister, la acción única que abarca todo el espacio. Su púlpito va más allá, por su extraña solución alegórica, de los tipos que representan la sagrada ensañanza con escenas del Nuevo Testamento, con figuras de los evangelistas y los santos, y de los padres de la Iglesia, otorgando incluso al predicador el papel de pescador de los apóstoles mediante la representación de la barca bíblica.

Éste es el punto al que el gusto clasicizante cataloga de intolerable libertinaje y cursilería. Pone fin al dominio de la madera pintada, ricamente dorada y del estuco. El cuadro debe ser cuadro, la escultura debe producir el efecto de piedra o mármol, aunque sea de un material menos noble o tradicional. El altar mayor de la iglesia parroquial de Tata, de 1786, obra común de Antal Schweiger, József Grossmann y Antal Gött, es un ejemplo característico de esa depurada e impasible elegancia que anticipa la corriente académica del clasicismo del siglo XIX. József Grossmann es asimismo quien realiza, junto con Carlo y Giacomo Adami y Philip Jakob Prokop, escultor de las estatuas de San Esteban y San Ladislao, la estructura del altar mayor papal, marco de un cuadro seco y académico de Hubert Maurer, que representa el apedreamiento de San Esteban mártir. Los relieves de la Pasión del escultor vienés Josef Klieber en el mausoleo de Ganna y los ángeles del también vienés Andreas Schrott en la cripta de la basílica de Esztergom emanan esa fría elegancia, cuyo maestro inigualable de la época fue Antonio Canova. El cuadro y la escultura se apartan del conjunto de la iglesia. En la medida en que se rompe con el

carácter de imagen de los interiores del siglo XVIII, la conformación del espacio arquitectónico ya predominante va convirtiéndose en un ambiente de museo para las obras de arte enajenadas.

También la búsqueda de una salida está determinada por esa revalorización del papel del cuadro. Uno de los caminos conduce hacia el carácter y la temática nacionales. La pintura barroca tardía de fines del siglo XVIII, como el cuadro de Vinzenz Fischer pintado para el altar mayor de la catedral de Székesfehérvár, llena de autenticidad histórica la representación de los santos nacionales. Esta aspiración se verá fortalecida más tarde por el movimiento de resistencia nacional que siguió al reinado de José II. En el cuadro pintado por István Dorffmeister para el altar de la catedral de Szombathely del obispo Károly Szily, crítico de la política eclesiástica del empe-

István Ferenczy: monumento sepulcral de István Kultsár, 1828 (Budapest, iglesia parroquial de la Asunción)

Adoración de los Reyes Magos al Niño Jesús y los Reyes ante Herodes; relieve de la escalinata sur de la cripta de la catedral de Pécs, siglo XII (Pécs, Museo Catedralicio)

rador, la historia de la fundación de la abadía de Pannonhalma se convierte en una escena histórica. En el siglo XIX los cuadros de altar de los santos húngaros, en primer lugar los de San Ladislao, se aproximan cada vez más al tipo de pintura histórica eclesiástica. A partir de los años 1820, esta temática es la que cultiva también Ferdinand Lütgendorf, de procedencia alemana afincado en Hungría. En al arzobispado de Eger, en el tratamiento religioso del tema le corresponde un papel importante a Mihály Kovács, que se propone como objetivo la expresión clásica del tema histórico, siguiendo a la vez la tradición religiosa.

La meta de la actividad de Mihály Kovács fue desde un comienzo, la renovación del arte eclesiástico nacional. Así pues, la otra posibilidad del historicismo romántico, la implantación del fervor del neocatolicismo, estuvo representada sobre todo por la obra de artistas extranjeros invitados, entre ellos Leopold Kupelwieser y Karl Blaas, quienes trabajaron en Kalocsa y Pécs, así como en Fót, respectivamente. El cuadro de San José de Kupelwieser, pintado para la iglesia del claustro de Kalocsa, evoca el equilibrio de la pintura renacentista con tonos cálidos, como también la pintura de Blaas en la iglesia de Fót, que representa la Asunción de la Virgen, de belleza idealizada. Ambos artistas buscan, mediante el enriquecimiento de lo pictórico, convertir en intimidad la frialdad clasicizante. El papel de ambos cuadros resulta insignificante, en comparación con la obra marco que los acoge. El altar de Kalocsa se compone de una reconstrucción que recuerda los relicarios medievales y de una preciosa aedicula neogótica. El

altar de Fót se inserta, igualmente, en un conjunto impregnado por el estudio de los detalles medievales.

En la segunda mitad del siglo XIX el cuadro pierde su importancia en el templo y también en los movimientos del arte sacro. Sigue estando presente y se intenta resucitarlo conscientemente; sin embargo, llega a ser vacío, maquinal (y muy pronto mecánicamente reproducible). La iglesia parroquial de Miklós Ybl en el barrio budapestino del Ferencváros es, ante todo, un intento, mantenido en estilo medieval, de la conformación unificada del espacio y del interior, donde los frescos de Mór Than y Károly Lotz están presentes en primer lugar como composición histórica. La idea predilecta de la arqueología eclesiástica y de los estudios iconográficos de la época, es la investigación del simbolismo. Esta tendencia de representación simbólica, a menudo decorativa a la vez y por tanto no significativa en sí, marca su huella también en las pinturas murales.

En la actividad de los expertos restauradores puristas predomina la arquitectura. Las obras de Ferenc Storno constituyen aún la transición entre la creación y el concepto arbitrario más libre, del artista romántico y el purismo de los profesionales del historismo, como Imre Steindl, Frigyes Schulek y sus discípulos. En la catedral de Pécs restaurada por Friedrich Schmidt, el "altar popular" frente al presbiterio es en realidad una reconstrucción arqueológica, en la forma en que los restos encontrados fueron completados por los historiadores de arte, a base de sus conocimientos. Los relieves de György Zala en la pared de las escaleras que conducen a la cripta son intentos de interpretar los fragmentos de relieves del siglo XII allí descubiertos. Antes de su reconstrucción en el siglo XIX, la catedral de Pécs era un espacio interior cubierto de bóvedas góticas tardías que conservaba su mobiliario barroco. El objetivo principal de la restauración purista fue logar un interior de efecto medieval, con techo plano y con pinturas en las paredes. Las series de cuadros fueron pintados por Károly Lotz y Bertalan Székely. Su misión es ante todo decorativa: en ellos no predomina tanto el efecto de las escenas, como el de los colores y ornamentos que se alternan rítmicamente. Los cuadros – como igualmente los frescos de Bertalan Székely pintados para la capilla de San Mauricio sobre las historias de los santos húngaros – antes que la concepción religiosa de la imagen, atestiguan la intención de que la pintura de tema histórico sea fiel a la época.

Figuras de pastores en la pared de la escalinata sur de la cripta de la catedral de Pécs, siglo XII

Pécs, catedral, interior de la escalinata sur de la cripta, reconstrucción de György Zala, según los relieves del siglo XII

Esta concepción, cuya culminación eclesiástica, junto a la catedral de Pécs, fue la restauración y decoración mural realizadas por Frigyes Schulek en la Iglesia de la Asunción del Castillo de Buda para los festejos del Milenio de Hungría, no sólo marcó su huella sobre los edificios, sino también sobre los objetos de la liturgia. El relicario en forma de capilla, confeccionado según el diseño de József Lippert para guardar la Sagrada Diestra del rey San Esteban, sigue, no sólo en su forma que imita un edificio gótico de tamaño miniatura, el tipo de los relicarios medievales de forma de casa, sino también en su técnica; tratando así de reemplazar la obra de orfebrería medieval por la renovación del adorno de filigrana y esmalte. El carácter indiferente de la decoratividad y de las representaciones en los espacios de iglesias del historicismo convierte al cuadro en un problema formal. Ejemplos de esta frialdad superficial son sendos monumentos importantes del historicismo, la decoración de la iglesia votiva de Szeged, abarrotada por fuera y por dentro de citaciones formales, así como la Basílica de Budapest, que con su interior neorrenacentista sigue de manera consciente la monumentalidad distanciadora de la catedral de San Pedro de Roma. El cuadro, como producto artístico que condensa en sí todo un mundo, abandona en esa época definitivamente la iglesia católica. Si retorna a ella, de vez en cuando, no se debe al esfuerzo, sino a que algunos artistas encuentran en su cometido algo más que problemas formales; la posibilidad de la creación monumental.

Mientras tanto, la problemática religiosa no pierde, obviamente, su importancia para el artista moderno. El conflicto se

*Fresco de István Szőnyi
en la iglesia de San
Emerico de Győr, 1941*

plantea entre el modo de interpretación individual y la tradición conservadora de la representación. Los intentos de su resolución parten de la aspiración de renovar el catolicismo, de reconciliarlo con el mundo moderno. Continúa agravándose la crisis del cuadro tradicional, fenómeno artístico generaliza-

László Csaba: Hollóháza, iglesia parroquial católica, 1966

do desde principios del siglo XX, que no sólo caracteriza al arte sacro. Los arquitectos desempeñan por lo general un papel dirigente en los intentos de resolver este conflicto. La búsqueda de una salida da como fruto, entre otros, el interior de la iglesia de Zebegény diseñada por Károly Kós, en la que las formas y proporciones propias de las construcciones de madera y los cuadros de Aladár Kőrösfői-Kriesch inspirados por la riqueza emotiva prerrafaelita, se aproximan a la intimidad de la decoración de los espacios sacros. El modernismo, que surge hacia 1930 en el arte eclesiástico, se caracteriza por un racionalismo arquitectónico libre de ciertas reminiscencias formales. El empleo de estructuras de hormigón armado descubiertas en los edificios de Aladár Árkay o Gyula Rimanóczy recordaba a los coetáneos las naves industriales, como contrapunto a las formas historizantes. Pero, en realidad incluso en esos edificios estaban presentes las alusiones históricas: en el techo de casetas de planta longitudinal dividida en naves, en los frescos de sus paredes, en los símbolos de su arco triunfal, en la utilización del vidrio que recuerda a los vitrales góticos. El estilo de su decoración es heterogéneo y diverso también en sus relaciones con el arte moderno. En la renovación del arte sacro, se conjugan bien la reminiscencia medieval de las pinturas sobre vidrio de Lili Sztehló-Árkay, inspiradas por el art nouveau, con el sosegado estilo narrativo, posimpresionista de István Szőnyi, con el fuerte y expresivo neoclasicismo de Vilmos Aba Novák, con la reservada estilización de Pál Pátzay o con el neorrenacentismo de Pál Molnár C. que recuerda a los "italianos primitivos". El denominador común de estos objetivos es una cierta limitación del subjetivismo del artista moderno, la subordinación de su obra – recunciando a su autonomía – al conjunto arquitectónico. El cuadro se contenta con su carácter de esbozo, con la alusión simbólica; en ello reside su modernismo formal, su abstracción que sugiere modernidad, pero también radica ahí su mayor peligro, el de convertirse en una praxis vacía. Sin embargo, en muchos aspectos el arte de los mejores exponentes de la "escuela romana" fue hasta la posguerra y sigue siendo hasta nuestros días el modelo del arte eclesiástico húngaro.

En medio de la crisis de la arquitectura de iglesia católica de hoy y de la pintura, el tema sacro y la experiencia religiosa permanecen en el foco de varias tendencias del arte moderno y de la actividad de muchos creadores. Su manera de interpretación se ha convertido en subjetiva y libre. El proceso de emancipación del arte, iniciado en el romanticismo, retiró la vivencia trascendental del círculo de lo eclesiástico, elevándola a la esfera de los derechos más inviolables del individuo. Es una incógnita si este subjetivismo artístico podrá o no hallar el camino a los templos de la comunidad religiosa.

Entre los artistas húngaros que han vivido de forma más directa esta crisis, tratando de colocar en iglesias sus obras de tema sagrado inspiradas en experiencias religiosas, el más importante fue Béla Kondor. El pintor atormentado escribía con amargura sobre el sentido del arte en un mundo, en el que sólo pudo hallar pureza en los animales y en los ángeles:

"Luego, (siendo personas), la barriga llena gusta de mecerse en las ilusiones del arte y más aún el alma hambrienta y herida. Los animales y los ángeles no tienen arte. ¡No te desanimes, pues, angelito mío, por lo duro de tu misión!" (Angel, diablo, poeta. Del libro titulado Fragmentos de felicidad, 1971.)

El testimonio de Kondor muestra una nueva concepción que cuestiona la importancia espiritual del cuadro. Debemos interpretarlo como signo auténtico del fin de una cultura. Sin embargo, la perspectiva del futuro ya no es tarea de esta reseña histórica.

Altar mayor de la iglesia parroquial de Vaja (Erzsébet Udvardi)

Historia de las diócesis de Hungría

¿Acaso será importante de verdad que los visitantes que entran en nuestras catedrales conozcan la historia de nuestras diócesis? La respuesta es afirmativa debido a que la catedral, cuyo nombre proviene de la cátedra del sumo sacerdote, es la iglesia madre y el "corazón" de la diócesis. Es aquí donde se realiza en su plenitud el servicio divino, o sea, constituye un ejemplo vivo para la diócesis. En Hungría existen tres tipos de catedrales. Hay una catedral del cardenal primado (Esztergom), otras son de las arquidiócesis (Kalocsa, Eger) mientras que el resto de las catedrales son episcopales.

La Leyenda Mayor de San Esteban que se escribió hacia 1077 contiene la siguiente síntesis de la actividad del organizador de la Iglesia húngara: "El más cristiano de los príncipes dividió sus comitados en diez diócesis y con el visto bueno y con la aprobación de la Santa Sede Apostólica de Roma designó al frente de las mismas a la iglesia de Esztergom, asignándole a ésta la tarea de supervisarlas también." Esta afirmación retrospectiva apenas si refleja la tenaz labor de los cuatro decenios en cuyo marco había surgido, simultáneamente con la organización de los comitados regios y en estrecha relación con éstos, el sistema de diócesis que abarcaba todo el territorio del Reino. Un punto de partida de ese proceso lo constituye por un lado la coronación del rey y por el otro, el Concilio efectuado en Ravena durante la Pascua de 1001. En este concilio celebrado con la participación del papa Silvestre II quien había enviado la corona al príncipe Esteban se colocó con la aprobación del papa la "la primera piedra" de la Iglesia húngara.

El antecedente directo de ese acto se traduce en la evangelización de los magiares, iniciada a partir de los años 950 y 960, así como en la presencia de los sacerdotes de la diócesis de Salzburgo que habían arribado al Transdanubio (Zalavár) en el siglo IX, representando la política expansionista de la Iglesia del Imperio de los Francos. Simultáneamente, el patriarcado de Aquilea también envió misioneros a la Cuenca de los Cárpatos. En la difusión del cristianismo se produjo después de 896 una ruptura de varios lustros de duración. No obstante, en 953 un obispo misionero obraba ya a lo largo del río Maros sin que tuviese conexión alguna respecto a las diócesis.

El príncipe Taksony en 962 envió su delegado a Roma solicitando al papa el envío de un obispo a su país. El papa Juan XII ordenó e hizo partir a Zacheus quien – no sin vicisitudes – probablemente arribó a nuestra patria. Su actividad debió ser de carácter institucional. El príncipe Géza fue bautizado en 972 y en el año siguiente, en 973 mandó una delegación a Quedlinburgo para solicitarle al emperador Otón sacerdotes misioneros. En esa ocasión se produjo algo muy importante. El muy enérgico obispo de Passau, Piligrim, aspiraba a extender su autoridad, pero su superior inmediato, el arzobispo de Salzburgo lo impidió. De esta forma se hizo posible que tres décadas más tarde hubiese un inconveniente menos ante San Esteban en la estructuración del sistema autónomo de la Iglesia

húngara. El que Veszprém haya podido rivalizar con Esztergom por la primacía se debió a la presencia en el Transdanubio de uno o varios obispos misioneros de rito latino. El Concilio celebrado en 1001 en Ravena puso al frente de la Iglesia húngara de forma indiscutible a Esztergom, en calidad de "mater et caput", aunque simultáneamente estaba organizándose también la diócesis de Veszprém.

El obispo misionero debió permanecer largo tiempo en Veszprém, tal como lo demuestra la Capilla de San Jorge erigida en la segunda mitad del siglo X. Hay quienes atribuyen la fundación de la diócesis de Veszprém a la reina Gisela que tenía su corte en esta ciudad, mas, según las fuentes, la reina "enriqueció con donaciones" la catedral que tenía al árcangel San Miguel como su Santo Patrono. Posteriormente, el obispo de Veszprém fue el canciller y obispo de coronación de las reinas de Hungría. La diócesis de Veszprém la constituían cuatro castillos con sus abadengos respectivos: Veszprém, Fehérvár, Visegrád y Kolon. La mayoría del Transdanubio, junto con Somogy, pertenecía a esta diócesis.

En la ciudad sede de la Corte real, en Esztergom, el mismo príncipe Géza hizo construir una iglesia en homenaje al protomártir San Esteban. Puesto que San Esteban era el santo patrón de Passau, debemos considerar este hecho como la supervivencia del recuerdo de las misiones promovidas por Passau. Las breves pero reiteradas misiones de San Alberto se traducen en la dedicación de una iglesia a San Vito. Después de 1010 él mismo será el primer patrono de la catedral de Esztergom. La diócesis del mismo nombre comprendía los territorios situados al norte y nordeste del Danubio. Los diseñadores preferían recurrir a demarcaciones naturales al momento de diseñar la administración eclesiástica y secular, pero a lo largo de las fronteras del reino no eran trazados con exactitud los confines de una u otra unidad. Tal era el caso de Esztergom también.

Pertenece a las primeras fundaciones Kalocsa, cuya autoridad de arquidiócesis se explica con dos hipótesis. Según la primera, en Kalocsa, que otrora fue importante sede de la Casa de los Árpád, originalmente se instituyó un obispado. A mayor dignidad de éste llegó a ser el abad Astrik quien había traido de Roma la corona de Hungría y quien sustituyó en su puesto al arzobispo de Esztergom, afligido por una ceguera transitoria de tres años. Una vez recuperada su visión, el arzobispo de Esztergom, Astrik, regresó a Kalocsa preservando su título de arzobispo. Según la otra hipótesis, Esteban habría tenido la intención de fundar dos arquidiócesis. Kalocsa habría tenido la misión de evangelizar a los magiares llamados negros (en oposición de otro gran bloque de magiares llamados por algunas fuentes como magiares blancos). Los confines de la arquidiócesis de Kalocsa se extendían al Oeste hasta el Danubio y al Este la limitaba el río Tisza. Al Norte se fija su extensión sólo después de 1030, mientras en el Sur se trazan sus límites definitivos hacia fines del siglo XI. Otro punto no aclarado consiste en el hecho de que posteriormente aparecerá más de una vez en los documentos como "arquidiócesis de Bács".

Kalocsa, como centro, se situaba en el norte de la región y por el acceso más fácil se había de crear otra sede más en Bács. Es muy probable que esa fundación fuera producto de la decisión del rey San Ladislao. Kalocsa seguía siendo sede junto a Bács, de modo que la primera catedral (la de Kalocsa) también seguía desempeñando continuamente su papel. Las dos sedes tenían un mismo pastor principal. La unidad de la arquidiócesis tiene como otra prueba el hecho que tanto la catedral de Kalocsa como la de Bács estuvieran dedicadas a San Pablo, príncipe de los apóstoles.

La diócesis de Eger, cuyo santo patrono es el evangelista San Juan fue estructurada entre 1004 y 1009 en las comarcas de asentamiento de Samuel Aba, jefe de la tribu de los kabares. Como diócesis comprendía los territorios del Nordeste y Este del Reino. En el Sur se extendía hasta las comarcas dominadas por Ajtony. De esta forma los territorios adscritos a las diócesis de Bihar (posteriormente la de Várad) también pertenecían a la diócesis de Eger. Hasta mediados del siglo XVIII se extendía entre las diócesis de Bihar, Várad y Csanád una angosta franja llamada arquideanato de Pankota que jurídicamente dependía de la diócesis de Eger y hacia 750 pasó a formar parte de la diócesis de Csanád.

La constitución de la diócesis de Győr también se remonta al primer decenio del Reino de Hungría. Presenciado por el legado papal se confeccionó en esta misma ciudad también la carta de fundación de la diócesis de Pécs. Se refiere a este acto un documento de 1009 que describe la diócesis de Veszprém cuyo territorio originalmente estaba constituido por los comitados de Győr, Moson, Sopron y Vas. La región llamada Entrerríos (al norte de Győr) siempre ha pertenecido a la diócesis de Esztergom. La extensión de la diócesis de Győr no sufrió cambios hasta 1777.

Sobre la creación de la diócesis de Pécs nos informa una carta de fundación que describe con extactitud el área de la misma. Según ésta es de suponer que en 1009 aún no existía el comitado regio en el territorio de la diócesis de Pécs. Posteriormente surgirán también estas unidades de administración territorial regia con el nombre de Tolna, Baranya, Valkó y Pozsega, respectivamente. Esmirnia durante cierto tiempo fue una posesión conjunta de Pécs y Kalocsa. Pécs, con sus iglesias construidas en la primera época romana del cristianismo y reactivadas en el siglo IX se ofrecía como una sede natural para la nueva diócesis. Su patrono, el apóstol príncipe San Pedro testimonia dos vinculaciones: una a Roma, ya que la fundación de la diócesis se realizó en presencia del legado de Roma y otra a Kalocsa, situada en la otra ribera del Danubio, cuyo patrono es el otro apóstol príncipe San Pablo.

La fundación de las primeras diócesis concluyó con la de

Las diócesis de Hungría en el siglo XVI (sobre la base de la obra de Tivadar Ortvay)

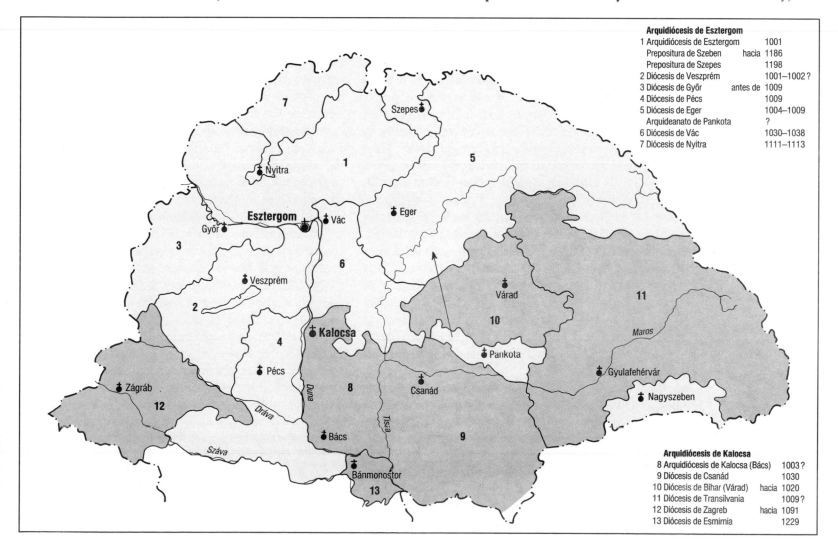

Arquidiócesis de Esztergom		
1 Arquidiócesis de Esztergom		1001
Prepositura de Szeben	hacia	1186
Prepositura de Szepes		1198
2 Diócesis de Veszprém		1001–1002 ?
3 Diócesis de Győr	antes de	1009
4 Diócesis de Pécs		1009
5 Diócesis de Eger		1004–1009
Arquideanato de Pankota		?
6 Diócesis de Vác		1030–1038
7 Diócesis de Nyitra		1111–1113

Arquidiócesis de Kalocsa		
8 Arquidiócesis de Kalocsa (Bács)		1003 ?
9 Diócesis de Csanád		1030
10 Diócesis de Bihar (Várad)	hacia	1020
11 Diócesis de Transilvania		1009 ?
12 Diócesis de Zagreb	hacia	1091
13 Diócesis de Esmirnia		1229

Transilvania que frente a las diócesis anteriores no lleva el nombre de su sede sino el de su territorio. La más probable de las explicaciones de la denominación de esta diócesis consiste en el hecho de que Transilvania originalmente era una región de dos centros sometida al dominio consecutivo de Gyula, Zsombor y Zoltán. Es decir, la región contaba con dos capitales económico-militares lo que explica la razón de denominarla con el nombre de la región en vez del nombre de la sede episcopal. La sede de la diócesis de Transilvania probablemente siempre estaba en Gyulafehérvár (Alba Julia). De esta forma en Hungría surgieron hasta 1010 siete unidades administrativas de la Iglesia (dos arquidiócesis y cinco diócesis) que abarcaban todo el Transdanubio, la Hungría septentrional y Transilvania.

La fundación de la diócesis de Bihar igualmente se le puede atribuir a San Esteban y se remonta a la organización del Ducado de Bihar (Comitado de Bihar). La presencia del príncipe heredero (San) Emerico ya en sí justificaba la creación de la nueva diócesis insertada territorialmente entre las diócesis de Eger y Transilvania. La organización de la diócesis de Bihar se remonta a los años 1020; y posteriormente el rey San Ladislao trasladó la sede episcopal de Bihar a la cercana ciudad de Várad. La patrona de la diócesis origalmente era la Virgen María.

Según los Anales de Presburgo los territorios ocupados por el rey San Esteban tras la derrota del reyezuelo Ajtony fueron integrados en la diócesis de Csanád, con sede en Marosvár-Csanád. La biografía de su primer obispo San Gerardo nacido en Venecia relata la fundación en los siguientes términos: "Te incomodo a Tí, hombre de Dios, en tiempos inoportunos. Es que ahora tengo la voluntad de designar los obispos al frente de las doce diócesis previstas a crearse en mi reino... Toma la diócesis que – a mi juicio – te corresponde." Los diez sacerdotes designados para ayudar a Gerardo "fueron llevados en un carro del comes (conde) Csanád a la diócesis de Csanád". Sobre la base de este texto se mantuvo durante mucho tiempo la opinión de que la intención original de San Esteban era la de fundar doce diócesis. Sin embargo, el desenvolvimiento del sistema de las diócesis y de los comitados era un proceso orgánico cuyo carácter planificado estaba garantizado por la clarividencia política y no por la definición anticipada del número de unidades administrativas a establecer. Las comarcas otrora pertenecientes al reyezuelo Ajtony recibieron su nombre de Csanád quien lo derrotara, mientras que el territorio del comitado y el de la diócesis coincidieron al igual que en el caso de Bihar. Por el Oeste lo limitaba el río Tisza, en el Sur colindaba con el Danubio, al Este con Transilvania y en el Norte con el arquideanato de Pankota.

La serie de fundaciones de San Esteban concluyen con la diócesis de Vác, si bien de ello no se ha conservado ningún documento escrito. La patrona de la diócesis es la Virgen María. La sede de la diócesis ubicada entre los ríos Tisza y Danubio está desde los comienzos en Vác. Las diez diócesis presentadas hasta ahora cubrían por completo el territorio de la Hungría histórica.

En el caso de los patronos de las diócesis (La Virgen: Győr, Bihar y Vác; los apóstoles príncipes: Kalocsa y Pécs; San Juan: Eger; San Adalberto: Esztergom) merecen atención especial aquellas regiones, en las que San Esteban chocaba con resistencia al momento de centralizar la administración o tenía que luchar con armas por la unificación del país; los patronos regionales eran los patronos "militantes": en Veszprém (resistencia de Koppány, 997) y en Transilvania (resistencia de Gyula) empuñaba sus espadas el arcángel San Miguel. En la región de Marosvár (resistencia de Ajtony) velaba por los cristianos San Jorge. La aparición de este patrono en esta región obedecía, evidentemente, también a la evangelización greco-latina. Las dos arquidiócesis fueron divididas de la forma siguiente: pertenecían a Esztergom las diócesis de Veszprém, Győr, Pécs, Eger, Vác y, posteriormente Nyitra; la arquidiócesis de Kalocsa comprendía las diócesis de Csanád, Bihar, Transilvania y, posteriormente, Zagreb.

La administración eclesiástica venía completándose y transformándose ulteriormente. El rey San Ladislao pasó la sede de Kalocsa a Bács y la de Bihar a la vecina Várad. Su donación hecha a la capellanía asociada de Nyitra era una especie de preparación para la fundación de una nueva diócesis. Después de haberse apoderado de Eslavonia y en homenaje al rey San Esteban, fundó hacia 1091 la diócesis de Zagreb, subordinándola a la arquidiócesis de Kalocsa (llamada también Bács). El sucesor de Ladislao, el rey Colomán organizó la diócesis de Nyitra, el comitado entero de Trencsén y las partes de allende de los confines. Esta región, cuya demarcación fue hecha por el mismo rey, fue separada del territorio de la arquidiócesis de Esztergom. La diócesis de Praga aspiraba asimismo a anexar dicha región, de forma que es probable que el rey Colomán, al momento de proceder a la nueva fundación quisiera impedir la expansión germánica, puesto que Praga pertenecía a la arquidiócesis de Maguncia.

La prepositura de los sajones transilvanos de Szeben fue fundada hacia 1186 por el rey Béla III. A comienzos de ese siglo dicha prepositura estaba a punto de pasar a ser diócesis pero el papa Inocencio III no concedió la licencia de fundación. La negativa papal obedeció al hecho que Transilvania ya tenía su diócesis desde la época del rey San Esteban. La situación era idéntica en el caso de los alemanes de Szepes. El rey Emerico organizó para ellos en 1198 la prepositura de Szepes, lo que se justificaba por la gran distancia geográfica que le separaba de la sede episcopal. El prepósito de Szepes, frente al de Szeben, era una autoridad eclesiástica independiente de la arquidiócesis de Esztergom.

La organización de las nuevas diócesis en el siglo XIII obedeció a las tareas de evangelización centradas en el sur y en el este del reino. El arzobispo Ugron Csák organizó con aprobación papal en 1229 la diócesis de Esmirnia con la misión de evangelizar la región situada en la orilla derecha del río Sava. Su primera sede estaba en Bánmonostor (llamado también Kő). Esta sede fue destruida por la invasión mongol para designar como nueva sede la iglesia dedicada a San Ireneo, sucesora de la antigua Esmirnia.

Bosnia pasó a formar patrimonio de la corona húngara durante el reinado de Béla II (1131–1141). Entre los bosniacos proliferaba la herejía de los bogumiles (patarenos), por lo que el rey, con el fin de coronar la labor evangelizadora de los dominicos húngaros, designó al frente de la diócesis de Bosnia a un padre dominico llamado Juan, de procedencia alemana. En ese entonces la diócesis de Bosnia se separó de la arquidiócesis de Raguza y provisionalmente fue administrada desde Roma, para ser adscrita pronto a Kalocsa. El obispo Posa inició la construcción de una catedral en Brdo, próxima a Sarayevo, pero debido a los patarenos se vió obligado a refugiarse en Diakovár, al norte del río Sava, la que tras una incertidumbre de medio siglo pasaría a ser la sede definitiva de la diócesis de Bosnia.

En el litoral dálmata surgió hacia 1160 la diócesis de Zengg, seguida por la de Corbava, fundada en 1185. Ambas pertenecían a la arquidiócesis de Espalato. La sede de la diócesis de Corbava fue trasladada en 1460 a Modrus y finalmente, a raíz de los ataques turcos las dos diócesis se fusionaron en la diócesis llamada Zengg-Modrus.

La diócesis de Nándorfehérvár (Belgrado) quedó fundada en 1290 para cerrarse un lustro más tarde. Posteriormente, a partir de 1322 existió efectivamente para sobrevivir luego sólo nominalmente. Como diócesis pertenecía a la arquidiócesis de Kalocsa. La diócesis de los cumanos de Milkó fue fundada por el arzobispo Roberto, en 1227, con el fin de evangelizar a los cumanos (pueblo nómada acogido por el reino). Sin embargo, las primeras polvaredas levantadas por la invasión de los mongoles que se avecinaba, borró esa diócesis. Su resucitación posterior fracasó. Las diócesis misioneras de Serin (1376) y Argyas (1381), durante su breve existencia pertenecieron a la arquidiócesis de Kalocsa. De entre estas diócesis llegó a sobrevivir de verdad la de Serín. El arzobispo de Esztergom, como cardenal primado de la Iglesia húngara, aparece en un diploma regio emitido en 1239.

En el fatídico siglo XVI la vida eclesiástica y religiosa de las regiones ocupadas por los turcos quedó totalmente desintegrada y Roma las consideraba como regiones misioneras. El arzobispo y el capellán abandonaron Esztergom en 1543 para refugiarse en Nagyszombat y regresaron a Esztergom sólo en 1820. Al terminarse la ocupación otomana la región de Esmirnia quedó devastada y despoblada casi por completo. La reorganización corrió a cargo del obispo László Szörényi (1734–1752) quien finalmente residió en Pétervárad. Bács estaba arruinada, de modo que el arzobispo Ádám Patachich retornó en 1730 a Kalocsa. Temesvár pasó a ser la sede de la diócesis de Csanád en 1738. El arzobispado de Pankota se separó definitivamente de Eger para adherirse hacia 1750 a Csanád.

La política eclesiástica de gran envergadura de María Teresa normalizó la situación de las diócesis de rito oriental y, lo que es aún más importante, llevó a cabo incluso la reestructuración de las diócesis de rito latino. Las diócesis de Esmirnia y Bosnia (Diakovár) fueron unificadas en 773, con sede en Diakovár,

Las diócesis católicas romanas en la Hungría de los siglos XVIII–XIX (sobre la base de la obra de Gabriel Adriányi)

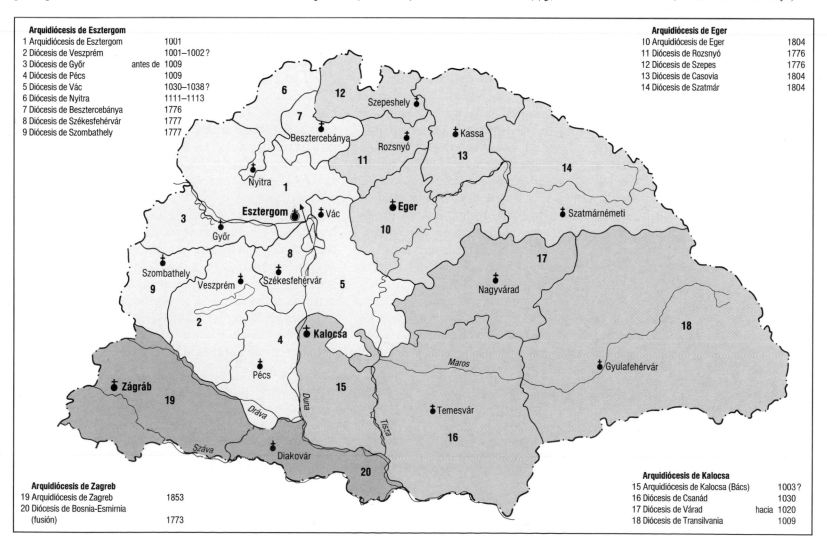

Arquidiócesis de Esztergom

1 Arquidiócesis de Esztergom	1001
2 Diócesis de Veszprém	1001–1002?
3 Diócesis de Győr	antes de 1009
4 Diócesis de Pécs	1009
5 Diócesis de Vác	1030–1038?
6 Diócesis de Nyitra	1111–1113
7 Diócesis de Besztercebánya	1776
8 Diócesis de Székesfehérvár	1777
9 Diócesis de Szombathely	1777

Arquidiócesis de Eger

10 Arquidiócesis de Eger	1804
11 Diócesis de Rozsnyó	1776
12 Diócesis de Szepes	1776
13 Diócesis de Casovia	1804
14 Diócesis de Szatmár	1804

Arquidiócesis de Zagreb

19 Arquidiócesis de Zagreb	1853
20 Diócesis de Bosnia-Esmirnia (fusión)	1773

Arquidiócesis de Kalocsa

15 Arquidiócesis de Kalocsa (Bács)	1003?
16 Diócesis de Csanád	1030
17 Diócesis de Várad	hacia 1020
18 Diócesis de Transilvania	1009

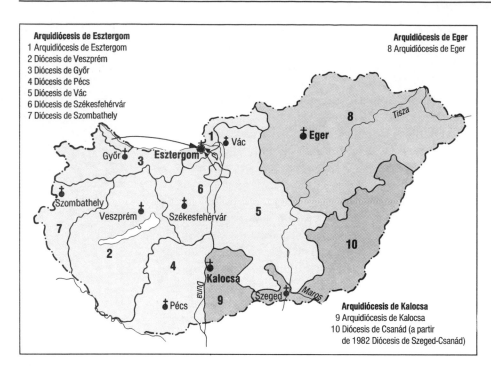

Arquidiócesis de Esztergom
1 Arquidiócesis de Esztergom
2 Diócesis de Veszprém
3 Diócesis de Győr
4 Diócesis de Pécs
5 Diócesis de Vác
6 Diócesis de Székesfehérvár
7 Diócesis de Szombathely

Arquidiócesis de Eger
8 Arquidiócesis de Eger

Arquidiócesis de Kalocsa
9 Arquidiócesis de Kalocsa
10 Diócesis de Csanád (a partir de 1982 Diócesis de Szeged-Csanád)

Las diócesis católicas romanas de la Hungría de hoy

puesto que en ausencia de los fieles las dos diócesis no podían sobrevivir por separado. Posteriormente, quedó dividida en dos la arquidiócesis de Esztergom. La emperatriz fundó en 1776 las diócesis de Rozsnyó, Besztercebánya y Szepes. Se llevaron a cabo varios reajustes territoriales de relevancia menor que subordinaron las parroquias "excentas" conservadoras de las estructuras arcaicas. En el marco de las reformas de María Teresa se crearon en 1777 las diócesis de Szombathely y Székesfehérvár. El territorio de la última fue apartado del de la diócesis de Veszprém (Comitados de Fehér y Pilis). La diócesis de Szombathely llegó a estar configurada por los territorios separados de las diócesis de Győr, Veszprém y Zagreb, respectivamente (Comitados de Vas, los alrededores de la capital regional Zalaegerszeg y las regiones situadas en la orilla izquierda del río Mura). Por concepto de indemnización de la diócesis de Veszprém, ésta recibió de la diócesis de Győr el arzobispado papal. La emperatriz María Teresa, apenas alegrando con ello a la Santa Sede, hizo tal gestión valiéndose de su dignidad "real apostólica". Parece un cambio de poca relevancia la separación de Szeged de Kalocsa y su traspaso en 1775 a Csanád. Ese cambio adquiere importancia más tarde.

Las diócesis de Eger y Transilvania se conservan como las últimas diócesis extensas. Francisco I resolvió en 1804 fundar dos nuevas diócesis: Szatmár y Kassa, con sedes en Szatmárnémeti y en Kassa. Para recompensar la diócesis de Eger, ésta

pasó a ser arquidiócesis y junto a las dos diócesis nuevas se le concedieron las diócesis de Szepes y Rozsnyó. El gabinete vienés como signo de gratitud a los croatas, con la aprobación de la Santa Sede, elevó la diócesis de Zagreb al rango de arquidiócesis, subordinándole las diócesis dálmatas de fundación medieval de Zengg-Modrus (de rito latino) y la de Kőrös de rito griego (fundada en 1777). De ahí en adelante la arquidiócesis de Kalocsa contaría tan sólo con las diócesis de Transilvania, Csanád y Nagyvárad, respectivamente. Pertenecían a la arquidiócesis de Esztergom las diócesis de Győr, Veszprém, Pécs, Vác, Nyitra, Besztercebánya, Szombathely y Székesfehérvár, así como las diócesis de rito griego-católico de Munkács (1771) y Eperjes (1818). Para ser exhaustivos, merece mención la arquidiócesis griego-católica de Gyulafehérvár-Fogaras, a la que pertenecían las diócesis del mismo rito de Szamosújvár, Lugos y Nagyvára. La organización de la diócesis griego-católica de Hajdúdorog se remonta a 1912.

La situación de la arquiabadía de los benedictinos de Pannonhalma es peculiar ya que el arquiabad, como ordinario dirige también la vida de la diócesis nullius de escasa extensión. La "catedral" de Pannonhalma fue elevada en 1943 por el papa Pío XII a la categoría de "basilica minor". Como resultado del tratado de paz de Trianon, firmado en 1920 quedaron intactos únicamente los territorios de las diócesis de Veszprém, Székesfehérvár, Vác, Eger y Pannonhalma. En el caso de las diócesis de Rozsnyó, Kassa, Szatmár, Várad y Csanád la extensión de éstas quedó mutilada e incluso sus sedes fueron cedidas a los Estados sucesores. La sede del primado quedó en Hungría pero se le quitó la mayor parte de las regiones que le pertenecían. La sede de la diócesis de Csanád se trasladó en 1923 de Temesvár a Szeged. Ya el primer obispo de la época posterior a la ocupación turca, István Dolny (1700–1707) aspiraba a tener Szeged como ciudad sede, si bien ésta en ese entonces pertenecía aún a Kalocsa. La parte varadiense quedó adscrita a la diócesis de Csanád. Eger recibió las partes de Rozsnyó, Kassa y Szatmár, si bien éstas preservaron cierta autonomía administrativa.

Después de 1945, con el restablecimiento de las fronteras trazadas por el tratado de Trianon se mantuvo esta situación con ciertas modificaciones. La Santa Sede de Roma agregadó en 1982 las comarcas húngaras de las diócesis de Kassa y Rozsnyó a la arquidiócesis de Eger y ese mismo año cambió la denominación de Csanád por la de Szeged-Csanád.

La demarcación y las sedes de las diócesis húngaras, pese a los cambios históricos, vienen preservando hasta nuestros días su estructura adquirida en la época del rey San Esteban.

IMAGENES

Fotografías: Gábor Hegyi

Fotocomposición: György Szegő

Pie de fotos: Balázs Dercsényi

ARQUIDIOCESIS DE ESZTERGOM

Arquidiócesis de Esztergom

Diócesis Greco-Católica de Hajdúdorog
Gobernación Apostólica de Miskolc

Diócesis de Győr

Diócesis de Pécs

Diócesis de Székesfehérvár

Diócesis de Szombathely

Diócesis de Vác

Diócesis de Veszprém

Basílica

**Dedicada a la Asunción
y a San Adalberto Obispo y Mártir**

1. Cúpula sobre el espacio central con pinturas que representan a los Santos Padres: Gregorio, Jerónimo, Agustín y Ambrosio (fresco de Ludwig Moral, imitación de mosaico)

2. Fachada de la Basílica mirando hacia el Danubio

3. Fachada principal de la Basílica (construida según los proyectos de Pál Kühnel, János Packh y József Hild entre 1822 y 1856)

7. Cuadro del altar mayor pintado por Michelangelo Grigoletti. El altar mayor es obra de Pietro Bonani y Franz Anton Danninger

▷

4. Capiteles del pórtico

5. Estatua del arzobispo Csanád Telegdy, obra de György Kiss

6. Escudo del arzobispo János Scitovszky

10. Detalle con capitel de pilastra y ornamentación de la esquina

8. Altar de la capilla Bakócz (Andrea Ferrucci, alrededor de 1517; las estatuas de los reyes de Hungría San Esteban y San Ladislao fueron esculpidas por Pietro della Vedova, en 1875)

11. Detalle de la sillería en mármol rojo

9. Intradós renacentista con rosetas y detalle de la cúpula

**12. Cúpula
neorrenacentista
de la capilla
(József Lippert,
(1874–1875)**

**13. Las letras IHS
en la mensa del altar
de la capilla Bakócz;
la mensa, en estilo
renacentista, antaño
pertenecía a otro
altar de la catedral
(siglo XVI)**

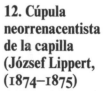

**14. Escudo de
György Szathmári,
obispo de Pécs, más
tarde sucesor de
Tamás Bakócz en la
sede arzobispal**

15. Figura del rey David en la galería del órgano

16. Lápida sepulcral del arzobispo János Vitéz (muerto en 1472)

17. Detalle de la lápida sepulcral del arzobispo Dénes Széchy (muerto en 1465)

18. Figuras de la Muerte y la Vida Eterna en la cripta, obras de Andreas Schrott

Iglesia parroquial de Santa Ana

19. Iglesia parroquial de estilo neoclásico
(proyectada por János Packh, construida entre 1828 y 1836)

Iglesia parroquial de San Ignacio de Loyola

20. Fachada principal de la iglesia parroquial en el barrio Víziváros, vista del Castillo (la iglesia fue construida bajo la dirección de Petrus Ross de 1728 a 1738, para los jesuitas)

Capilla y Calvario de Szent Tamás-hegy (Monte Santo Tomás

Arquidiócesis de Esztergom

21–22. Capilla construida por encima de la ciudad en memoria de los héroes cristianos (1827), estaciones del Via Crucis y grupo del Calvario (1781)

Iglesia parroquial
de Todos los Santos

Arquidiócesis de Esztergom

23–25. La iglesia parroquial fue construida
entre 1973 y 1977, según los proyectos de
István Szabó. Los relieves de metal que
decoran el edificio y los vitrales son obras
realizadas por las propias manos
del proyectista

Iglesia parroquial de la Asunción (Iglesia Matías)

**26. Nave central de la iglesia parroquial con el púlpito y el altar mayor (la instalación
neogótica fue proyectada por Frigyes Schulek)**

**Iglesia parroquial
de la Asunción (Iglesia Matías)**

Arquidiócesis de Esztergom

**27. Puerta de la Virgen
(años setenta del siglo XIV)**

**28. Nave central y galería
de órgano, vistas desde
el presbiterio**

**29. Estatua de la Virgen
en ébano (detalle; fines
del siglo XVII)**

**30. Monumento sepulcral de Béla III
y de la reina Ana de Châtillon**

**31. Vitrales con escudos y detalles
de la leyenda de Santa Isabel**

**32. Presbiterio, fachada del sur y torre
meridional de la iglesia parroquial**

**33. Estatua de la Santísima Trinidad
(1712–1713) y detalle de la torre**

**34. Detalle de la fachada principal con una
figura de la estatua de la Santísima Trinidad**

Iglesia parroquial del Sagrado Corazón de Jesús

Arquidiócesis de Esztergom

35. Vitral representando a Jesucristo, adorno del presbiterio

36. Nave central de la iglesia con el presbiterio: las estatuas de los Apóstoles son obras de Pál Pátzay

37. Detalle del fresco en el techo representando la Creación, obra de Vilmos Aba Novák

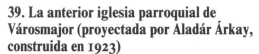

38. Fachada principal de la iglesia parroquial con el campanario (proyectada por Aladár Árkay y Bertalan Árkay, construida en el curso de los años 1932–1933; el campanario se construyó en 1937)

39. La anterior iglesia parroquial de Városmajor (proyectada por Aladár Árkay, construida en 1923)

40. Fachada principal

Iglesia parroquial de Santa Ana

Arquidiócesis de Esztergom

42. Detalle del grupo de estatuas que adornan el altar mayor: la Virgen Niña entre Santa Ana, Joaquín y Zacarías (atribuido a Károly Bebó, 1771–1773)

41. La nave elíptica con la cúpula, el altar mayor y el púlpito

49. Frailes en la pared lateral del presbiterio

51. Pintura en la bóveda del presbiterio

52. Altares de San Florián, la Santa Cruz, la Virgen y San Antonio adosados a la pared meridional de la iglesia, y el púlpito

50. Monumento sepulcral clasicizante de Lajos Gyulai (muerto en 1844)

Iglesia de San Antonio de Padua

Arquidiócesis de Esztergom

53. Altar de la capilla de San Francisco con el relieve de István Karle

54. Nave central y naves laterales de la iglesia de los franciscanos con el altar mayor

55. Fachada principal de la iglesia construida según los proyectos de Gyula Rimanóczy entre 1931 y 1934 (las estatuas de San Francisco y San Antonio son obras de Tibor Vilt)

Iglesia parroquial
de la Sagrada Familia

Arquidiócesis de Esztergom

56. Interior de la iglesia y gran cuadro de mosaico en el presbiterio representando a la Sagrada Familia (obra de Imre Zsellér de 1916)

57. Iglesia y convento construidos para las Damas Inglesas entre 1913 y 1917, según los proyectos de Dezső Hültl

58. Fachada principal de la iglesia

Iglesia parroquial de la Asunción

Arquidiócesis de Esztergom

59. Estatua de San Florián en un nicho de la pared externa del presbiterio (Antal Horger, 1723)

60. Fachada de la iglesia parroquial vista del Danubio

61. Presbiterio gótico de la iglesia parroquial (principios del siglo XV) con el tríptico de Pál Molnár C. (realizado en 1948)

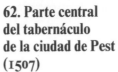

62. Parte central del tabernáculo de la ciudad de Pest (1507)

63. Escudo de la ciudad en la parte inferior del tabernáculo ▷

64. Parte central del tabernáculo hecho por encargo del parroco András Nagyrévi (entre 1503 y 1506)

◁ **65.** Detalle del tabernáculo de la ciudad de Pest

66. Detalle del tabernáculo de Nagyrévi ▷

Iglesia de la Natividad de María (Iglesia Universitaria)

**67. Altar mayor que representa el nacimiento de la Virgen, y el púlpito
(obras de Antal Lipót Conti de los años 1746 y 1748)**

68. Fachada principal de la Iglesia Universitaria (anteriormente de los paulinos)

69. Ciborio sobre el altar mayor con la figura del Padre Dios y con la paloma del Espíritu Santo

70. Entrada principal de la iglesia

71. Copia de la imagen milagrosa de la Virgen de Częstochowa en el altar mayor

72. Altar de San Martín

73. Galería con el órgano barroco

74. Altar de San Pablo Eremita con las estatuas de San Juan Nepomuceno y San Carlos Borromeo

Iglesia parroquial de San Francisco de Asís

Arquidiócesis de Esztergom

75. Nave central con el presbiterio al fondo

76. Fachada principal de la iglesia parroquial (proyectada por Miklós Ybl, construida entre 1867 y 1869)

77. *San Ladislao hace brotar el agua* – cuadro de altar en el crucero y el púlpito

Iglesia parroquial de San Esteban Rey (Basílica)

78. Altar mayor neorrenacentista, realizado según los proyectos de József Kauser y ornado con la estatua de San Esteban, obra de Alajos Stróbl

79. Cúpula restaurada (1985), el presbiterio y detalle de la fachada meridional

80. Estatua de San Ladislao al lado de una columna de la cúpula, obra de János Fadrusz

81. Relicario de plata en el cual se custodia la Sagrada Diestra, mano derecha del rey San Esteban (realizado según los diseños de József Lippert en el taller de orfebrería W. Bröse de Viena, en 1862)

**Iglesia parroquial de San Esteban Rey
(Basílica)**

Arquidiócesis de Esztergom

**82. Parte derecha del crucero con el altar
lateral de San Esteban y con las estatuas
de San Ladislao y San Gerardo**

**83. El evangelista San Marcos
(mosaico, realizado según el boceto
de Károly Lotz)**

84. Estatua de Santa Isabel esculpida por Károly Senyei

85. Altar del Calvario con el cuadro de Gyula Stettka

86. Cuadro del altar de San Esteban, obra de Gyula Benczúr

Iglesia parroquial de Santa Teresa de Avila

Arquidiócesis de Esztergom

87. Altar de San Esteban (según proyectos de Mihály Pollack, el cuadro del altar es obra de József Schoefft, realizado entre 1828 y 1835)

88. Púlpito y altar mayor (el cuadro del altar en que figura el Éxtasis de Santa Teresa fue pintado por József Schoefft en 1827–1828; la construcción del altar se realizó según los proyectos de Mihály Pollack)

Iglesia
parroquial
de San José

Arquidiócesis de Esztergom

89. Fachada principal de la iglesia parroquial (construida según los proyectos de Ignác Kundt y Fidél Kasselik, de 1791 a 1814)

90. Estatua de Péter Pázmány en la plaza delante de la fachada principal (obra de Béla Radnai, erigida en 1914 en la plaza Kígyó del V distrito)

Iglesia parroquial de San Ladislao

Arquidiócesis de Esztergom

91. Torre de la iglesia parroquial construida entre 1894 y 1899, según los proyectos de Ödön Lechner y Gyula Pártos

92. Altar mayor (el cuadro que representa la Apoteosis de San Ladislao fue pintado por Ignác Roskovics, las esculturas son obras de Vilmos Marhenke; el altar, ornado con mayólica Zsolnay fue realizado según los diseños de Ottó Tandor)

93. Detalle del altar mayor

94. Detalle del púlpito

Iglesia parroquial de la Patrona de Hungría

95. Altar mayor realizado en la primera mitad del siglo XVIII situado en el presbiterio de estilo gótico

96. Clave del arquitrabe de la puerta de la sacristía con el cuervo y la palmera, motivos preferidos de los paulinos

97. Parte superior del altar mayor con la estatua del Padre, el Hijo y el Espíritu Santo

98. Fachada principal de la iglesia de los paulinos

99. Los evangelistas en el púlpito

100. La bóveda gótica y la parte superior del altar mayor

Iglesia parroquial
de la Asunción

Arquidiócesis de Esztergom

101–102. Fachada occidental y presbiterio de la iglesia gótica, de tres naves, en la forma definitiva tras varias reconstrucciones, alrededor de 1380

103. Interior de la iglesia con las bóvedas, construida en el siglo XIX

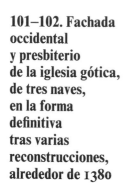

104. Doble nicho gótico en el presbiterio

Iglesia de San Esteban Rey

**105. Iglesia parroquial construida en el siglo XIII, rodeada
por una murralla**

**105. Iglesia parroquial construida en el siglo XIII, rodeada
por una murralla**

106. La iglesia vista desde el Este; primero se construyó el presbiterio y la nave, luego la torre

107. Cabeza de hombre en la cornisa del presbiterio

108. Cruz de la consagración, incrustada en el muro

109. Interior de la iglesia visto desde el coro

Iglesia parroquial de la Transfiguración de Nuestro Señor

Arquidiócesis de Esztergom

110. Presbiterio gótico y coronamiento barroco de la torre (1750)

111. Pared septentrional del interior de la iglesia: altar de la Virgen Dolorosa (1751), púlpito (1741) y altar de San Francisco (1755)

113. Nicho con banco (sedile) gótico

114–116. Sillares de clave de la sacristía

112. Sala capitular gótica (hoy sacristía)

Iglesia parroquial de la Virgen de las Nieves

117. Detalle de la serie de frescos sobre el triunfo de la Santa Cruz, que adornan las paredes de la nave principal (pintados por Aladár Kőrösfői-Kriesch y sus discípulos entre 1910 y 1914)

118. Fachada principal de la iglesia parroquial construida según los proyectos de Károly Kós y Béla Jánszky en 1908 y 1909

119. Fachada lateral con la torre de la escalera

120. Nave principal y presbiterio

Catedral

**Fiesta titular: Presentación de la Virgen
en la Iglesia**

**121. Parte central del iconostasio con la puerta
real, las puertas diaconales y pinturas**

122. Fachada principal

123. Altar mayor con retablo que representa la coronación de María (del año 1937)

124. Interior de la catedral visto desde el coro del órgano

125. Cristo crucificado, en piedra, en el jardín de la iglesia

126. Fachada lateral de estilo romántico (1868–1876)

Iglesia parroquial católico-griega

Fiesta titular: San Florián Mártir

127. Altar mayor (József Weber, 1766) cuyo cuadro principal representa a San Florián y es copia del cuadro de altar pintado en 1769 por Ferenc Xavéri Wagenschön

Iglesia parroquial católico-griega

Diócesis de Hajdúdorog

128. Estatua de San Blas que adorna la fachada principal (Antal Eberhardt, 1760)

129. Capilla construida según los proyectos del maestro constructor Mátyás Nepauer en 1759–1760)

130. Escudo de la capital que donó la capilla (1924)

131. Interior de la iglesia: a la derecha el púlpito (József Erhardt, 1760), en el centro el altar mayor (József Weber, 1766), a la derecha el altar lateral realizado en 1762, con el cuadro que representa a San Nicolás de Myra (Jenő Medveczky, 1938)

Iglesia parroquial católico-griega

Fiesta titular: la Apoteosis de la Santa Cruz

132. Interior de la iglesia, hacia el iconostasio

133. La iglesia (construida según los proyectos de Ferenc Török entre 1979 y 1983)

134. Campanario

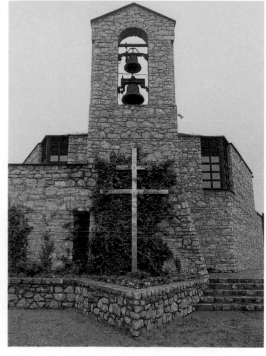

Santuario católico-griego

Fiesta titular: Arcángel San Miguel

135. Copia de la imagen milagrosa de la Virgen llorosa (1697) en el altar neobarroco

136. Fachada principal de la iglesia

137. Nave principal y al fondo el iconostasio (el retablo es de la segunda mitad del siglo XIX)

138. Frescos del crucero

Catedral

Dedicada a la Asunción

139. Presbiterio de la nave principal con el altar mayor, de Menyhért Hefele, el retablo representa la Asunción de la Virgen (Franz Anton Maulbertsch) y el altar de plomo con el rey San Esteban ofreciendo la corona a la Virgen

140. Fachada clacisista de la catedral (Jakab Handler, 1823) y su torre del barroco temprano (1681), con la cúpula del barroco tardío

141. Fachada sur de la catedral, en primer plano la estatua de San Miguel y los restos de una iglesia del siglo XI

142. Presbiterio de la nave sur con el altar, obra de Menyhért Hefele y con el retablo que representa la lapidación de San Esteban mártir

143. Herma del rey San Ladislao (primer cuarto del siglo XV)

144. Bóveda de la capilla Héderváry (detalle)

145. Presbiterio de la capilla Héderváry (1404)

146. Detalle del altar de plomo de la izquierda

147. Altar de plomo de la derecha : San Ladislao frente a la tumba de San Esteban (Jacob Gabriel Mollinarolo, hacia 1760)

Iglesia de San Ignacio de Loyola

148. Fresco de la bóveda de la nave: la Anunciación y los cuatro profetas
(Paul Troger, 1747)

149. Altar lateral en la primera capilla de la derecha. El retablo representa la conversión de Saulo

150. Altar mayor con el retablo de Paul Troger que representa la apoteosis de San Ignacio (1744) y el púlpito (Lajos Gode, 1749)

151. Fresco de la primera capilla lateral de la derecha

152. Altar de Santa Rosalía

153. Fresco de la capilla de Santa Rosalía

154. Iglesia de los benedictinos vista desde el castillo episcopal

Iglesia
de la Inmaculada
Concepción
y de San Esteban Rey

Diócesis de Győr

155. Iglesia
de los carmelitas
(Athanasius
Wittwer,
1721–1725)
y el antiguo
convento,
construcción
terminada en 1732

156. Interior de la
iglesia con el altar
erigido en honor
de San José y Santa
Teresa de Ávila,
y con el altar mayor
dedicado a la
Inmaculada (el
retablo es obra de
Martino Altomonte
[?], de los años
treinta del siglo
XVIII) y el púlpito

Iglesia parroquial
de Santiago Apóstol

Diócesis de Győr

157. Altar mayor (detalle): entre las estatuas de San Pablo y Santiago, la Virgen con el Manto media entre personajes eclesiásticos y seculares (1666–1667)

158. Fachada occidental de la iglesia parroquial

159. Presbiterio de estilo gótico y altar mayor

Capilla
de los baños termales
de San José

Diócesis de Győr

160. Capilla de las termas erigida en 1773

**161. Jesús curando enfermos
(cuadro pintado en la bóveda
por István Dorffmeister, 1779)**

**162. Altar mayor de la capilla: estatuas
de San Pedro y San Pablo (András
Sedlmayer, 1773) y cuadro de altar que
representa a San José con el Niño Jesús**

Iglesia parroquial de San Pedro y San Pablo

**163. Interior de la iglesia parroquial
con el púlpito y el altar mayor**

**165. Angeles músicos
en la galería del órgano**

**166. Interior de la iglesia
con la galería del órgano**

164. Candelabro de la Pascua

167. Púlpito en forma de barca con las estatuas del apóstol Pedro y Cristo

168. Fachada principal de la iglesia (Jakab Fellner, 1771–1775), en primer plano la estatua del Cristo Crucificado (1804) ▷

169. Puerta principal de la iglesia con el escudo con corona de la familia Esterházy y un cronograma

Calvario e Iglesia parroquial de Todos los Santos

170. Conjunto de Calvario (alrededor de 1770)
En primer plano la Piedad

171. Grupo escultórico del Sagrado Corazón (hacia a 1770)

172. Iglesia parroquial erigida entre 1728–1735

173. Portada principal con el escudo de la familia Széchényi, y las estatuas de la Virgen, de San José y San Juan Bautista

Iglesia parroquial de Santiago Apóstol

**174. Nave principal con el púlpito gótico
y el altar principal mayor**

175. Fachada occidental

176–177. Capiteles adornados con motivos florales

**Iglesia parroquial
de Santiago Apóstol**

Diócesis de Győr

**179–180. El pórtico sur,
con detalle de los capiteles
a la izquierda**

**178. Ábside de la iglesia,
con la fachada norte y las torres**

Iglesia parroquial
de la Virgen María
Reina y San Gotardo

Diócesis de Győr

181. Crucifijo e iglesia parroquial

182. Altares laterales alzados en honor
de la Santa Cruz y del rey San Esteban

183. Presbiterio con el altar mayor dedicado
a San Gotardo y el púlpito

Mausoleo Széchenyi

Diócesis de Győr

**184. Fachada principal del mausoleo
(József Ringer, 1806–1810)**

**185. Tumba del conde István Széchenyi
y de su mujer, Crescence Seilern**

186. Altar de la capilla

187. Órgano barroco de la capilla

Iglesia parroquial de San Esteban Rey

Diócesis de Győr

188. Iglesia parroquial de San Esteban Rey (Miklós Ybl, 1860–1864) vista desde el cementerio

189. Escudo de los Széchenyi sobre el portal principal

190. Nave principal con el altar mayor y el púlpito

Abadía de los Benedictinos

Dedicada a San Martín Obispo

191. Nave principal con el presbiterio elevado y con la escalinata que lleva a la cripta

192. Fachada oeste de la Abadía

193. Bóveda del presbiterio

194. Bóveda del gótico tardío

195. Ménsula del claustro (1487)

196. Detalle del claustro

197. Tumba del abad Sigfrido (muerto en 1365)

198. Cripta de tres naves

199. Fuente de mármol rojo (siglo XII)

200. Puerta decorada, realizada durante la renovación de la época de Storno

201. Dos capiteles de la Porta speciosa y una ménsula del claustro

202. Clave de bóveda en la cripta

203. Porta speciosa que lleva del claustro a la iglesia; el cuadro de la sobrepuerta, obra de Ferenc Storno, representa a San Martín

Iglesia parroquial de San Jorge

**204. Interior de la iglesia con púlpito (1693) y altar mayor erigido
a mediados del siglo XVIII**

205. Fachada de estilo barroco temprano

206. Bajorrelieve: San Jorge con el Dragón (primer cuarto del siglo XV) en la fachada principal

207. Detalle de la bóveda gótica; las capillas laterales y la galería construidas hacia 1680. La ornamentación de estuco es de fines del siglo XVII y comienzos del XVIII ▷

208. Fragmentos góticos debajo de las molduras barrocas de estuco

Iglesia de la Asunción

**209. Fachada septentrional de la iglesia franciscana que mira hacia Fő tér
(Plaza Mayor)**

210. Parte superior de la columna de la Santísima Trinidad erigida en 1701

211. Púlpito dedicado a San Juan de Capistrano (primera mitad del siglo XV) y sepulcro de Antal Széchényi de 1770

212. Pilastra con una ménsula gótica que sostiene una estatua

213. Presbiterio gótico con altar mayor, erigido alrededor de 1750 y púlpito procedente de 1754

214. Una de las ménsulas figurativas que sostienen la bóveda gótica

215. Capillas de la sala capitular

216. Tercera capilla de la sala capitular a (fines del siglo XIV y comienzos del XV)

Iglesia
de la Inmaculada
Concepción

Diócesis de Győr

217. Fachada principal neogótica romantizante de la iglesia ursulina (Nándor Handler, 1862)

218. Presbiterio de la iglesia con altar mayor y púlpito

Iglesia parroquial del Espíritu Santo

Diócesis de Győr

219. Fachada principal en estilo gótico de la iglesia parroquial

220. Estatua de la Virgen con el Manto que adorna el tabernáculo del altar mayor

221. Interior de la iglesia con el altar mayor construido hacia 1750

Iglesia parroquial de San Miguel

Diócesis de Győr

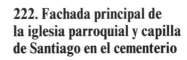

222. Fachada principal de la iglesia parroquial y capilla de Santiago en el cementerio

223. Ménsula que reúne el costillar de la bóveda

224. Nave principal de la iglesia parroquial hacia el presbiterio

**225. Sillar de clave gótico,
en forma de escudo**

**226. Crucifijo y tabernáculo
gótico en la nave lateral**

**227. Presbiterio gótico con
nichos y altar neogótico
diseñado por Ferenc Storno**

Iglesia
de San Juan
Bautista

Diócesis de Győr

228. Estatuilla de San Juan en la fachada septentrional de la iglesia (fines del siglo XV)

229. Iglesia de San Juan Bautista vista desde el presbiterio

230. Bóveda gótica del presbiterio, pintada por Ferenc Storno junior en 1890

Iglesia parroquial de San Pedro y San Pablo

Diócesis de Győr

231. Detalle de la portada: columnas y arcos de la izquierda

232. Portada románica de la iglesia parroquial (primera mitad del siglo XIII). Tímpano con los ángeles en posición de adoración

Iglesia parroquial
de la Santa Cruz

Diócesis de Győr

233–234. Presbiterio y fachada principal de la iglesia, proyectados por Franz Anton Pilgram y Jakab Fellner, entre 1751 y 1786

235. Baldaquino del púlpito mármol

236. El púlpito, el altar mayor y la pintura de Hubert Maurer: Despedida de San Pedro y San Pablo

Catedral

Dedicada a San Pedro y San Pablo

**237. Detalle del techo de la nave principal:
los apóstoles sentados en el trono, acompañados
por varios santos (Karl Andreä, 1884–1888)**

**238. Detalle de la fachada meridional. Tímpano
de la portada: Adoración de los santos húngaros
(György Kiss, 1885)**

239. Fachada meridional de la catedral y estatua del obispo barón Ignác Szepesy (1828–1838)

240. Detalle de la fachada meridional. Las estatuas de los apóstoles son obra de Károly Antal

241. Catedral y muro medieval, vistos desde el Noroeste

242. Baldaquino del altar, visto desde la nave principal

243. Sofito del baldaquino del altar

**244. Sepulcro de alabastro, detalle:
Adán y Eva**

**245. Sepulcro de alabastro de la capilla
de la Virgen (escuela de Cornelius Floris,
siglo XVI)** ▷

**246. Sepulcro de alabastro, detalle:
Cristo resucitado** ▽

**247. Estatuas del altar de San Sebastián
de la capilla de la Virgen (Antonio Giuseppe
Sartori, 1781)** ▽
▽

248. Capilla del Corpus Cristi. Tabernáculo del obispo György Szathmári (comienzos del siglo XVI)

249. Tabernáculo renacentista con el escudo del obispo György Szathmári

250. Ángeles del tabernáculo

Iglesia de San Emerico

Diócesis de Pécs

251. Fachada principal de la iglesia con el campanario (construidos en 1937 según los proyectos de Károly Weichinger)

252. Nave principal de la iglesia. Altar mayor, obra de Béla Ohmann

Iglesia
de San José

Diócesis de Pécs

254. Ábside: ornamentación de ladrillo esculpido, de la época románica (segunda mitad del siglo XIII)

253. Fachada meridional de la iglesia vista desde el presbiterio

255. Apóstol Simón. Fragmento de un fresco del siglo XIV

256. Interior de la iglesia con púlpito del siglo XVIII y presbiterio de la época de los Árpád

Iglesia
de San Juan Bautista

Diócesis de Győr

**257. Fachada meridional de la iglesia
(principios del siglo XIII)**

**258. Fresco representando a San Jorge
de 1335**

**259. La Virgen en el trono con el Niño Jesús
(alrededor de 1330)**

**260. Nave y muro
septentrional
del arco de triunfo
con pinturas murales
de los años en torno
a 1330**

Iglesia Votiva
Conmemorativa
de la Asunción

Diócesis de Pécs

261. Espacio central de la iglesia cubierto por una cúpula

262. La iglesia votiva construida entre 1929 y 1942 según los proyectos de Bertalan Árkay

Iglesia del Espíritu Santo

Diócesis de Pécs

263. Agujas de las torres

264. Portal

265. Estructura del techo con el portal

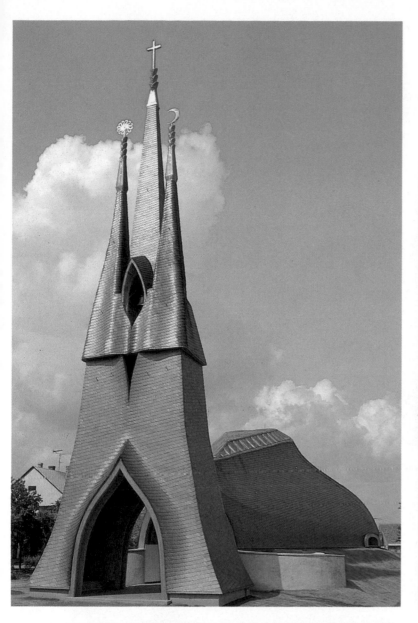

266. Torre con tres agujas e iglesia adyacente (proyecto de Imre Makovecz, fue consagrada en 1989)

267. La iglesia y la torre

268. El altar

269. Interior visto desde el altar

Capilla
de San Ladislao

Diócesis de Pécs

270. Capilla construida en 1797

271. Interior de la capilla con el púlpito, el retablo que representa la adoración de San Ladislao y la silla episcopal

272. Capilla vista desde la colina del cementerio

Iglesia parroquial de la Visitación

273. Santuario con el monte Tenkes al fondo

**Iglesia parroquial
de la Visitación**

Diócesis de Pécs

**274. Fachada principal de la iglesia
reconstruida entre 1738 y 1742**

**275. Estatua sagrada esculpida en las
primeras décadas del siglo XVIII, copia
de una composición medieval de la Virgen
con el Niño**

**276. Interior de la iglesia con el altar mayor
situado en un presbiterio alargado y con los
altares dedicados a santos franciscanos**

Iglesia parroquial
de San Roque

Diócesis de Pécs

278. Ornamentación de estalactitas de 1566 (época de la ocupación turca)

277. Interior de la iglesia con el retablo mayor, los restos arquitectónicos procedentes de la época turca y un detalle del fresco barroco de la bóveda

279. Detalles arquitectónicos del djami del sultán Solimán en la fachada sur oriental de la iglesia parroquial

280. Fachada principal de la iglesia, con la torre barroca

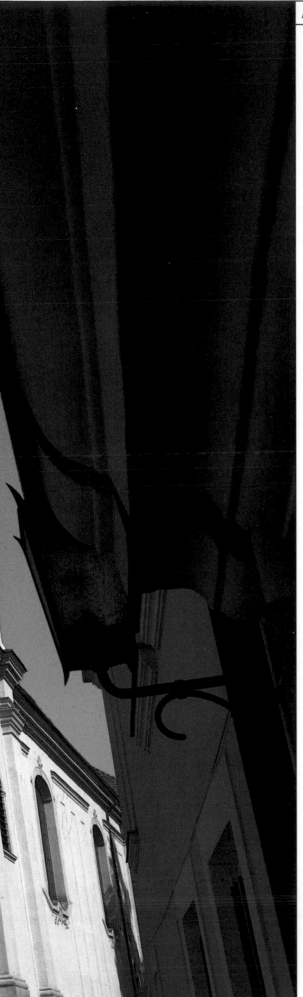

Catedral

Dedicada a San Esteban Rey

281–282. Fachada principal y torres de la catedral

283. Frontón del altar mayor

284. Coro del órgano con un fresco que representa a Santa Cecilia (Ede Heinrich, 1866)

285. Altar mayor diseñado por Franz Anton Hillebrandt (1772–1775) con el retablo pintado por Vinzenz Fischer (1775) en el que el Rey San Esteban ofrece Hungría a la Virgen María. Las esculturas y los bajorrelieves del altar son obras de Martin Karl Kellner

Iglesia de San Emerico

286. Bóveda de la nave

288. Púlpito y altar mayor, construido gracias a una donación de Ferenc Esterházy (1745)

287. Frontón del segundo altar lateral a la derecha con la estatua de San Jorge matando al Dragón

Iglesia de la Virgen
del Monte Carmelo

Diócesis de Székesfehérvár

**289. Retablo
del altar de San
Juan Nepomuceno**

**290. Altar de San
Juan Nepomuceno,
altar mayor
y púlpito**

291. Altar lateral dedicado a San Alberto

292. Altar lateral dedicado a Santa Ana

293. Parte superior del altar mayor

Capilla de Santa Ana

Diócesis de Székesfehérvár

**294. Rosetón
sobre la entrada**

**295. Fachada
oeste y sur
de la capilla gótica**

Iglesia parroquial de la Asunción

**296. Presbiterio de la iglesia parroquial con el púlpito
y el altar ateral de San Juan Nepomuceno**

297. Fachada principal de la iglesia construida de 1762 a 1767

298. Detalle del púlpito y la ventana del oratorio en el presbiterio

299. Angeles en el baldaquín del púlpito

Iglesia
de Santa Isabel
de Hungría

Diócesis de Székesfehérvár

300–301. La iglesia se construyó de 1976 a 1982 según los planes de György Csete. Los textiles son obra de Ildikó Csete

Mausoleo
Ürményi

Diócesis de Székesfehérvár

**302. Mausoleo de la familia
Ürményi de estilo neoclásico**

Catedral

Dedicada a la Visitación

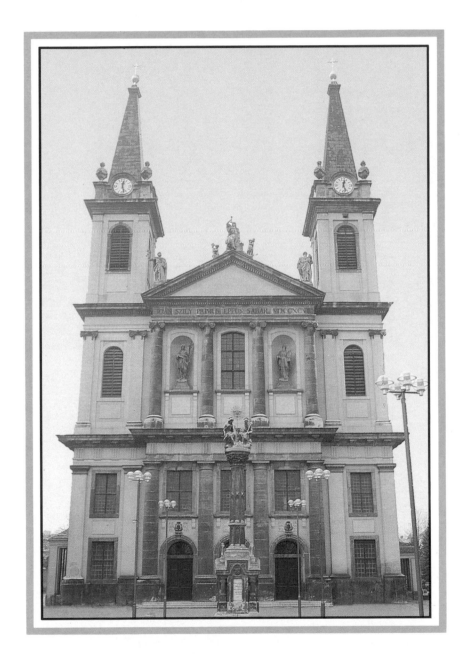

303. Parte de la izquierda (meridional) de la nave del crucero con el púlpito y con el retablo pintado por Franz Anton Maulbertsch, que representa el martirio de San Quirino

304. Fachada principal de la catedral

307. Capilla de la Virgen con frescos pintados por József Winterhalder

305. Púlpito proyectado por Menyhért Hefele, erigido en 1807

306. Capiteles de los pilares del interior de la iglesia

308. Parte superior del confesionario en estilo imperio, diseño de Menyhért Hefele

Iglesia de San Miguel

Diócesis de Szombathely

309. Cruz popular cerca de la iglesia

**310. La iglesia de San Miguel
vista del Sureste**

Iglesia de San Miguel

**311. Fachada meridional de la iglesia
de San Miguel**

312. Detalle del exterior del ábside

313. El portal sur

314. Interior de la iglesia

315. Presbiterio con el retablo que representa a la Sagrada Familia

Iglesia parroquial de Santa Catalina

316. Interior de la iglesia hacia el altar mayor

317. Fachada principal con escultura que representa a la Sagrada Familia

318. Grupo escultórico *La Sagrada Familia*

319. Parte superior del portal con los escudos de las familias Egervári y Széchényi

320. Lápida sepulcral de László Egervári de 1515

321. Fachada meridional de la iglesia con la aguja de la torre que se yergue al lado del ábside

**Iglesia parroquial
de Santa Catalina**
*Diócesis
de Szombathely*

322. Altar mayor

**323. Estatua de San
Roque en el altar
mayor**

**324. Puerta
del tabernáculo
del altar mayor**

Iglesia parroquial de San Jorge

**325. Fachada occidental y sur de la iglesia
parroquial**

326. Portal occidental

327. Lado izquierdo del pórtico

328. Figura de Cristo, San Pedro y San Pablo sobre el portal

329. Ábside con la fachada y la torre del norte

330. Ábside del norte (detalle)

331. Ventana del ábside principal (detalle)

332. Capilla de Santiago

333. Espacio debajo de la torre sur, fresco representando
a los fundadores

334. Espacio debajo de la torre norte, visto desde la nave principal

335. Nave central

336. Estatua de la Virgen, gótico tardío (finales del siglo XV)

337. Santa Ana con la Virgen y con el Niño Jesús (tabla del siglo XVIII)

Iglesia de Santiago Apóstol

**338. Altar mayor (del año 1693) con la estatua de la Virgen, en estilo gótico tardío
y con las figuras de San Pedro y San Pablo**

339. Fresco del siglo XV, representa a la Virgen con el Manto (detalle)

341. Vista de la Iglesia de Santiago y de San Emerico

342. Capilla de San Francisco Javier (1700) a la que se llega desde el presbiterio

340. Lápida funeraria de los hijos de Jurisics (muertos en 1538)

Iglesia parroquial del Corazón de Jesús

Diócesis de Szombathely

343. Fachada principal de la iglesia parroquial

Iglesia del Calvario de la Santa Cruz y estaciones

Diócesis de Szombathely

344. Capilla de la Santa Cruz con la cruz de Calvario

345. Las mujeres de Jerusalén lloran a Cristo (estación)

Iglesia parroquial de San Pedro Apóstol

346. Fachada sur de la iglesia con el ábside

347. Ventana románica con un fragmento de la cornisa

348. Portal meridional

349. Arcos de la derecha del portal sur

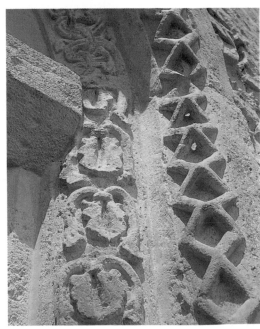

Capilla
de San Miguel

Diócesis de Szombathely

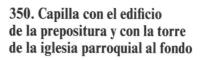

350. Capilla con el edificio
de la prepositura y con la torre
de la iglesia parroquial al fondo

351. Vista de la capilla
del siglo XIII

Iglesia parroquial de la Asunción

352. Interior de la iglesia con el coro del órgano y con la bóveda. El fresco representa la batalla de Szentgotthárd (István Dorffmeister, 1784)

353. Sarcófago que contiene los huesos del mártir San Inocencio, colocado debajo del púlpito

354. Fresco de la bóveda que representa la batalla de Szentgotthárd

355. Altar mayor con el púlpito y con el altar del Corazón de Jesús

Iglesia parroquial de la Asunción

Diócesis de Szombathely

356. Parte central de la fachada principal, con los escudos de las abadías de Heiligenkreuz y Szentgotthárd

357. Estatua de San Bernardo en la fachada principal

358. Ventana debajo del tímpano de la fachada principal

359. Fachada principal de la iglesia parroquial y el antiguo monasterio

Iglesia de la Asunción

Diócesis de Szombathely

360. Estatuilla del Cristo crucificado en la puerta del tabernáculo

361. Parte superior del altar con la figura del Padre Eterno

362. Altar que representa la Asunción

Iglesia de la Santísima Trinidad

**363. Interior de la iglesia con el prebisterio
y el arco de triunfo**

364. Máscara en la fachada meridional

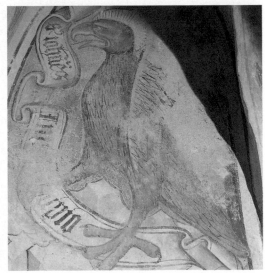

365. Pared oriental del presbiterio poligonal con los símbolos de los evangelistas y con la Anunciación

366. Fachada meridional de la iglesia y el presbiterio

367. Símbolo del evangelista Juan

**368. San Ladislao, San Nicolás
y el Calvario**

**369. Detalle de la Adoración
de los Reyes Magos**

**370. Santa Ana con la Virgen
y el Niño (Mettercia)**

**371. Figura de la Virgen: detalle
de la Anunciación**

Iglesia parroquial de Santa María Magdalena

Diócesis de Szombathely

372. Fachada oriental y meridional de la iglesia parroquial (construida entre 1750 y 1760)

373. Figura del Cristo resucitado en la sillería (detalle)

374. Interior de la iglesia mirando hacia el presbiterio (los frescos son obras de Johann Ignaz Cimbal, antes de 1769)

Catedral

**Dedicada a la Asunción de la Virgen
y al Arcángel San Miguel**

**375. Interior de la catedral visto desde el presbiterio,
hacia el coro del órgano**

376. Fachada principal de la catedral

377. Detalle del presbiterio

378. Barandilla renacentista

379. Fresco de Franz Anton Maulbertsch en la bóveda, que representa el triunfo de la Santísima Trinidad (1771–1772)

380. Retablo mayor pintado por Franz Anton Maulbertsch, que representa la Visitación

Iglesia
de San Esteban Rey

Diócesis de Vác

381. Altar mayor situado delante de la pared septentrional de la nave medieval, ornado con la pintura *San Esteban ofrece la corona a la Virgen*

382. Fachada septentrional y la torre de la iglesia vistas desde la aldea

Iglesia parroquial de la Inmaculada Concepción

**383. Nave principal con el presbiterio elevado
y el altar mayor**

384. Capitel del pórtico

385. La iglesia parroquial vista desde el ábside

386. El ángel de la Resurreción en la cripta de los Károlyi (esculpido por Pietro Tenerani en 1858)

387. Cristo con los evangelistas en el fresco de la semicúpula que cierra el ábside (Karl Blaas, 1853)

388. El altar mayor con el cuadro de La Inmaculada, obra de Karl Blaas (las estatuas son de Hans Gasser, 1849) ▷

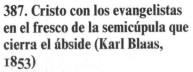

Iglesia parroquial de la Asunción

**389. El altar mayor de estilo
barroco, reconstruido en 1910**

Iglesia parroquial de la Asunción

390. Fachada principal de la iglesia

391. Puerta que conduce a la cripta, con el escudo de Antal Grassalkovich

392–393. Sarcófagos de Antal Grassalkovich y de su mujer Terézia Klobusiczky (Johann Georg Dorfmeister, 1772)

Iglesia parroquial de la Ascensión de Nuestro Señor

**394. Interior de la iglesia parroquial con el púlpito del gótico tardío, y el altar mayor
con el cuadro de József Falconer (1793) titulado Ascensión del Señor**

395. Fachada principal de la iglesia parroquial (construida entre 1774–1806), según diseño de Gáspár Oswald)

396. Fresco: San Esteben ofrece la corona a la Virgen

397. Cuadro del altar lateral: San Esteban ofrece la corona a la Virgen (József Falconer, 1791)

Iglesia
de San Nicolás

Diócesis de Vác

398. La torre de origen medieval y la nave barroca de la iglesia franciscana

399. Conjunto del Calvario junto al muro lateral de la iglesia

Iglesia parroquial de la Santísima Trinidad

Diócesis de Vác

400. Altar de la Natividad llamado también de los Pastores

401. Interior de la iglesia con el púlpito y los altares laterales

Iglesia parroquial de la Santísima Trinidad
Diócesis de Vác

402. Balcón para las bendiciones sobre el portal

403. Soporte del balcón

404. Fachada principal de la iglesia escolapia construida alrededor de 1766 por András Mayerhoffer

Iglesia parroquial de la Natividad de María

Diócesis de Vác

405. Fachada occidental y meridional de la iglesia parroquial construida a finales del siglo XIV

406. Interior de la iglesia

407. El Bautismo de Cristo (fresco del siglo XV)

408. Calvario y fresco de María con el Manto del siglo XV sobre el muro septentrional del ábside

Iglesia parroquial
de la Asunción

Diócesis de Vác

409. Interior de la iglesia con los frescos
que decoran la pared septentrional
y con el presbiterio

410. Fachada oeste
y sur de la iglesia
parroquial

411. Detalle de la serie de frescos procedente de finales del siglo XIV, que representa la lucha de San Ladislao con el combatiente cumano

412. Ventana oriental del presbiterio con las figuras de Santa Ursula y Santa Bárbara

413. Tabernáculo renacentista de comienzos de los años 1500

Catedral

Dedicada al Arcángel San Miguel

414. Bóveda gótica del presbiterio (hacia 1390) y vitrales modernos de Lili Sztehló-Árkay

415. Fachada meridional de la catedral con la columna de la Santísima Trinidad (1750)

**416. Capitel esculpido según el modelo
de un capitel medieval**

**417. Nave principal
de la catedral con el
presbiterio elevado**

**418. Arcos de la
cripta (hacia 1390)**

**419. Sepulcro del
obispo Márton
Padányi Bíró
(fallecido en 1765)**

Iglesia parroquial
de la Asunción

Diócesis de Veszprém

420. Abside gótico de la iglesia parroquial, nave y torre barrocas, vistos del Sureste

421. Presbiterio gótico de la iglesia con el altar mayor barroco

422. Estatua sagrada de la Virgen en el altar mayor (detalle; la estatua y las dos figuras secundarias se remontan a 1510)

Iglesia parroquial de San Ignacio de Loyola

423. Interior de la iglesia con el altar mayor y los frescos de Xavér Ferenc Bucher, pintados hacia 1778

424. Fachada principal de la iglesia, en el fondo el antiguo convento

425. Capilla del Santo Sepulcro, construida en 1748 ▷

426. La figura de Gáspár Buffleur en el oratorio pintado en la pared de la nave

427. Los "planos" originales de la iglesia y del convento representados en el arco triunfal

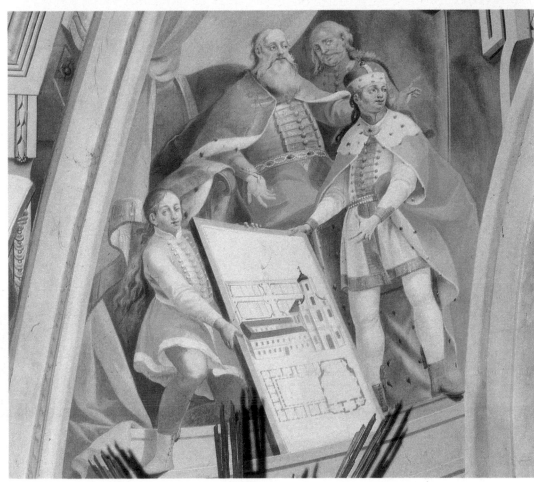

Iglesia de la Santa Cruz

428. Nave y presbiterio de la iglesia con el altar mayor hecho en 1749

429. Cruces en la albardilla de la torre

431. La iglesia construida en el siglo XIV

432–433. Angeles en el altar mayor

430. Presbiterio con el tabernáculo gótico y el altar mayor

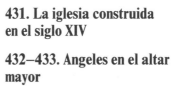

Iglesia parroquial de Santa María Magdalena Penitente

Diócesis de Veszprém

434. Fachada occidental de la iglesia parroquial

435. Portada principal y muro de la nave sur

436. Ventana de la torre

437. Tímpano de la portada occidental con obispos dando bendición y con los donantes

438. Figuras humanas y de animales grotescas sobre los capiteles de la portada principal

439. Galería con el órgano que data de 1745

440. Nave central con el púlpito y el altar mayor de Santa María Magdalena

441. Figuras de los evangelistas San Marcos y San Mateo en la balaustrada del púlpito

Iglesia parroquial de la Santa Cruz y Mausoleo Esterházy

442. Espacio central del mausoleo Esterházy construido según los planos de Charles Moreau entre 1813 y 1818

Iglesia de Santa Ana

**448–449. Rotonda románica vista desde
el Este y Oeste, con el ábside**

Iglesia parroquial de la Patrona de Hungría

450. Presbiterio gótico de la iglesia parroquial medieval, con el altar neogótico

451. Torre neogótica de la iglesia parroquial, nave y presbiterio medieval

452. Retratos en una de las jambas de una ventana gótica (finales del siglo XIV)

453. Santa Dorotea y Santa Catalina (finales del siglo XIV)

454. Entrada en Jerusalén (finales del siglo XIV)

Iglesia parroquial de San Ladislao y Calvario

Diócesis de Veszprém

456. Escena de la coronación con la corona de espinas

455. Vía Crucis construida hacia a 1770 y Capilla del Calvario erigida alrededor de 1910

457. Vía Crucis

458. Crucifixión

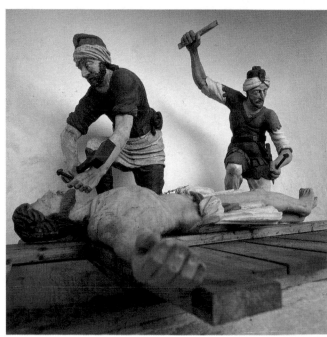

459. Iglesia de San Ladislao, construida por la abadía cisterciense de Zirc, entre 1761–1773, vista desde la colina del Calvario

460. Presbiterio de la iglesia parroquial; en el altar mayor entre San Esteban y San Emerico el retablo con San Ladislao quien hizo brotar agua de la roca (M. Raub, 1779)

Iglesia de San Esteban Rey

461. Interior gótico, altares laterales de la Sagrada Familia, el Calvario, y el altar mayor de San Esteban
(obras hechas por encargo de János Zichy alrededor de 1740)

462. Cabezas de mujer y hombre (János Zichy y su mujer?) en la clave del arquitrabe del portal barroco (de 1740)

463. Fachada principal de la iglesia construida en el sitio de una iglesia medieval. La actual es de 1481 y fue reconstruida en 1740

464. Parte superior del escudo de los Zichy con la Santísima Trinidad sobre el altar mayor ▷

465. Sepulcro sobre el altar del Calvario

Iglesia parroquial de San Esteban Mártir

466. Altar mayor, con el retablo que representa la lapidación del mártir San Esteban (cuadro por Hubert Maurer, estructura del altar según diseño de Philip Jacob Prokop, construido alrededor de 1785)

467–468. Fachada principal de la iglesia parroquial (construida según planos de Jakab Fellner, entre 1772–1795)

469. Interior de la iglesia visto desde la entrada (los frescos son obra de Franz Anton Maulbertsch, los altares y el púlpito son de Philip Jacob Prokop, obras hechas entre 1781–1795)

Iglesia de la Asunción

**470. Copia de la Virgen de Częstochowa
en el altar mayor (1785)**

**470. Copia de la Virgen de Częstochowa
en el altar mayor (1785)**

**471. Parte central de la iglesia
con los altares laterales
de la Virgen del Rosario
y de San Pablo Ermitaño
(1748); púlpito y cuadro sobre
el Calvario y el altar mayor**

**472. Parte lateral de la sillería,
con escenas de la vida
de San Pablo Ermitaño**

473. Fachada principal de la iglesia de los benedictinos (construida por encargo del canónigo de Veszprém, István Dubniczay, entre 1737–1742)

474. Órgano de la iglesia (alrededor de 1748)

475. Púlpito con el altar lateral de San Pablo Ermitaño (mitad del siglo XVII)

Iglesia parroquial de la Ascensión de Nuestro Señor

**476. Presbiterio con el fresco de Franz Anton Maulbertsch
que representa la ascensión de Cristo**

**477. Predicación
de San Pedro
(retablo de un altar
lateral, pintado
por Franz Anton
Maulbertsch,
1757–1758)**

**478. Adoración
de los Reyes Magos
(retablo de un altar
lateral, pintado
por Franz Anton
Maulbertsch,
1757–1758)**

**479. Gólgota
(retablo de un altar
lateral, pintado
por Franz Anton
Maulbertsch,
1757–1758)**

Santuario de María, Patrona de los Enfermos

480. Altar mayor
(obra de Franz Richter, erigida en 1743 por encargo del obispo Ádám Acsády)

481. Figura de obispo en el altar mayor

482. Altares laterales y púlpito erigidos a mediados del siglo XVIII, en la pared septentrional del Santuario

483. Estatua de la Virgen Dolorosa (1653)

Iglesia de la Abadía benedictina de San Aniano

484. Iglesia de la Abadía vista desde el lago Balatón

485. Cripta del siglo XI con la lápida sepulcral del fundador

486. Órgano de 1756

487. Figura de izquierda del altar mayor: San Benito (1756)

488. Ángeles músicos en el coro del órgano

TIHANY 195
**Iglesia de la Abadía
benedictina de San Aniano**
Diócesis de Veszprém

489. Interior de la iglesia con el altar mayor y el púlpito (los muebles de la iglesia fueron tallados por Sebestyén Stuhlhoff y sus ayudantes entre 1753 y 1779. Los frescos fueron pintados por Károly Lotz, Bertalan Székely y Lajos Deák Ébner en 1889. El retablo mayor representa al obispo San Aniano, es obra de János Novák de 1822)

490. Detalle del púlpito: el Papa Gregorio I (San Gregorio Magno) y San Jerónimo (1759)

491. Altar de la Virgen
con la imagen venerada, copia
de la estatua del santuario
de Mariazell

492. Retablo con San Benito
(József Stern, 1759)

493. Retablo con Santa
Escolástica (József Stern, 1759)

494. Armario de la sacristía (obra de Sebestyén Stuhlhoff, después de 1762) y detalle del fresco de la bóveda: Crucifixión (Ambrus Dornetti, después de 1762)

495. Pila de la sacristía (Sebestyén Stuhlhoff, después de 1762)

496. Detalle del altar del Corazón de Jesús (1765)

Iglesia parroquial de la Anunciación

497. Fachada occidental de la iglesia parroquial
(construida alrededor de 1230)

498. Una de las ménsulas en que se apoyan los arcos y pilares

499. Nave principal de la iglesia mirando hacia el coro del órgano

500. Nave principal mirando hacia el presbiterio

Iglesia parroquial de la Asunción

Diócesis de Veszprém

501. Haz de pilares del siglo XIII de la iglesia abacial medieval, con una estatua de San Emerico realizada alrededor de 1750

502. Parte central de la fachada principal con la estatua de la Santísima Virgen y con los escudos unidos de las abadías de Heinrichau y Zirc

503. Fachada principal de la iglesia abacial con el monasterio

504. Figura rezando, en el baldaquino del púlpito

505. Interior de la iglesia con el altar mayor (el retablo fue pintado por Franz Anton Maulbertsch en 1754; el altar fue construido en la ciudad de Pápa en la misma época)

506. Retablo mayor con la Asunción, acompañado por las estatuas de San Benito, San Bernardo, San Juan Bautista y San José

ARQUIDIOCESIS DE KALOCSA

Arquidiócesis de Kalocsa

Diócesis de Szeged

Basílica

Dedicada a la Asunción

**507. Parte superior del altar mayor
con baldaquino**

**508. Retablo que presenta la Asunción (1857)
en el altar mayor (diseño de Ernő Foerk
y Leopold Kupelwieser)**

509. Fachada principal de la Basílica

510. Entrada principal con el "balcón de los músicos"

511. Detalle de la torre meridional con el escudo arzobispal

512. Galería del órgano

513. Nave con las estatuas de San Esteban y San Ladislao (Andreas Halbig, 1851–1866) y el presbiterio ▷

514. Alegoría representada sobre el presbiterio (1768–1770)

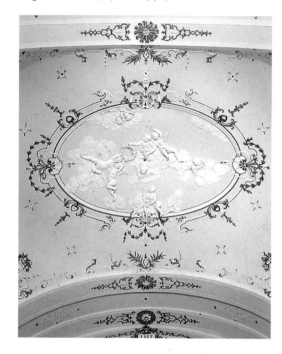

515. Púlpito con las estatuas de los evangelistas (1752) **y los vitrales que son obra de Imre Zsellér** (1912)

516. Los sitiales de los canónigos

517. Altar de San Juan Nepomuceno (1853–1869)

Iglesia de San José

Arquidiócesis de Kalocsa

518. Altar mayor con la representación de la apoteosis de San José (Leopold Kupelwieser, 1859)

519. El símbolo de San Juan Evangelista

520. Tabernáculo del altar mayor con relieves que representan la Anunciación y la Natividad de Jesús

Iglesia parroquial de San Pedro y San Pablo

Arquidiócesis de Kalocsa

521. Relieve en el púlpito estilo imperio: *El milagroso brote del agua*

522. Presbiterio de la iglesia parroquial con el altar mayor, el retablo que representa la despedida de San Pedro y San Pablo, y el púlpito

523. Epitafio en estilo imperio de György Polimberger (Jakob Schroth, Viena, 1821)

Iglesia parroquial de San Antonio de Padua

524. Altar del Calvario

Iglesia parroquial de San Antonio de Padua

Arquidiócesis de Kalocsa

525. Mobiliario rococó de la sacristía (1761)

526. Fachada principal de la iglesia parroquial (construida desde 1728) con las estatuas de San José. San Antonio de Padua y la Virgen

527. Interior de la iglesia hacia el presbiterio

Capilla del Calvario, grupo de esculturas y estaciones del Via Crucis

528. Cristo crucificado

529. Capilla neoclásica con grupo de esculturas: las estatuas de María Magdalena, la Virgen y San Juan provienen de 1795, las cruces son del siglo XIX

Catedral

Dedicada a la Patrona de Hungría

530. Parte central de la fachada principal: sobre la cornisa divisoria se encuentran los doce apóstoles; sobre la portada principal, la Patrona de Hungría y al lado de las puertas laterales, las estatuas de San Esteban y San Ladislao (las estatuas son obras de István Tóth e István Dávid)

531. Torres de la fachada principal y torre medieval de San Demetrio

532. Grupo escultórico de la Santísima Trinidad, cerca de la fachada principal (Miklós Köllő, 1896)

533. Altar de San Gerardo en la nave del crucero. En el centro se encuentran las estatuas del obispo San Gerardo con su discípulo San Emerico y en ambos lados los padres de este último, el Rey San Esteban y la Reina Gisella (obras de Lajos Krasznai)

534. Mosaicos de la fachada principal: los apóstoles Simón, Santiago el Mayor y Santiago el Menor (obras de Ferenc Márton)

535. Presbiterio principal: en la media bóveda un mosaico de la Santísima Trinidad y por debajo, el altar mayor con un cimborio de mármol

536. San Jorge matando al dragón acompañado por ángeles músicos en la balaustrada del coro

Iglesia parroquial de la Virgen de las Nieves

537. Interior de la iglesia mirando hacia el altar mayor, con el púlpito y los altares laterales de San Francisco y San Antonio

538. Altar mayor dedicado a la Virgen María (Antal Gráf, 1713)

539. Estatua de San Jerónimo en el altar de San Antonio (József Aisenhut, hacia 1770)

540. Altar de la Virgen Negra (alrededor de 1740)

Iglesia parroquial de la Virgen de las Nieves
Diócesis de Szeged

**541. Altar de la Virgen Dolorosa
(József Aisenhut, 1775)**

**542. Estatua de la Piedad en el altar
de la Virgen Dolorosa (antes de 1739)**

**543. Presbiterio
y fachada
meridional
de la iglesia**

**544. La sacristía
(antes, sala
capitular) con
muebles hechos
a mediados del siglo
XVIII. Los cuadros
son obras de
Zsigmond Falusi,
de 1764)**

Iglesia parroquial
de San Nicolás

Diócesis de Szeged

545. Calvario (finales del siglo XVIII) con el monasterio y la iglesia (construidos entre 1747 y 1767)

546. Retablo mayor: el obispo San Nicolás

547. Interior de la iglesia con el altar mayor hecho por el escultor de Buda, Ferenc Zahnt en 1806. La sillería fue tallada en el taller de los franciscanos

Iglesia parroquial de Santa Ana

Diócesis de Szeged

548. Escudo del arzobispo Imre Csáky sobre la entrada principal (1732)

549. Fachada principial de la iglesia

550. Retablo del altar mayor representando a Santa Ana, Joaquín y la Niña María la Virgen (Carl Rahn, 1834)

551. Altar de San José de Calasanz ornado con las estatuas de József Hartmann (1751)

552. Interior de la iglesia con el altar mayor y el púlpito

553. Lámpara neobarroca

554. El púlpito

Iglesia parroquial de la Virgen de los Juncales

555. Interior de la iglesia, con el altar mayor, donde se ve la representación de la Asunción
(1778, proyectado por Franz Anton Hillebrandt hacia 1776)

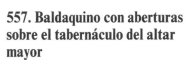
557. Baldaquino con aberturas sobre el tabernáculo del altar mayor

558. Monumento sepulcral de Ferenc Harruckern con el altar lateral de Santa Ana (el monumento Martin Schmidt, 1777)

556. Altar lateral con retablo, con la figura de San Jorge

Iglesia parroquial de la Asunción

**559. Lóbulos del espacio central decorados
con frescos del siglo XVIII**

560. Frescos del siglo XIV sobre el altar,
que representan a Santa Eduvigis,
Santa Margarita de Antioquía y Santa Ana

561. Fresco del siglo XVIII que representa
a un ermitaño

562. En el primer plano la rotonda,
al fondo la iglesia parroquial, del año 1910

ARQUIDIOCESIS DE EGER

Basílica

**Dedicada a la Inmaculada Concepción,
San Miguel Arcángel y San Juan Apóstol**

563. Nave central de la catedral hacia el altar mayor

**564. Altar mayor diseñado por Virgil Nagy (1904) y retablo principal
pintado por Josef Danhauser representando el martirio de San Juan en la
caldera de aceite (1834–1835)**

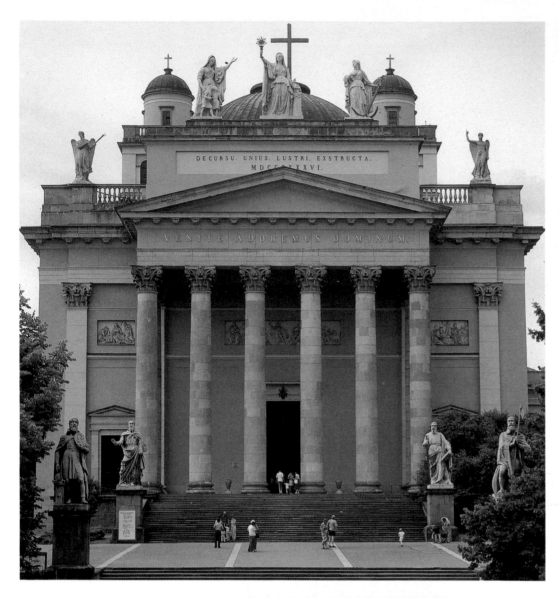

565. Fachada principal de la basílica; en primer plano las estatuas de los Santos Reyes Esteban y Ladislao, más atrás las estatuas de los Santos Apóstoles Pedro y Pablo

566. El Apóstol Pablo (Marco Casagrande, alrededor de 1838)

567. Parte superior del pórtico con columnas y tímpano, que orna la fachada principal

568. Pilastra y columna que sostienen el arco toral de la cúpula (detalle)

569. Cuadro titulado *Victoria de San Miguel sobre Lucifer* en el altar de San Miguel, obra de Michelangelo Grigoletti (1838)

570. Capilla de la Virgen: copia del cuadro milagroso de la Virgen de Máriapócs (Péter Imrelszky, 1699)

571. Arcos, portadores de la cúpula, y pechinas con las figuras de los Evangelistas Marcos y Lucas

Iglesia parroquial de San Francisco de Borja

**572. Altar mayor representando la plegaria de San Francisco de Borja
con las figuras de Melquisedec y Aarón (Johann Anton Krauss)**

573. Altar de San Ignacio de Loyola (1742–1744). El cuadro que representa el milagro de San Ignacio fue pintado por József Michael

574. Altar de San Luis (1742–1744). El cuadro que representa la apotcosis de San Luis fue pintado por József Michael

575. Altar de la Virgen (1742–1744). El cuadro del altar es copia de la imagen sagrada de la Asunción de Passau

Iglesia parroquial de San Antonio de Padua

576. Fachada principal de la iglesia de los frailes menores vista desde el castillo

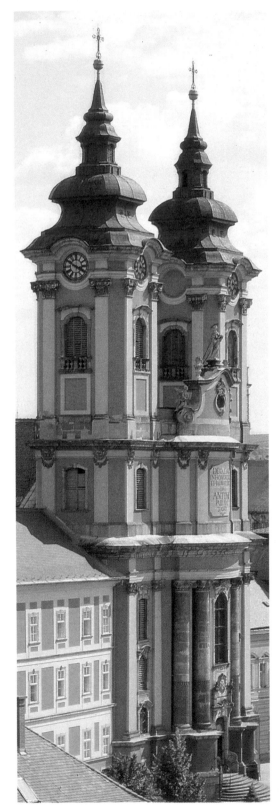

577. Detalle sobre la entrada principal de la iglesia con la insignia de la orden franciscana y la inscripción del año 1771

578. La iglesia y el antigno monasterio de los frailes menores, vistos desde el castillo

579. Interior de la iglesia con el altar de Santa Ana, el púlpito y el altar mayor

580. Retablo mayor: *La Virgen aparece a San Antonio* (János Lukács Kracker, 1771)

581. Altar de la Virgen Dolorosa: entre las estatuas de yeso de San Juan Evangelista y la Virgen se ve una pintura que representa la Piedad (János Zirckler, 1792)

Iglesia abacial de la Asunción

**582. Fachada principal y septentrional
de la iglesia abacial**

583. Detalle de la entrada principal

584. Nave central con el púlpito vista del presbiterio

586. Nave meridional hacia la puerta lateral

585. Altar de San Emerico en el presbiterio meridional (la construcción del altar y las estatuas – San Esteban y San Ladislao, Santa Bárbara y Santa Elena – son obras de József Hartmann, de 1748)

Iglesia parroquial de San Martín

587. Antigua cámara sepulcral en la cripta
(mitad del siglo XI)

588. Fachada meridional y torre la Iglesia parroquial

589. Parte de dos naves de la cripta (mitad del siglo XI)

590. Fresco que representa a Cristo en la bóveda del ábside de la cripta (segunda mitad del siglo XII)

591. Ofrenda de Caín (parte de un fresco de la segunda mitad del siglo XII)

Iglesia parroquial de San Bartolomé Apóstol

Arquidiócesis de Eger

593. La iglesia parroquial de dos torres sobre la ciudad

592. Detalle del retablo del altar mayor

594. Altar mayor de la iglesia parroquial: el retablo representa el martirio de San Bartolomé, copia de la obra de Jusepe Ribera de 1773, entre las estatuas de San Pedro y San Pablo (József Hebenstreit, 1783)

Iglesia parroquial de la Visitación

Arquidiócesis de Eger

595. Pórtico de la iglesia y del monasterio

596. Presbiterio gótico con altar mayor barroco (el altar mayor es obra de József Hebenstreit, 1760, el retablo titulado la Visitación fue pintado por Gábor Kranowetter en 1761)

597. Detalle del púlpito

598. Púlpito (Mátyás Seidler, 1762)

Iglesia parroquial de la Natividad de María

**599. Altar mayor del árbol de Isaías (mitad del siglo XVII) retablo
que representa la Natividad de María**

600. Torre gótica

601. Reyes en las ramas del árbol de Isaías

602. Detalle del altar mayor: el árbol que brota del cuerpo de Isaías

603. Fresco que presenta la Natividad de María (primer tercio del siglo XIV) y arcos reconstruidos con piedras del gótico (alrededor de 1610)

604. Presbiterio gótico con el árbol de Isaías y el altar de San Miguel

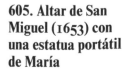

605. Altar de San Miguel (1653) con una estatua portátil de María

Iglesia de San Nicolás

606–607. Iglesia de planta redonda, situada en el cementerio

Iglesia parroquial de San Pedro y San Pablo

609. Adoración de San Ladislao Rey (cuadro de uno de los altares laterales, Mihály Kovács, 1879)

610. Interior de la iglesia, púlpito en estilo rococó y altar mayor con el retablo de San Pedro y San Pablo (Mihály Kovács, 1855)

608. Fachada principal de la iglesia, construida entre 1728–1743

Iglesia parroquial de la Asunción

611. Púlpito en estilo rococó con las figuras de los evangelistas (Ágoston Pringer, 1758) y un altar lateral en estilo clacisista con su Crucifijo (H. Zibenrok, 1845)

612. El evangelista Mateo en el púlpito

613. Fachada principal de la iglesia construida entre 1729–1743 según diseño de Giovanni Battista Carlone

Iglesia parroquial de la Virgen de los Ángeles

614. Parte central del altar de la Pasión (1731)

615. Altar de Santa Ana (1731)

616. Iglesia minorita construida hacia 1480

617. Interior de la iglesia minorita con los altares y el púlpito (la bóveda es de 1722–1724 y el interior fue realizado entre 1729 y 1731 por escultores de Eperjes y de Lőcse)

Iglesia parroquial
de San Martín

Arquidiócesis de Eger

618. Escalera del púlpito

619. Pequeño animal que adorna la escalera del púlpito

620. Fachada principal de la iglesia

621. Interior de la iglesia mirando hacia el altar mayor (obra de Ignác Antzenhofer, el retablo que representa a la Patrona de Hungría es obra de János Hesz)

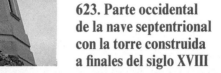

Iglesia parroquial de la Inmaculada Concepción

Arquidiócesis de Eger

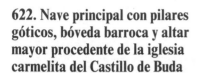

622. Nave principal con pilares góticos, bóveda barroca y altar mayor procedente de la iglesia carmelita del Castillo de Buda

623. Parte occidental de la nave septentrional con la torre construida a finales del siglo XVIII

624. Altar mayor procedente de la iglesia carmelita del Castillo dc Buda (János Fegh, hacia 1760)

625. Figura de obispo, a la derecha del altar mayor (detalle)

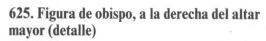

626. Puerta del tabernáculo del altar mayor

627. Nave lateral septentrional con lápidas sepulcrales renacentistas

628–629. Fragmentos del sepulcro renacentista de Ferenc Dobó y su esposa, Judit Kerecsényi

Iglesia parroquial de la Asunción

630. Presbiterio con el altar mayor,
la sillería y el púlpito

631. Fachada del monasterio, en estilo barroco temprano

632. Antiguo monasterio de las Escuelas Pías, la iglesia y la capilla de Rákóczi ▷

633. Tabernáculo del altar mayor

634. La Virgen María con el Niño (retablo mayor) y el Rey San Ladislao

Iglesia parroquial de los apóstoles San Simón y Judas Tadeo

Arquidiócesis de Eger

635. Fachada occidental de la iglesia

636. Coro del órgano (1750) y una parte del artesonado del techo pintado

637. Interior de la iglesia con el altar mayor y el púlpito procedentes de comienzos del siglo XVIII

Iglesia parroquial del Arcángel San Miguel

638. Fachada meridional de la iglesia

639. Ventana gótica (comienzos del siglo XIV) en el presbiterio de estilo románico

640. Presbiterio trilobulado (primera mitad del siglo XIII)

641. Ventana cuatrilobulada y figura de San Esteban en el altar mayor

Iglesia de la Visitación

642. Una vista desde el Sudeste: la iglesia del siglo XI fue ampliada en el siglo XVIII

644. Presbiterio de la iglesia con el altar construido en la segunda mitad del siglo XVIII

643. Presbiterio de la cripta (siglo XI)

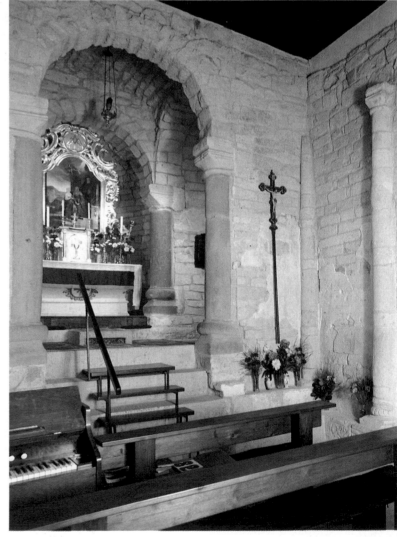

Iglesia
parroquial
de San Andrés

Arquidiócesis de Eger

**645. Iglesia
con el presbiterio
de dos ábsides
vista desde el Sudeste**

**646. Santa Elena
y la Invención
de la Santa Cruz**

**647. Fragmentos de la figura
de San Ladislao en el arco
de triunfo**

**648. Interior de la iglesia desde
el coro, hacia el doble
presbiterio**

DESCRIPCION DE LAS IGLESIAS

Texto:
Balázs Dercsényi
Terézia Kerny
János Zakariás

ANDOCS / *Provincia de Somogy* / 167
Iglesia parroquial (franciscana) de la Asunción

La antigua iglesia dedicada a Todos los Santos, fue construída a fines del siglo XIV en estilo gótico. Entre 1743 y 1767 fue radicalmente renovada y ampliada. En su forma actual el presbiterio es gótico; la nave, en cambio, es de estilo barroco. Desde las primeras décadas del siglo XVII es un importante lugar de peregrinaje.

La estatua sagrada, tallada y pintada, denominada la Reina de los Ángeles, está colocada en el centro del altar mayor, entre las estatuas de Santa Catalina y Santa Dorotea. Todas las tres son obras realizadas alrededor de 1510.

En el altar mayor, al lado de la Virgen, aparecen las figuras de San Esteban y San Ladislao, así como las de los santos franciscanos, San Francisco y San Antonio. El púlpito, los altares colaterales y los bancos se hicieron a mediados del siglo XVIII. En la nave hay también una lápida sepulcral renacentista y bajo la iglesia se extiende una cripta con la tumba de los donadores. (T. K.)

ÁRPÁS / *Provincia de Győr-Moson-Sopron* / 63
Iglesia parroquial de Santiago Apóstol

La antigua iglesia abacial de los frailes premonstratenses fue construída en la primera mitad del siglo XIII en estilo romano. La prepositura que durante la ocupación turca quedó en ruinas y despoblada, fue donada por Rodolfo II en 1601 a las monjas clarisas de Nagyszombat (Trnava) quienes en torno de 1750 transformaron en parte la iglesia en estilo barroco. En 1782 José II disolvió la orden y desde entonces la iglesia funciona como iglesia parroquial.

Es un edificio de una nave con presbiterio cuadrado. En la fachada occidental se yerguen dos torres. El efecto más digno de atención, desde el punto de vista arquitectónico, es el portal con un tímpano semicircular que antiguamente debía estar ornado de un relieve. El altar mayor fue construído en los años 1666–1667; los altares colaterales, la fuente bautismal y el púlpito son del siglo XVIII. (T. K.)

BAJA / *Provincia de Bács-Kiskun* / 210
Iglesia parroquial de San Pedro y San Pablo

En el siglo XIV la ciudad tenía dos parroquias y, terminada la dominación turca, ambas han sido reorganizadas. Hasta 1781 una de ellas estaba manejada por los franciscanos, mientras la otra parroquia, constituída en 1722, servía más bien a las colonias eslovaca y alemana así como a la nueva población húngara inmigrada a este lugar después de la devastación turca. Esta primera iglesia parroquial húngara fue construída en 1722, pero pronto resultó demasiado pequeña. Con la ayuda del patrono Antal Grassalkovich, en 1765 llegó a construirse otra iglesia cuyo altar mayor barroco está coronado de un grupo de esculturas donde figura la Santísima Trinidad, mientras el retablo situado entre las columnas representa la despedida de los santos Pedro y Pablo.

Entre las instalaciones artísticas se destacan el púlpito y el epitafio de estilo imperio del gentilhombre György Polimberger, con el relieve de Jacob Schroth, artista vienés. (B. D.)

BAJA / *Provincia de Bács-Kiskun* / 211
Iglesia parroquial (franciscana) de San Antonio de Padua

La orden de los franciscanos se estableció en esta ciudad en el siglo XIII y aún durante el dominio turco continuó velando por las almas de los católicos que vivían allí. La iglesia barroca de los franciscanos fue construída entre los años 1720 y 1756.

La fachada principal de la iglesia está ornada con las estatuas de la Virgen, San José y San Antonio de Padua. El objeto más hermoso de las instalaciones de la iglesia de tres arcadas es el púlpito cuyo tornavoz está decorado con la figuración del arcángel San Miguel y con las figuras de los Evangelistas. La pieza más valiosa de la sacristía es un armario rococó de la mitad del siglo XVIII (1761), visible desde todos los lados. (B. D.)

BAJA / *Provincia de Bács-Kiskun* / 213
Capilla del Calvario, grupo de esculturas y estaciones del Via Crucis

La capilla fue construída en 1836 en estilo clasicizante según proyecto de Károly Gfeller.

De los "protagonistas" de la escena del Calvario, las figuras pintadas de estilo barroco dc María Magdalena, la Santísima Virgen y el Evangelista San Juan fueron realizadas en 1795; las figuras de Cristo y los dos ladrones son más recientes. (B. D.)

BALATONALMÁDI-VÖRÖSBERÉNY
/ *Provincia de Veszprém* / 168
Iglesia parroquial de San Ignacio de Loyola

Las propiedades de las monjas del Valle de Veszprém en 1626 fueron cedidas por el emperador Fernando II a los jesuítas que irían a establecerse en la ciudad episcopal, con la condición de fundar y mantener un gimnasio con las rentas de esas tierras. También la hacienda de Vörösberény pasó a ser propiedad de los jesuítas sin que éstos hubieran podido recuperar – a pesar de haber presentado instancias durante décadas y hasta de un decreto real – la posesión de la iglesia medieval que estaba en propiedad de la iglesia reformada.

Con este motivo, los jesuítas del pueblo en 1748 construyeron una capilla menor para sí y para los feligreses católicos. El presbiterio abovedado de esta capilla actualmente es la Capilla del Santo Sepulcro, accesible a través de la sacristía.

Las propiedades de la orden disuelta en 1773 se convirtieron en bienes de la Cámara Real y, más tarde, pasaron al Fondo de Estudios. El Fondo evitó licenciar al último administrador de los bienes de los jesuítas en el centro de Vörösberény, Gáspár Buffleur, quien, con base en los planos hechos anteriormente por la Compañía de Jesús, dió comienzo a la construcción de la iglesia y del monasterio. Según el plano, como se ve en la parte de izquierda del arco triunfal, un claustro de forma 'U' debería haberse construído a la iglesia desde el lado de Norte; sin embargo, el ala externa de este edificio nunca llegó a construirse. La iglesia fue inaugurada en octubre de 1779.

Veinte años más tarde, en junio de 1799, Pál Kitaibel, el ilustre naturalista, visitó estas tierras y en esta ocasión anotó en su diario lo siguiente: "El padre Bufler que siguió siendo administrador por ocho años más después de la disolución y quien es bien recordado por su arte retórico al igual que por su caridad, hizo construir una bella iglesia… Además de ser la iglesia una construcción sólida y armoniosa, su interior está adornado con hermosos altares, y está toda pintada. Los cuadros de los altares y la pintura del interior son obras del hábil pintor de Veszprém, Xavér Bucher, quien conoce igualmente el arte de la pintura al óleo, de los frescos y de los retratos y de quien se encuentran muchas obras en esta región."

Xavér Ferenc Bucher nació en Suiza, en Schaffhausen, y murió en 1811 a edad de 63 años, en Veszprém. Se conoce poco de sus obras, pero sabemos que las pinturas de la iglesia franciscana de la sede episcopal, al igual que las de las iglesias parroquiales de Zirc, de Kapolcs y de Szentgál salieron de su pincel.

El proyecto pictórico que se aprecia en el interior de la iglesia, de una parte incluye temas habituales de la orden de los jesuítas: los cuadros de la bóveda representan escenas de la vida de San Ignacio; de otra parte, las figuras y las escenas complementarias se relacionan con la fundación y la construcción de la iglesia. Esta dualidad hace suponer que todo el diseño pictórico fue determinado por el jesuíta Gáspár Buffleur. En este diseño, el tema más general de la orden se une a las figuras de los mártires de Kassa, del emperador Fernando III y del obispo de Győr, György Széchényi, quienes promovieron la actividad de los jesuítas en Hungría; también aparecen los fundadores de la iglesia de Vörösberény con los planos en la mano y, en frente de ellos, los antiguos dueños de la región, las monjas del Valle de Veszprém. Las figuras más acertadas son aquellas de los contemporáneos quienes en la pared septentrional, en las ventanas, miran hacia adentro: en el presbiterio, Gáspár Buffleur; en la nave István Hatos, el ex-jesuíta y primer párroco de la iglesia, y también figuras laicas, probablemente representantes de la Cámara que hicieron posible la construcción de la iglesia.

En los cuadros de los altares también se observa un trabajo pictórico doble: el retablo del altar mayor representa la visión de San Ignacio, mientras en el cuadro de un altar colateral se ve la muerte de San Francisco Javier, es decir, la reproducción de los dos jesuítas santos más eminentes. En los otros retablos figuran el Calvario, la Sagrada Familia y el martirio del santo predilecto de los Habsburgo: San Juan Nepomuceno. (B. D.)

BALF / *Provincia de Győr-Moson-Sopron* / 64
Capilla de los baños termales de San José

El agua termal era usada ya en la época romana. De fuentes históricas sabemos que la ciudad de Sopron, en 1550, puso en funcionamiento en este lugar una casa de baños.

La capilla fue construída también por iniciativa de la municipalidad en 1773. Las bóvedas de la nave de dos arcadas y del presbiterio están ornadas de frescos. Bajo la composición titulada *Cristo curando enfermos a la orilla del lago* se lee la firma del maestro "Stephanus Dorffmeister pinxit 1779".

El cuadro del altar, que data de 1777 y que representa a San José con el Niño Jesús, también es obra de Dorffmeister. Las estatuas y la estructura del altar son obras de András Sedlmayer. (B. D.)

BERHIDA / *Provincia de Veszprém* / 170
Iglesia de la Santa Cruz

La iglesia del pueblo que desde el siglo XII era reconocida como propiedad de la diócesis de Veszprém, fue construída a vuelta de los siglos XIII y XIV. Su proyección horizontal y sus proporciones arquitectónicas son las de un edificio típicamente de la época de transición entre los estilos postrománico y pregótico. El interior de la iglesia estaba cubierto con un techo plano. Entre 1387 y 1391 Demetrio, de la estirpe de Huszt-Pázmány, era el obispo de Veszprém. El clave que remata el segundo campo de la bóveda de piedra de la iglesia, está blasonado con el escudo con la Luna y las Estrellas de la familia del obispo, hecho que demuestra que en la época del obispo Demetrio volvieron a abovedar la iglesia. En la misma época se hicieron también la albardilla y la estructura del techo de piedra que cubre la nave y el presbiterio. La nervadura de esta estructura, única en Hungría, se compone de muros transversales que se apoyan verticalmente contra los muros externos, entre los cuales, es decir, por encima de las falsas bóvedas plegadas según la inclinación del techo, vienen las tejas fijadas en argamasa. Las ventanas y el portal son probablemente del fin del siglo XIV, mientras el tabernáculo gótico tardío se remonta a la época del rey Matías Corvino.

En la época de las incursiones de los turcos, la aldea vino a ser propiedad de la ciudad de Várpalota, y los conquistadores la pusieron varias veces en llamas. Desde los años 10 del siglo XVII la iglesia fue usada de los protestantes. En el año 1759 volvió a ser propiedad de los católicos: en este período le fue cambiado el nombre medieval de Iglesia de San Pedro por el actual de la Santa Cruz. Entonces fue colocado en la iglesia el altar de carácter barroco temprano. La rica ornamentación del presbiterio se realizó en 1749, con diversos altares que originalmente no estuvieron destinados a colocarse en esta iglesia. (B. D.)

BÉLAPÁTFALVA / *Provincia de Heves* / 238
Iglesia abacial (cisterciense) de la Asunción

La abadía de los cistercienses situada en la parte occidental de las montañas Bükk, a los pies del monte Bélkő, fue fundada en 1232 por el obispo de Eger, Kilit II, junto con unos frailes trasladados a este lugar desde el monasterio más importante de Pilis (hoy el lugar se llama Pilisszentkereszt). El monasterio madre fue fundado directamente del centro francés de Acey, adecuándose a la estructura monástica muy centralizada. El fundador provenía probablemente de la estirpe de Bél, así, la abadía llamada también de Bélháromkút pudo ser quizás un monasterio familiar.

Las construcciones fueron interrumpidas por la invasión de los mongoles: hasta el año 1241 se habían construído el ala del monasterio agregada al crucero y las fachadas de la iglesia. Los trabajos fueron terminados por otra empresa constructora y en 1246 los cistercienses ya usaban el edificio. En los siglos siguientes el número de los frailes fue sorprendentemente exiguo en este lugar y desde el siglo XV la silla del abad estuvo ocupada cada vez más frecuentemente por prelados seculares quienes vendieron propiedades y rentas. En 1495 Tamás Bakócz logró apropiarse de la abadía que desde entonces perteneció a la diócesis de Eger. En los años treinta del siglo XVI la abadía quedó despoblada y sus propiedades pasaron primero a las manos de Péter Perényi en 1534, después, en 1548 volvieron a ser propiedad del emperador Fernando I y, más tarde, del cabildo de Eger; desde el año 1700 sus rentas enriquecieron el seminario sacerdotal de Eger. No obstante, en esta época nadie se ocupó del monasterio; en 1696 se mencionaban solamente los muros, y en 1720 la edificación es denominada con el nombre de ruina.

La restauración se efectuó entre 1732 y 1745: primero se realzaron los muros hasta llegar a la altura original, después se recubrieron la nave principal y las laterales, al igual que el presbiterio, con una bóveda alta y de forma apuntada y, en fin, se edificó una nueva galería. Una parte de las piedras del monasterio fueron usadas para la construcción de la iglesia de Bükkszentmárton (1734); el edificio de planta baja que se conservó, en torno a 1827 fue usado como baño, después se instaló en él una fábrica de paños y, finalmente, desde 1850 hasta 1927 lo utilizaron como taller para fabricar vasijas de piedra. Quebrado el establecimiento, el edificio fue demolido por la población del lugar y así el monasterio quedó definitivamente en ruinas. Actualmente conocemos sólo los muros de base descubiertos durante las excavaciones efectuadas hace 25 años.

La iglesia de Bélháromkút muestra una planta y una arquitectura características de los edificios de los cistercienses. Siguiendo la organización de las basílicas, las naves laterales y los presbiterios laterales se agregan a la nave central y al crucero que muestran la forma de una cruz latina y son de inmensa mole. Esta composición pura se manifiesta claramente en la fachada occidental, cuya ornamentación – siguiendo las tradiciones arquitectónicas cistercienses – es muy sobria; sólo el rosetón y las puertas hundidas, colocadas entre fajas de piedras coloreadas y esculpidas con mucho esmero, representan la decoración de la fachada principal.

En el interior se distinguen claramente los períodos de construcción según precedieron o sucedieron la invasión de los mongoles: las pilastras de capiteles con capullos o con hojas de acanto y los sillares bien esculpidos son anteriores a 1241. Después de la devastación tártara o mongola se construyeron los gruesos pilares que dividen la nave central de las laterales, lo mismo que las consolas que sostienen los arcos torales. Los dos períodos – según la opinión de algunos investigadores – significan simplemente dos maestros: el primer tallador debía tener una cultura francesa, mientras la continuación de la construcción habrá sido dirigida por un maestro de proveniencia alemana.

Las bóvedas que cubren el espacio interno aun cuando provengan del siglo XVIII (las originales debían tener un arco más alto) suscitan casi la misma sensación, el mismo afecto de espaciosidad que debió hacerse notar originalmente, a mediados del siglo XIII. Los interiores medievales están adornados con instalaciones barrocas: el altar dedicado a San Emerico y situado en el presbiterio meridional hace referencia al siglo XVII. Las estatuas de los santos Esteban y Ladislao al igual que las de Santa Bárbara y Santa Helena, situadas en la parte más alta, todas son obras del escultor de Kassa

(Košice), József Hartmann, que hizo el trabajo en 1748, por comisión de András Püspöki, canónigo de Eger. El altar mayor se construyó alrededor de 1800 y su retablo representa la Asunción de la Virgen. El púlpito es de estilo Luis XVI. (B. D.)

BÖDE-ZALASZENTMIHÁLYFA
/ *Provincia de Zala* / 123
Iglesia de San Miguel

La iglesia se menciona por primera vez en 1424. Durante la invasión turca sufrió graves daños al igual que el pueblo que la circundaba; tanto, que después la población reconstruyó sus propias casas a una distancia de un kilómetro y medio de la iglesia. La antigua iglesia fue reconstruida alrededor de 1750, y de nuevo fue dedicada al arcángel San Miguel.

La iglesia de una nave, construida alrededor de 1220 en una colina, tenía un simple ábside semicircular. En la segunda mitad del siglo XIII éste fue transformado en poligonal, pero en 1751 volvió a recibir su forma semicircular. En su forma original la torre era de tres niveles, mas en la restauración que siguió a la devastación turca no fue reconstruido el nivel superior adornado con esculturas de cabezas de animales. El segundo nivel de la torre estaba abierto hacia el interior de la iglesia y servía de tribuna para los nobles.

Unos detalles preciosos de esta iglesia se hallan en la trífora de la torre que es de principios del siglo XIII y en el bajorrelieve de la misma época representando el Cordero de Dios, situado en el arco del portal occidental. (B. D.)

BUDAPEST / *Barrio del Castillo* / *distrito* / 13
Iglesia parroquial de la Asunción (Iglesia Matías)

Después de la retirada de las tropas mongolas que habían invadido el país, a mediados del siglo XIII el rey Béla IV decidió fundar la nueva capital del reino en un territorio más seguro y defendible, y escogió la colina de Buda que hoy se llama Colina del Castillo y que en aquel entonces se llamaba "Pesti Újhegy" (Colina Nueva de Pest).

La fortificación de Buda fue la primera tarea a resolver, seguida por la fundación de la iglesia parroquial dedicada a la Virgen. Aunque los primeros datos documentados (de los años 1247 y 1248) ya mencionan "La Iglesia de la Virgen de la Nueva Colina de Buda", la iglesia probablemente pudo ser más bien un concepto jurídico o quizás una construcción temporal, porque la carta fechada en 1255 del rey Béla IV todavía hace mención a ella como de un edificio para construirse. Un diploma real de 1269, en cambio, da noticia de la iglesia ya construida; es decir, la iglesia nueva debió ser edificada entre los años 1255 y 1269. Era una basílica de tres naves con un falso crucero; el presbiterio principal presentaba siete lados del trecígono, mientras los ábsides colaterales se cerraban en forma

directa. En los extremos occidentales de las naves laterales se empinaban torres, mientras en las paredes meridionales, occidentales y septentrionales se abrían portales.

El espacio interior de la iglesia estaba cubierto por bóvedas de crucería y las nervaduras góticas terminaban en capiteles de pilastras y pilares ricamente adornados con hojas. Las bóvedas del presbiterio y del falso crucero fueron construidas entre 1255 y 1260, mientras que las otras partes después de 1260, probablemente por una empresa artística más preparada que la primera. La estructura y la ornamentación de esta iglesia se ajustaba al estilo gótico de la Francia del Norte, aunque se encuentran también elementos de la época del románico tardío llegados a Buda probablemente a través de la orden de los cistercienses.

La iglesia era frecuentada por los ciudadanos alemanes de Buda y aquí fue coronado, en 1309, el rey de Hungría, Carlos Roberto, procedente de la dinastía Anjou.

Durante el reinado de Luis el Grande (de la misma dinastía), alrededor de 1370, fue realizado el portal en el que figuraba la muerte de la Virgen y que estaba situado en el extremo occidental de la fachada sur. En 1384 se derrumbó la torre meridional y en el curso de la reconstrucción que siguió el caso, la iglesia fue completamente transformada: quedó eliminado el sistema basilical y fue creada una iglesia de tres naves de igual altura levantando las bóvedas de las naves laterales, y convirtiendo los ábsides laterales en poligonales. A mediados del siglo XV el edificio de la iglesia se cubrió con tejas barnizadas en colores, traídas de Viena.

La última reconstrucción de la iglesia gótica se efectuó durante el reinado de Matías Corvino: alrededor de 1460 le fue agregado al presbiterio colateral del sur un oratorio real y en 1470 la torre meridional ya estuvo lista.

La iglesia, fundada por los reyes húngaros tuvo su período de gloria en el siglo XV: el rey Segismundo recibió aquí al emperador griego; el rey Wladislao I realizó en esta iglesia el Te Deum después de la campaña victoriosa contra los turcos; los notables del país recibieron aquí a Matías después de haberle elegido rey, y él celebró aquí sus ceremonias nupciales. La iglesia estaba adornada con estandartes y pendones conquistados en campañas y batallas victoriosas.

Después de 1541 los turcos la transformaron en mezquita: destruyeron las instalaciones y la ornamentación de las paredes, y para transformarla utilizaron las piedras de las capillas pegadas a la nave meridional. En el curso del asedio de 1686 la iglesia no sufrió daños considerables. Por un breve tiempo fue usada por los franciscanos, después pasó a propiedad de los jesuítas que le agregaron en la parte norte un colegio y un seminario en la parte sur, de modo que la iglesia, que anteriormente había sido una construcción única, quedó incrustada entre edificios de estilo barroco. En este período se construyeron nuevas instalaciones entre las cuales se destacan diecinueve altares y el púlpito, obra de Károly Bebó.

Después de la disolución de la orden de los jesuítas la

ciudad de Buda recuperó los derechos de decisión sobre los haberes de la iglesia, pero tuvieron que pasar casi cien años para que la iglesia recobrara su importancia a nivel nacional. En 1862 aquí fueron colocadas las cenizas del rey Béla III y de su esposa, encontradas en Székesfehérvár, y en 1867 fueron coronados aquí Francisco José y su esposa, la reina Elizabeth.

Entre los años 1874 y 1896 la iglesia Matías fue reconstruida según los proyectos de Frigyes Schulek, con base en las exigencias de las solemnidades y según las teorías de restauración de la época. Antes de todo fue liberada del "abrazo" de los edificios de los jesuítas y fueron desmontadas las construcciones que se habían agregado en la época barroca. Con el objetivo de reconstruir la iglesia del siglo XIII desmontaron los ábsides laterales del siglo XV y, siguiendo los vestigios de la proyección horizontal, rehicieron la iglesia según las formas más antiguas. También las bóvedas fueron desmontadas y donde habían ejemplos o algunos puntos de referencia con respecto a los detalles, se hicieron copias (de capiteles de columnas y pilares, de cornisas, de claves, de portadas), mientras donde faltaban (p.e. en el caso de la aguja de piedra de la torre meridional, la fachada que da a la plaza Szentháromság – de la Santísima Trinidad –, el vestíbulo del portal de la Virgen, la sacristía capitular, el oratorio del rey, las capillas colaterales y todos sus elementos particulares), los espacios internos, las paredes y la ornamentación fueron reconstruidos según la rica fantasía del arquitecto que había hecho los proyectos.

Como resultado de la "restauración" ejecutada por Schulek, la ubicación y la superestructura actuales de la iglesia (con excepción de las capillas y otras construcciones accesorias) pueden ser consideradas substancialmente auténticas; las partes inferiores de la fachada principal, los presbiterios y el falso crucero presentan el estado del siglo XIII. La nave central refleja el estado de la iglesia a los finales del siglo XIV, mientras los niveles superiores de la torre medieval recuerdan las formas de la misma en la época del rey Matías. No obstante, pueden ser consideradas solamente medievales los muros principales, los pilares de las naves, la portada de la Virgen y una parte del portal occidental.

La bellísima forma actual de la iglesia se atribuye principalmente a la ornamentación neogótica que cubre toda la superficie, producto de la fantasía del proyectista y del profundo conocimiento histórico.

Schulek fue rigurorísimo con el mobiliario que había quedado de la época barroca: en los interiores formados por la reconstrucción colocó instalaciones neogóticas, además, con base en los bocetos de los pintores Bertalan Székely y Károly Tóth se hicieron vitrales en el taller de Ede Kratzmann. Los frescos y los cuadros son obras de Károly Lotz, Bertalan Székely y Mihály Zichy, mientras las obras escultóricas (decoraciones y altares) salieron de los estudios del escultor de Debrecen Ferenc Mikola, y de István Hausen.

Entre las obras artísticas de la iglesia anteriores a la restauración de Schulek se encuentran: la estatua de la Virgen de la capilla de Loreto (alrededor de 1700), el escudo del rey Matías colocado en el muro oriental de la torre meridional (con fecha 1470), y gran parte del tímpano de la portada de la Virgen (alrededor de 1370). Son de origen medieval, aun cuando no pertenecieran a las instalaciones originales de la iglesia, el tríptico proveniente de Felsőerdőfalva (Stará Lesná) y la estatua de la Virgen que proviene de la iglesia de las monjas isabelinas. (B. D.)

BUDAPEST / *Víziváros* / *Ciudad de las Aguas* / / *I distrito* / 18

Iglesia parroquial de Santa Ana

La iglesia fue edificada sobre fundamentos medievales entre los años 1740 y 1765, con base en los diseños de Kristóf Hamon, Máté Nepauer y János Hamon. La fachada de esta iglesia barroca de dos torres está dividida en tres partes por pilastras jónicas. En medio de la fachada, en un nicho se encuentra la estatua de Santa Ana con el Niño Jesús en brazos, obra de Antal Eberhadt, realizada en 1760. Las estatuas que se ven en la moldura por encima de la entrada principal representando la Fe, la Esperanza y la Caridad, son obras de József Lénárt Weber hechas en 1765.

A la nave octagonal de la iglesia se puede llegar a través del vestíbulo situado bajo la galería del órgano. La nave está cubierta con una cúpula de forma elíptica; los frescos de ésta fueron pintados por Béla Kontuly y Pál Molnár C. en el año 1938. El fresco de la cúpula del presbiterio que representa la Santísima Trinidad, obra de Gergely Vogl, fue pintado en 1722.

El marco arquitectónico del altar mayor de efecto teatral, que simboliza el tempo de Jerusalén, probablemente es obra de Károly Bebó y fue realizado entre los años 1771 y 1773. Las estatuas representan a Santa Ana, San Joaquín, la Niña Virgen, Santa Isabel, David y Zacarías. Los ornamentos escultóricos de los altares de la Santa Cruz y de San Francisco Javier son obras de Antal Eberhardt, hechas en 1767 y 1768, y el púlpito fue construído en 1774 por Károly Bebó. Las pinturas al óleo de la nave fueron realizadas por Franz Anton Wagenschön. Las balaustradas ricamente esculpidas de los oratorios por encima de la sacristía y de la capilla fueron realizadas en 1745 por Tamás Weibl. Desde el occidente se añadió a la iglesia la capilla de Loreto cuya reja de hierro forjado es obra de Ignác Pügl, hecha en 1752.

El órgano se encontraba originalmente en el monasterio de las carmelitas, en el Castillo. Los bancos barrocos fueron esculpidos por Mihály Mayrhold.

En el vestíbulo se ven la tumba barroca de Ignác Pretelli (muerto en 1740), la lápida conmemorativa Hochepichler de estilo Zopf y el epitafio Mosbeck de estilo imperio. En el siglo XVIII se agregó a la iglesia en el lado oriental una parroquia de dos plantas que más tarde fue ampliada varias veces. (J. Z.)

BUDAPEST / *Pasarét* / *II distrito* / 22

Iglesia franciscana de San Antonio de Padua

La iglesia fue construída entre los años 1931 y 1934, según los proyectos de Gyula Rimanóczy. Al edificio de tres naves sobre el lado derecho se le adhieren una fila de capillas y el monasterio de los franciscanos, al lado izquierdo una arquería y un campanario. Las estatuas de San Antonio y San Francisco, colocadas en la fachada, son obras de Tibor Vilt.

El interior de la iglesia está dividido con arcos de cemento armado y el techo está sostenido con vigas y nervaduras hechas también de cemento armado. En el altar mayor vemos la Crucifixión de Cristo en el frente y los sacrificios de Abraham y Melquisedec en los costados, obras de Béla Ohmann, esculpidas en piedra caliza. La puerta del sagrario está adornada por un relieve de bronce que representa una espiga de trigo y un racimo de uvas. A la derecha del altar está colocado un Crucifijo de bronce, obra de Éva Lőte.

En las tres lunetas, detrás del altar mayor se ven unos frescos representando a San Antonio de Padua y tres ángeles. En ambas paredes laterales de la iglesia György Leszkovszky pintó las figuras de ocho santos franciscanos, siguiendo los diseños de Sándor Ungváry. La ornamentación de los altares colaterales fue diseñada por Lili Sztehló-Árkay. (J. Z.)

BUDAPEST / *Víziváros* / *Ciudad de las Aguas* / / *II distrito* / 20

Iglesia de los Estigmas de San Francisco

En el período del dominio turco la tarea de curar las almas de los ciudadanos se reservó a los frailes franciscanos. Después de la reconquista de Buda, los frailes recibieron –en señal de reconocimiento por sus actividades piadosas– la mezquita y el edificio de los derviches construídos por Mactul Mustafa, así como el inmenso territorio adyacente.

Los franciscanos, desde el año 1703, efectuaron la edificación en diferentes etapas: primero levantaron el ala occidental del monasterio y después erigieron los muros meridionales. La primera piedra de la iglesia fue puesta en 1731, y la construcción del edificio se terminó según los proyectos del maestro constructor Jakab Hans en 1741.

La mayor parte de las instalaciones fueron elaboradas en el taller del convento entre los años 1739 y 1752: los "santos de la peste" y el altar de la Virgen Milagrosa en 1742, el altar de San Antonio de Padua en 1743 y el púlpito en 1752 fueron colocados en sus lugares. Los frescos se terminaron en el año 1756 y hasta la consagración, acontecida en 1757, se construyeron otros altares. En 1781 lograron hacer construir ambas alas del convento en las cuales se instalaron la biblioteca y la escuela de teología de la orden.

En octubre de 1785, por orden del emperador José II, los franciscanos debieron ceder todo el conjunto de edificios al claustro vienés de las monjas isabelinas, quienes una vez establecidas aquí, fundaron un hospital en el edificio del antiguo monasterio. Los trabajos de la transformación arquitectónica, realizada entre 1785 y 1787, fueron dirigidos por József Thalherr. En el lugar del cementerio que estaba situado hacia el Norte de la iglesia, István Marczibányi y su esposa Mária Majthényi hicieron construir una "casa de rehabilitación" de dos pisos, la cual quedó terminada en el año 1805 y donde se acogían los pacientes convalecientes.

Las monjas en 1829 colocaron el retrato de San Florián y el altar de Santa Ana recibió un nuevo cuadro. En el curso de la gran inundación de 1838 el altar mayor sufrió daños, pero pronto fue reconstruído.

Los altares, el púlpito y los frescos recién restaurados ofrecen una visión de las obras más bellas del taller franciscano de Budapest: el altar mayor está adornado con el cuadro en el que figura el Éxtasis de San Francisco, en un estilo rococó dinámico; en las paredes circundantes de los vitrales ricamente pintados, figuras de frailes miran hacia abajo. A la diestra del arco triunfal se construyó un altar dedicado a San Florián, mientras el altar a la izquierda del mismo está dedicado al culto de Santa Ana, educadora de la Virgen. Los cuadros de ambos altares son del siglo XIX, pero la estructura arquitectónica y las estatuas se realizaron en los años cuarenta del siglo XVIII. El altar de la Santa Cruz fue traído de la iglesia clausurada de las monjas clarisas, situada antiguamente en el barrio del Castillo. El altar de la Virgen custodia la estatua de la Inmaculada que precedentemente adornaba la capilla provisional erigida en 1689. El tercer altar colateral fue elevado en 1739, como acción de gracias, contra la peste. En frente a éste vemos el altar de San Antonio de Padua, los otros altares menores están dedicados a Santa Margarita de Cortona y a San Juan Nepomuceno.

El púlpito, la obra más bella del taller franciscano, está adornado con las magníficas estatuas de los Evangelistas, San Buenaventura y San Fidel.

Los ornamentos barrocos de la iglesia se completan con tres sepulcros de estilo imperio, colocados en el vestíbulo. Éstos fueron realizados por los artistas vieneses Aloys Hauser y Georg Danninger, por encargo de la familia Gyulay. (B. D.)

BUDAPEST / *Víziváros* / *Ciudad de las Aguas* / / *II distrito* / 49

Iglesia parroquial católico-griega
Fiesta titular: San Florián Mártir

La capilla, perteneciente al hospital de la calle Fő, fue fundada por el panadero Antal Christ de Buda y fue construída entre los años 1750–1753. El altar mayor fue consagrado y dedicado a San Florián en abril de 1754.

Después de pasar unos años, la capilla resultó demasiado pequeña y Antal Christ decidió construir una más grande. En 1759 iniciaron los trabajos de la construcción con base en los planos de Mátyás Nepauer y, en 1760, en los nichos de la fachada principal fueron colocadas las estatuas de San Blas y San Nicolás, obras de Antal Eberhardt, y la de San Florián hecha por József Lénárt Weber. Éste último realizó también en el interior de la iglesia las estatuas del órgano, de la galería y de todos los altares. Los cuadros fueron pintados en 1764 por Ferenc Falconer, mientras el cuadro que preside el altar mayor es obra de Xavéri Ferenc Wagenschön, ejecutada en 1769.

En 1920 la municipalidad de la capital donó la capilla a la iglesia católico-griega de Buda. Los nuevos dueños quitaron el órgano, pusieron el púlpito en el lugar del altar dedicado a San José, y el cuadro de Wagenschön lo sustituyeron con una copia.

Con motivo del levantamiento del nivel de la calle Fő, la capilla quedó desnivelada casi un metro y medio: en 1938, según los proyectos de Lajos Fridrich fue levantada al nivel de la calle; al mismo tiempo, Gyula Wälder aplicó estucos neobarrocos a las bóvedas, en cuyos espacios Jenő Medveczky pintó frescos de estilo neobarroco.

La fachada principal se mantuvo fiel a las formas de 1760. El interior de la iglesia, en cambio, fue transformado según las prescripciones de la liturgia católico-griega.

En el centro de la iglesia hay una cripta y, en la lápida que cubre la entrada, se lee un cronógrama en versos a la memoria del mecenas Antal Christ. En el altar mayor se puede admirar la copia de la pintura de Wagenschön; la imagen de la Santísima Trinidad es obra de Gyula Tury, pintada en 1924. Las estatuas pertenecientes al altar mayor (San Pedro, San Pablo, San Lorenzo y San Donato) están situadas en singulares consolas. El púlpito traspuesto está adornado con un relieve, obra de Antal Eberhardt realizada en 1760, que representa al Sembrador. A la derecha del arco triunfal se yergue el altar dedicado a San Francisco, que antiguamente estaba adornado con cuadros pintados en 1769 por Ferenc Falconer, pero en su lugar ahora se encuentran las obras de Jenő Medveczky que representan a San Nicolás de Myra y la Anunciación.

Las otras instalaciones de la capilla (altares, confesionarios, bancos, reclinatorios) fueron realizadas en 1938 siguiendo los proyectos de Tibor Brestyánszky, los cuadros (la copia de la imagen de la Virgen de Máriapócs, San José, San Antonio y Santa Teresa) son obras de Jenő Medveczky. La araña del techo proviene del desmontado palacio Karácsony. (B. D.)

BUDAPEST / *Lipótváros* / *V distrito* / 30
Iglesia parroquial de San Esteban Rey (Basílica)

En el lugar de la iglesia provisional, en 1851, József Hild comenzó a construir la Basílica. Después de la muerte del arquitecto Hild, en 1868, la cúpula se derrumbó. Entre 1867 y 1889 Miklós Ybl dirigió los trabajos de la construcción que prosiguieron y terminaron bajo la dirección de József Kauser en 1905, año

en que la iglesia fue consagrada. La iglesia neorenacentista, con planta de cruz griega, está situada en una terraza, con dos torres que apenas salen de la mole del edificio, delante de la fachada principal. En el interior de tres naves, en el centro está situado el crucero, y el espacio cuadrado está cubierto por una cúpula con tambor y linterna. En el muro externo del presbiterio semicircular se encuentra una fila de columnas jónicas, mientras arriba hay una cornisa principal en forma de balaustrada.

El grupo escultórico del tímpano de la fachada principal representa el homenaje de San Esteban, San Emerico, San Ladislao y Leopoldo ante la Patrona de Hungría. Las estatuas, junto con las de los Santos Padres colocadas en los nichos de las torres y con aquellas que se encuentran en la cúpula, todas son obras de Leó Fessler. Él es también el maestro de las estatuas de los apóstoles en el presbiterio. El mosaico de la luneta del portal principal fue ejecutado en el taller de Salviati de Venecia según los diseños del pintor húngaro Mór Than. En las fachadas meridional y septentrional se ven estatuas de ángeles. La puerta principal de bronce y el relieve en el que figuran los doce apóstoles, son obras de Ödön Szamoloczky.

En el interior de la iglesia, el altar mayor neorenacentista, levantado en baldaquín, fue realizado según el diseño de József Kauser. En el altar está colocada la estatua en mármol de Carrara del rey San Esteban, mientras por encima del altar podemos ver el relieve en bronce de Ede Mayer. En los arcos, Gyula Benczúr pintó figuras simbólicas de ángeles. Las estatuas de San Emerico y San Gerardo son obra de Alajos Stróbl, la de San Ladislao de János Fadrusz, y la de Santa Isabel de Károly Senyey.

El mosaico de la cúpula fue realizado en el taller Salviati con base en los bocetos de Károly Lotz. (J. Z.)

BUDAPEST / *Belváros* / *Centro de la ciudad* / / *V distrito* / 24
Iglesia parroquial de la Asunción

En el siglo XII una basílica de estilo románico se erguía en este lugar, construída utilizando las piedras de los edificios romanos antiguos de Contra-Aquincum. Esta basílica fue transformada, a finales del siglo XV, en una iglesia de tres naves de alturas iguales, en estilo gótico; en el siglo XVIII una nueva transformación la convirtió en iglesia barroca de una nave, y finalmente en este siglo ha sido restaurada varias veces. Las torres de la iglesia actual que tiene tres naves y dos torres, provienen de la época barroca, mientras la iglesia misma está provista de contrafuertes medievales; la nave principal y las naves laterales, así como las torres, muestran un estilo barroco puro, el presbiterio, en cambio, es de estilo gótico. En la fachada oriental, bajo la ventana ojival del presbiterio se halla la estatua de San Florián, obra de Antal Horger, hecha en 1723. Él es también el autor del grupo escultórico en el que figura la Santísima Trinidad, situado en la fachada oriental, sobre la puerta principal.

A la nave principal barroca se llega pasando bajo la galería del órgano, construída en 1835 según los proyectos de József Hild. La nave principal está acompañada en ambos lados por cuatro capillas.

La bóveda del presbiterio con nervaduras, construída en el siglo XIV, está sostenida por diez fajos de columnas. El altar mayor creado según los planos de Imre Steidl, fue reconstruído en 1948 según los diseños de László Gerő. El cuadro del altar que representa la Asunción es obra del pintor Pál Molnár C.

El altar del Calvario de la Capilla de la Santa Cruz es obra de József Hebenstreit, realizado en el siglo XVIII. El monumento sepulcral de la familia Kultsár, situado en la capilla, fue esculpido por István Ferenczy en el siglo XIX. En la arcada siguiente encontramos la capilla de Mariazell con el altar barroco de la Virgen; en frente de ésta se halla la capilla del Rosario con el altar de la Reina del Rosario, por encima del cual se ve la imagen de San Florián realizada al promediar del siglo XVIII.

En la arcada que precede el presbiterio, a los dos lados se encuentran los dos sagrarios renacentistas: el que está en el lado septentrional fue realizado entre los años 1503 y 1506, gracias a la donación del párroco y obispo titular de Termópilas, András Nagyrévi. En el centro del sagrario en mármol rojo se halla el nicho para guardar la custodia; a los dos lados podemos ver los relieves que representan figuras de ángeles con alas, así como pilastras con ornamentos florales a los dos extremos y, abajo, el escudo de la familia Nagyrévi, mientras en la parte más alta se ve la figura de Cristo resucitado con la Virgen y con San Juan.

El sagrario que fue donado por la ciudad de Pest en 1507 en el lado meridional, es muy similar, por su estructura y ornamentación, al sagrario de Nagyrévi. La base lleva el escudo de la ciudad de Pest, en lo alto hay cabezas de ángeles con alas.

Delante del presbiterio y a los dos lados se encuentran las grandes estatuas de la Virgen y de San José, obras de József Damkó.

El tabernáculo gótico del presbiterio es del siglo XV. En la pared del presbiterio, en el lado meridional, se observan nichos góticos con sillas y también un "mijrab" (nicho para rezar) de la época turca. El púlpito de estilo Zopf fue esculpido en 1808 por Fülöp Ungnadt. (J. Z.)

BUDAPEST / *Belváros* / *Centro de la ciudad* / / *V distrito* / 26
Iglesia de la Natividad de María (Iglesia Universitaria)

En este sitio, en el Medioevo, probablemente se encontraba el monasterio de los dominicanos, dedicado a San Antonio, que los turcos transformaron en mezquita.

Fue Leopoldo I quien en 1688 permitió a los frailes paulinos establecerse en la parte sur de Pest, porque su monasterio de Buda, dedicado a San Lorenzo, estaba en ruinas y situado lejos del aglomerado urbano que garantizaba seguridad. Los paulinos compraron la antigua mezquita y las casas circunvecinas en ruinas para construir en su lugar un monasterio y una iglesia. La construcción del convento se inició en 1715, y cinco años más tarde el ala meridional ya era habitable. Para entonces la mezquita fue destruída y en su lugar fue erigida con los dineros de Mária Magdolna Doloczky una capilla, dedicada a las Cinco LLagas Sagradas de Cristo. Puesto que ésta pronto resultó demasiado pequeña, en abril de 1725 fue puesta la primera piedra de la nueva iglesia. La construcción al principio prosiguió bajo la dirección de Mátyás Drenker, con la ayuda del maestro de construcción András Mayerhoffer, llegado de Salzburgo. Después de la muerte del arquitecto, Mayerhoffer asumió la dirección y dirigió los trabajos hasta 1735, o sea, hasta la llegada de Márton Siegl de la Alta Silesia. Las bóvedas y las fachadas fueron ejecutadas bajo la dirección de Siegl. La construcción a falta de medios prosiguió lentamente y el arzobispo de Kalocsa, Gábor Patachich, pudo consagrar el edificio sólo en el otoño de 1742. Para preparar las instalaciones y los frescos se necesitaron tres décadas: en 1743 fueron terminados los altares colaterales, en 1744 la portada adornada y los bancos hechos de roble, en 1746 el altar mayor y, en 1748, gracias a la donación de Ferenc Harruckern, llegaron a construirse el púlpito, la hermosa reja de la galería y las sillerías del presbiterio. La forma actual de las torres es de 1771; los frescos fueron pintados por Johann Bergl y por sus discípulos en 1776.

En 1876 se disolvió la orden de los paulinos; el monasterio pasó a ser propiedad del seminario central, mientras al otro lado de la iglesia se construyó el edificio de la Universidad trasladada a Pest. La iglesia era usada por ambas instituciones; de aquí viene la denominación Iglesia Universitaria.

La ornamentación externa e interna de la iglesia está relacionada con el culto a la Virgen y a los santos predilectos de los paulinos. Los frescos del techo presentan escenas de la vida de la Virgen: la visita a Santa Isabel, la Anunciación, la Inmaculada Concepción, la presentación de Jesús en el Templo y la Asunción de la Virgen. El altar mayor es obra de Antal Lipót Conti: el grupo escultórico central representa el nacimiento de la Virgen María; por encima de éste se ve la copia de la imagen sagrada del santuario nacional polaco fundado por los paulinos, una copia de la Virgen de Częstochowa; entre las columnas de esta construcción están colocadas las estatuas de San Antonio Ermitaño y San Pablo Ermitaño, obras del escultor de Pest, József Hebenstreit.

Los altares de las capillas colaterales presentan el tema usual de esta orden monástica: el culto de los santos casi obligatorio a mediados del siglo XVIII y los cultos tradicionales. En las capillas del fondo están situados dos altares en honor de San Andrés, San Juan Bautista, San Pablo Ermitaño, San Judas Tadeo, San Juan Nepomuceno, los santos húngaros, la Madre Dolorosa, Santa Ana y San Joaquín, el Corazón de Jesús, así como en memoria y en honor de Jesús en el Monte de los Olivos.

El magnífico púlpito es probablemente obra de Antal Lipót Conti. En los bancos ricamente esculpidos figuran lianas, flores, cuervos, leones y en la parte posterior de las sillerías aparecen las figuras de santos frailes paulinos. (B. D.)

BUDAPEST / *Terézváros* / *VI distrito* / 34
Iglesia parroquial de Santa Teresa de Ávila

Esta parte de Pest, que más tarde fue nombrada Terézváros (Ciudad de Teresa), comenzó a poblarse en la segunda mitad del siglo XVIII, motivo por el cual en el septiembre del año 1777 el conde József Batthyány, primado de Hungría, fundó aquí una parroquia autónoma. Durante un cierto período los fieles católicos de Terézváros visitaron una iglesita hecha de madera, pero después el alcalde János Boráros inició una colecta para recoger los fondos necesarios para construir una iglesia de piedra.

Los primeros proyectos de la nueva iglesia fueron hechos por el arquitecto Fidél Kasselik en 1801. Él se trasladó de Austria a Pest donde consiguió los derechos de ciudadanía en el año 1795. La primera versión era un proyecto barroco tardío – la nave central, el presbiterio y la sacristía se colocaban a lo largo del mismo eje – mostrando una fachada igualmente en estilo barroco, lo cual no logró agradar a los comitentes. La primera piedra de la iglesia, construída según la segunda versión, fue colocada en agosto de 1803. Contrariamente a la primera versión, fue realizada una nave de tres arcadas de estilo barroco tardío, en la cual el espacio central era el doble de los otros dos y del presbiterio. La fachada principal, cuyo proyecto fue rediseñado en 1808, es fuertemente clasicizante: la superficie de la pared que se extiende hasta la cornisa está adornada con pilastras que terminan en capiteles. La iglesia parroquial fue consagrada en diciembre de 1809.

Durante los primeros años fue usada la instalación de la vieja iglesia y sólo hasta 1822 se lograron construir el púlpito y el cuadro del altar dedicado a San José. El primero es una de las primeras obras realizadas en Hungría por Lőrinc Dunaiszky, escultor y carpintero, quien había estudiado en Viena, y los diseños fueron hechos por el profesor de dibujo József Schwartz. La severa y simple articulación del púlpito, los colores sobrios y la ornamentación evocan ya la impresión del estilo clasicista, mientras los relieves presentan todavía las características de la composición barroca. El cuadro de Paul Troger, uno de los mayores maestros de la pintura austríaca, que representa la Muerte de San José, inspiró a Alajos Jenny en la creación del cuadro de altar. Los colores fríos y la técnica de diseño neto y claro, presta un carácter clasicista a la composición barroca.

La instalación del interior de la iglesia forma parte de la eficaz actividad de Ádám Schreyer, párroco de la iglesia en los años 1820. Schreyer conoció muy bien a Mihály Pollack: su primer trabajo fue el altar dedicado a San José. La construcción del altar realizada en 1824 agradó tanto al comitente y a los fieles, que pronto dieron otros encargos: en 1828 fue realizado el altar mayor cuyo retablo – El Éxtasis de Santa Teresa – es obra de József Schoefft. Junto con el altar mayor se construyó el altar Bautismal (hoy dedicado al Sagrado Corazón de Jesús); después, en 1835 fue terminado el altar de San Esteban. Probablemente el cuadro del primero fue obra de un miembro de la familia Wagner, mientras que el autor del otro habrá sido József Schoefft.

Pollack construyó todos los altares en la misma manera: el retablo está colocado sobre un alto pedestal, encuadrado a ambos lados por dos columnas con capiteles adornados de acantos; los altares colaterales están compuestos por un cuadro colocado entre dos columnas que sostienen un friso y un tímpano bien adornados. El altar más modesto es el Bautismal cuyas columnas de capitel dórico sostienen sólo una cornisa articulada. La presentación de los altares es definida, por una parte, con el cuadro y, por la otra, con el ambiente arquitectónico de estilo clasicizante. Los relieves están casi escondidos y los ángeles arrodillados acompañan desde lejos las construcciones realizadas con materiales preciosos.

Los altares de Mihály Pollack causaron gran sensación: se volvieron modelos por su estructura fina, por su composición tranquila y por su ornamentación armónica.

La aguja de la torre no llegó a ejecutarse para la fecha de la consagración de 1809. En 1870 la Comisión de las Construcciones Públicas decidió cambiar la solución provisional y simple por una definitiva. Encargaron a Miklós Ybl quien diseñó una aguja neorenacentista.

El exterior actual de la iglesia lleva „ornamentaciones" neobarrocas agregadas más tarde, así la fachada proyectada por Fidél Kasselik se enriqueció con elementos que hoy dan el estilo ecléctico del edificio. Esta constatación es válida sobre todo para los encuadres de las ventanas y de las puertas y la imitación de la balaustrada conectada a la torre. (B. D.)

BUDAPEST / *Józsefváros* / *VIII distrito* / 35
Iglesia parroquial de San José

La iglesia fue construída entre los años 1797 y 1814, con base en los proyectos de Ignác Kundt y Fidél Kasselik. En el centro de la fachada de la iglesia de estilo barroco tardío, con dos torres, está situada la estatua de San José, obra de Lőrinc Dunaiszky de 1820. A la derecha y a la izquierda de la entrada mayor, en dos nichos, se observan las estatuas de Santa Margarita y Santa Isabel, obras de Ferenc Váradi. La nave de tres arcadas está cortada en el medio por un crucero. En los frescos de la nave figuran la Santísima Trinidad, unas escenas de la vida de San José y santos húngaros. Los frescos fueron pintados por Ignác Roskovics en 1914. El altar mayor de estilo clasicista fue construído en 1835 según el proyecto de József Hild. El cuadro del altar, obra de Leopold Kupelwieser y pintado en 1837, representa la Apoteosis de San José. En el intradós superior se ve el tríptico de József Wagner representando la Anunciación.

Los vitrales de la nave representan a la Inmaculada y a los santos húngaros, y fueron realizados en 1922 según los diseños de Dezső Kölber.

El altar barroco, adornado con estatuas barrocas, se construyó en 1802; las estatuas proceden del siglo XVIII. El altar de la Virgen está adornado con las estatuas de San Esteban y San Ladislao. El altar del Corazón de Jesús fue realizado por J. Runggaldier en 1907; enfrente de éste se encuentra el altar de estilo barroco, dedicado a San Antonio, que ha sido varias veces restaurado. El púlpito neobarroco es obra de Károly Ruprich. (J. Z.)

BUDAPEST / *Ferencváros* / *IX distrito* / 29

Iglesia parroquial de San Francisco de Asís

La iglesia fue construída con base en los proyectos de Miklós Ybl entre 1867 y 1869. El edificio situado en una terraza provista de balaustrada de piedra es de sistema basilical y estilo neorománico, con transepto; en la fachada occidental hay una torre.

En el frontispicio por encima de la puerta principal con archivoltas semicirculares, aparece el relieve de Leó Fessler que representa a Cristo. A los dos lados se ven ángeles. La estatua de San Francisco colocada en el pináculo del frontón es obra de Gyula Szász. Abajo, en la paredes externas de la torre se ven las imágenes en mosaico de la Virgen y San José. En la pared del crucero está colocada la estatua de San Francisco cuyo autor es Alajos Stróbl.

A la iglesia se llega a través de un vestíbulo cuadrado, cubierto por una cúpula. Por encima de las semipilastras de la galería del órgano aparecen el escudo nacional húngaro y el de la ciudad de Budapest. Los cuadros del presbiterio y del crucero son obras de Károly Lotz y Mór Than. En el presbiterio a la izquierda vemos la figura de San Ladislao, a la derecha la de San Esteban, mientras en el crucero podemos admirar las figuras de János Hunyadi y Giovanni Capistrano, así como de los profetas y de los Santos Padres.

El fresco que se halla sobre el altar mayor con cuatro columnas, es obra de Mór Than. Él diseñó también las ornamentaciones de los vitrales, pintadas después por Ede Kratzmann.

La primera parte construída del edificio fue la cripta con columnas y crucero, que hasta la consagración de la iglesia era el lugar de los oficios religiosos. (J. Z.)

BUDAPEST / *Kőbánya* / *X distrito* / 36

Iglesia parroquial de San Ladislao

La iglesia se construyó entre 1894 y 1899 con base en los proyectos de Ödön Lechner y Gyula Pártos, realizados en 1893. El edificio de tres naves de sistema basilical sigue el ejemplo de los arquetipos franceses de la época románica; la planta de la torre es hexagonal. El estilo de la iglesia demuestra las claras aspiraciones artísticas de Lechner: crear un art nouveau húngaro. La superficie externa está definida por elementos en forma de oruga y de cresta, así como por ornamentaciones figurativas y florales. La ornamentación escultórica es obra de Vilmos Marhenke e Ignác Oppenheimer.

Los pilares en pirogranito, las bóvedas y las consolas del interior de la iglesia están ricamente decorados. Los capiteles de la columnata de la nave, en los cuales aparece el escudo húngaro, tienen un marcado carácter magiar.

El altar, la casa del órgano y el púlpito fueron realizados en estilo renacentista italiano a partir de 1898, siguiendo los proyectos de Ottó Tandor; el material utilizado fue cerámica mayólica de la fábrica Zsolnay. El cuadro del altar mayor representa a San Ladislao y es obra de Ignác Roskovics. La ornamentación escultórica del altar es obra de Vilmos Marhenke. El cuadro del altar dedicado a Santa Margarita fue pintado por Ignác Roskovics, mientras el mosaico del altar de San Antonio es obra de Miksa Róth. Los vitrales coloreados son también obras suyas; las rejas de hierro fueron forjadas por Gyula Jungfer. (J. Z.)

BUDAPEST / *Farkasrét* / *XII distrito* / 12

Iglesia parroquial de Todos los Santos

La capilla funeraria del cementerio de Farkasrét quedó destruída completamente durante la II Guerra Mundial, y hasta cuando el nuevo edificio no se hubo terminado, fue usada para celebrar la misa, la sala del restaurante situado en el lugar de la iglesia actual. La nueva iglesia fue construída entre los años 1973 y 1977 según los planos de István Szabó.

El edificio está compuesto de dos partes asimétricas; la más grande comprende el interior de la iglesia, mientras la más pequeña y más alta contiene el vestíbulo y la entrada. En el tracto abierto que conecta las dos partes del edificio se encuentra la campana.

Nueve puertas de cristal permiten el acceso del vestíbulo a la iglesia. El altar es una mensa de mármol colocada sobre pies de hierro; junto a él se encuentra el tabernáculo que es un armario de metal inserto en el brazo inferior de un Crucifijo de hierro. El púlpito está formado por cuatro pilares en hierro y el atril del misal tiene forma de alfa y ómega. Los mosaicos de los vitrales reproducen a Todos los Santos y la escena de la Última Cena.

Los relieves de metal, el tabernáculo y los vitrales fueron proyectados y realizados por las propias manos del proyectista de la iglesia, el arquitecto István Szabó. (J. Z.)

BUDAPEST / *Városmajor* / *XII distrito* / 16

Iglesia parroquial del Sagrado Corazón de Jesús

La primera iglesia fue construída en este sitio por Aladár Árkay en 1923 para celebrar allí los oficios religiosos hasta 1933, año en el cual se terminó la construcción de la nueva iglesia. El edificio ahora está habilitado para los oficios parroquiales. Al espacio de nave única se añadió un presbiterio. En el edificio con pórtico y tejado de dos aguas se ven motivos folklóricos húngaros de la región de Kalotaszeg. También la construcción de esta iglesia fue iniciada según los proyectos de Aladár Árkay, y los trabajos fueron terminados por el hijo, Bertalan Árkay en 1933, después de la muerte del padre acaecida en 1932. El campanario que se conecta con la iglesia por medio de una arquería, fue erigido en 1937.

La iglesia de tres naves, provista de capillas colaterales, fue construída en estructura de cemento armado, el techo nervado está sostenido por filas de pilares de cemento armado. Contrariamente al exterior simple definido por formas modernas, el interior de la iglesia está ricamente ornado por cuadros y relieves. En el techo Vilmos Aba Novák pintó el fresco representando el Génesis. Él es el autor también de la figuración de San Esteban en el muro del presbiterio. Los apóstoles colocados en el arco triunfal fueron esculpidos por el escultor Pál Pátzay.

El cuadro del altar dedicado a San Emerico es de Pál Molnár C. El altar dedicado a San Ladislao en la capilla de los Héroes es obra de Béla Ohmann, mientras la estatua de la Piedad fue modelada por Pál Pátzay. En el altar de la Virgen el cuadro fue pintado por Masa Feszty.

La pila bautismal es obra de Margit Kovács. La representación de la Sagrada Familia en la puerta de la sacristía fue realizada por István Pekáry. El mosaico de la galería es obra de Lajos Bócz.

Los vitrales coloreados fueron diseñados por Lili Sztehló-Árkay; lamentablemente muchos de ellos se destruyeron durante el asedio de Budapest en 1944 y 1945. Las ventanas en las que figuran el Corazón de Jesús y el Calvario, ya están reconstruídas. (J. Z.)

BUDAPEST / *Zugliget* / *XII distrito* / 23

Iglesia parroquial de la Sagrada Familia

La iglesia y el edificio contiguo fueron construídos por encargo de la Orden de las Damas Inglesas entre los años 1913 y 1917 según los planos del profesor del Politécnico de Budapest, dr. Dezső Hültl. De modelo inspirador le sirvió la iglesia que se halla en Irlanda, en Rathfarham. El altar de la iglesia de planta de cruz griega, dentro del cual se guarda el Santísimo Sacramento, fue proyectado por Del Amico. El gran mosaico situado detrás del altar fue realizado por Imre Zsellér siguiendo el modelo de Merano: del fondo de oro emerge la Sagrada Familia compuesta por la Virgen,

Cristo, San José, Santa Ana y San Joaquín. También los vitrales fueron hechos con base en los bocetos de Imre Zsellér, mientras las estatuas de San Antonio de Padua y San Judas Tadeo son obras de Viktor Vass. (B. D.)

CSÁSZÁR / *Provincia de Komárom* / 65
Iglesia parroquial de San Pedro y San Pablo

La iglesia, bajo el mecenazgo de la familia Esterházy de Tata, señores feudales, fue construída entre los años 1771 y 1775, probablemente con base en los proyectos de Jakab Fellner.

Es un edificio barroco tardío con la cúpula en forma de cebolla por encima de la fachada y con el presbiterio de cierre derecho. La nave de tres arcadas con bóvedas vaídas y el presbiterio de arco rebajado, están decorados con los frescos en István Dorffmeister en los cuales figuran escenas tomadas de la vida de San Pedro y San Pablo. La primera imagen de la bóveda es *La predicación de San Pablo a los paganos*, en la segunda arcada, en cambio, podemos ver la pintura que representa *La entrega de las llaves*. El fresco de la bóveda del presbiterio eterniza el Paraíso que acoge a los apóstoles preparados al martirio, con la Santísima Trinidad, la Virgen y los ángeles. El cuadro del altar mayor muestra la despedida de San Pedro y San Pablo antes de su martirio.

El tema de los dos altares colaterales contiguos al presbiterio es la Adoración de los Reyes Magos y el Calvario. En el altar colateral situado a la derecha de la entrada figura la Virgen como Patrona de Hungría con los frescos de grisalla de San Esteban y San Ladislao. El altar de la izquierda fue consagrado al culto de San Juan Nepomuceno. Todos fueron realizados en el taller de Dorffmeister.

Cabe mencionar también la balaustrada del presbiterio en mármol rojo y en forma de reja que imita el recinto de la estatua de la Inmaculada de Salzburgo. Merecen atención especial, además, el púlpito a forma de barca que representa la escena de la pezca milagrosa, y el candelabro de la Pascua.

El portal, el recinto del presbiterio y las mensas de los altares son obras del maestro de Tata, Johann Georg Mess. (T. K.)

CSEMPESZKOPÁCS / *Provincia de Vas* / 124
Iglesia de San Miguel

La iglesia de ladrillos fue construída en dos fases en la segunda mitad del siglo XIII. La nave longitudinal y el presbiterio semicircular provienen del primer edificio, mientras la torre puesta a la fachada occidental fue construída más tarde. En el patrimonio artístico húngaro los zócalos de las columnas, que dividen en dos las ventanas gemelas de la torre, son únicos. También la ornamentación de la entrada meridional es peculiar; se descubre en ella la marca de uno de los estatuarios

de la empresa que construyó la iglesia de Ják: el portal hundido está encuadernado por una doble dentadura normanda; en la luneta del portal podemos distinguir la representación del Agnus Dei (Cordero de Dios). En el siglo XVII los protestantes ocuparon la iglesia que volvió a ser católica a principios del siglo XVIII. Los primeros frescos – imágenes de apóstoles en el arco del presbiterio – son de la misma edad que el edificio, transformado varias vaces en el curso de los siglos. Otros frescos decorativos y de ornamentación floral, así como las figuras alegóricas de la Fe, la Esperanza y la Caridad, fueron pintados en 1658.

El altar es de la primera mitad del siglo XVIII: el retablo representa a la Sagrada Familia con el Espíritu Santo y Dios Padre suspendidos por encima del Niño Jesús. En la galería se encuentra la pintura al óleo de István Dorffmeister, figurando en ella la Santísima Trinidad, entre marcos originales tallados que datan de la segunda mitad del siglo XVIII.

Esta iglesia de estilo románico es uno de los monumentos más significativos y más bellos de la arquitectura provincial de la época de los reyes de la dinastía Árpád. (T. K.)

CSERHÁTSURÁNY / *Provincia de Nógrád* / 151
Iglesia de San Esteban Rey

Esta región fue el antiguo dominio de la familia Csór. Tamás Csór hizo construir la iglesia en 1344. De este edificio, después de la ampliación ejecutada en 1934, quedaron solamente el presbiterio y los muros septentrionales de la nave y de la torre. Los muros del sur fueron desmontadas durante la reconstrucción y el edificio se agrandó con un espacio creado perpendicularmente con respecto a la nave de la iglesia, de origen medieval.

La visita canónica (Canonica Visitatio) del año 1711 atestigua que las bóvedas de la iglesia estaban pintadas y el altar estaba adornado con la imagen de San Esteban y en la parte inferior con las estatuas de San Ladislao y San Emerico. Más arriba se ven las estatuas de la Santísima Trinidad, San Lorenzo y San Esteban Protomártir, mientras en el pináculo se distingue la estatua de San Miguel.

El altar de estilo barroco temprano es una obra de finales del siglo XVII. (B. D.)

CSERKÚT / *Provincia de Baranya* / 100
Iglesia de San Juan Bautista

La iglesia situada en el centro de la aldea fue construída a principios del siglo XIII, y en el mismo siglo le edificaron en el lado norte, junto al presbiterio una sacristía y un osario contiguo a ésta. En esta época el cementerio que circundaba la iglesia quedó cercado con un muro arqueado, reforzado después, en el siglo XVIII. En el siglo XIV la entrada de la iglesia fue trasladada a la fachada occidental erigiendo una torre delante de ella.

En el siglo XVII, por un breve período, la iglesia fue a parar a la propiedad de los reformados, pero a principios del siglo XVIII volvió a ser de los católicos. Es un edificio de una nave con presbiterio que termina en arco de medio punto. La fachada meridional es la más decorada. En el centro se abre la puerta provista de un pequeño tejadillo oblicuo, por encima de la cual se encuentran tres ventanas alincadas.

La iglesia estaba cubierta con frescos externa e internamente, pero de la pintura externa han quedado sólo fragmentos. Los frescos de la nave y del presbiterio fueron pintados alrededor de 1330, pero las imágenes que ornaron el presbiterio hoy están casi completamente destruídas: en la parte de abajo se ven huellas de un cortinaje rojo, sobre el cual probablemente habían imágenes de los santos de la familia real Árpád. En la pared meridional del arco de triunfo se encuentra la efigie ecuestre de San Jorge; en el centro aparece Cristo el Pantocrador y al norte la Virgen con el Niño Jesús. En la parte interna del arco se distinguen figuras del calendario incrustadas en medallones. En la pared septentrional de la nave, en la faja superior, más allá de las figuras de los apóstoles desfilan los Reyes Magos, seguidos por la escena de la Adoración. En la franja inferior aparece la imagen del Cristo sufriente, al igual que San Miguel pesando las almas y San Nicolás. (T. K.)

DEBRECEN / *Provincia de Hajdú-Bihar* / 222
Iglesia parroquial de Santa Ana

En 1715 la ciudad, famosa por estar habitada por ciudadanos protestantes intransigentes y sobre todo testarudos, presentó instancia para recobrar el derecho de ciudad real libre. La reivindicación fue aceptada con la condición de garantizar un terreno para la construcción de un convento franciscano y una iglesia parroquial católica.

En 1716 János Bakó canónigo de Várad, propuso a Imre Csáky arzobispo de Kalocsa, obispo de Várad y prefecto de la Provincia de Bihar, establecer acá la orden de los padres escolapios. Desde 1719, el arzobispo otorgó cada año considerables sumas para la construcción de la iglesia en el terreno garantizado por la municipalidad, sumas que fueron utilizadas por los escolapios bajo la dirección del padre superior Elek Szlopnay, miembro jóven de la orden de los escolapios de Nyitra (Nitra, ahora en Eslovaquia).

Siguiendo probablemente el consejo del obispo de Eger, Gábor Erdődy, Szlopnay encargó a Giovanni Battista Carlone hacer los proyectos de la iglesia. La primera piedra de la iglesia de Santa Ana fue colocada en el verano del año 1721 y, a pesar de las devastaciones causadas por el incendio de 1727, los trabajos fueron muy rápido. En 1732 cuando Imre Csáky visitó la construcción, el portal de la iglesia estaba decorado con el escudo del mecenas y los muros, las bóvedas y el techo estaban ya listos; las torres, en cambio, llegaban hasta sólo la cornisa.

Después de la muerte de Imre Csáky (1733), su hermano el obispo de Várad, Miklós Csáky, hizo preparar la decoración interna y externa; después, en 1746 consagró la iglesia.

En este timpo, el altar mayor y los altares de Santa Teresa del Niño Jesús y San José probablemente estaban terminados, mientras el altar dedicado a San José de Calasanz fue acabado en 1751, y el de la Inmaculada en 1753.

Las torres construídas por Ferenc Povolni se completaron hasta la altura que tienen hoy, en 1834 según los proyectos de Carlone. En 1926 Gyula Wälder tratando de realizar un efecto monumental, transformó completamente las inmediaciones, la fachada principal y el interior de la iglesia, en estilo neobarroco. El edificio hasta entonces encajado dentro de una fila de casas, en 1907 quedó liberado, después de la demolición del antiguo convento, y ligado al ambiente circundante con un recinto de estilo neobarroco. Wälder construyó a todo lo largo de la fachada principal una terraza que terminaba en una amplia escalera y al lado de la entrada principal abrió entradas laterales. En 1930 el pintor Sándor Ungváry pintó nuevos frescos en el techo, y en este tiempo se ejecutaron los trabajos de estucado y se realizaron según los proyectos de Wälder, el nuevo altar mayor y el nuevo púlpito.

De la variada historia de la construcción se desprende que la iglesia de Santa Ana lleva las características de diferentes épocas; lo mismo se puede decir de las obras artísticas que adornan la iglesia externa e internamente. En los nichos, en el piso bajo de las torres están colocadas las estatuas del siglo XIX de San Esteban y San Emerico, mientras en torno del balcón de la bendición se hallan las estatuas barrocas que representan a San Ladislao, Santa Helena, Santa Isabel y San Florián. Estas últimas, al igual que aquellas que representaban a la Inmaculada, San Pedro, San Pablo, San José de Calasanz y San Juan Nepomuceno fueron modeladas por maestros de Eger, alrededor de 1723, junto con las estatuas que ornaban el frontón antes de la reestructuración efectuada por Wälder.

Los estucos que cubren el techo y las paredes internas de la iglesia fueron proyectados por Gyula Wälder, los frescos son obra del pintor de Debrecen, Sándor Ungváry. El altar mayor y el púlpito que engañosamente parecen ser del siglo XVIII, también fueron realizados según los diseños de Gyula Wälder, pero el cuadro que representa a Santa Ana es obra de Carl Rahn de 1834. En las capillas colaterales, los altares pertenecen a la edificación del siglo XVIII, aunque sólo el altar de San José de Calasanz, santo patrono de la orden de los padres escolapios, está provisto del retablo original. Los altares dedicados a San José y a Santa Teresa del Niño Jesús son probablemente obras de maestros de Eger, en cuanto a la estructura y a las estatuas, mientras el altar de la Inmaculada – según fuentes escritas – fue construído en 1753 por un artista que había venido de Kassa (Košice); también las esculturas talladas del altar de San José de Calasanz son obra de un escultor de Kassa, mientras el cuadro del mismo altar parece haber sido pintado por un artista recomendado por los padres escolapios vieneses. Las estatuas más

características de los ángeles de este altar hacen presumir la colaboración del escultor de Kassa, József Hartmann, de quien sabemos que trabajó con su escuela en Debrecen entre los años 1744 y 1757. (B. D.)

EDELÉNY
| Provincia de Borsod-Abaúj-Zemplén | 51
Iglesia parroquial católico-griega
Fiesta titular: la Apoteosis de la Santa Cruz

La iglesia fue construida en 1983, con base en los proyectos de Ferenc Török.
El arquitecto realizó el edificio hexagonal de ordenamiento central inspirándose en las tradiciones bizantinas. En los ángulos de los muros edificadas de piedras en bruto se abren ventanas gemelas, los portales tienen forma de arco de medio punto.
La doble cruz griega precede el campanario adosado al portal de la iglesia.
El presbiterio está situado a un lado de la iglesia de ordenamiento central, enfrente del cual se encuentra el iconostasio. El altar está hecho de mármol de Rakaca, la mensa del altar es de madera. (J. Z.)

EGER | *Provincia de heves* | 231
Basílica Arzobispal
Dedicada a Inmaculada Concepción, San Miguel Arcángel y San Juan Apóstol

La antigua catedral de esta diócesis cuyo patrono era el apóstol San Juan y cuyos vestigios conservados pueden ser admirados hasta hoy, en la Edad Media se erguía en el castillo de Eger.
En 1568 el capitán del castillo Gáspár Mágócsy alejó el cabildo de la fortaleza y demoliendo el presbiterio gótico de la catedral, construyó un sistema de defensa más eficaz y más moderno. El cabildo – con el permiso del emperador Rodolfo – usó la iglesia parroquial de la ciudad, dedicada a San Miguel, como catedral.
La iglesia parroquial gótica estaba situada en el lugar de la basílica actual, en la calle Piarcz. En 1596, después de la caída de Eger, los turcos la transformaron en mezquita y la usaron hasta 1686.
La construcción de la nueva catedral barroca fue iniciada, con utilización de los muros medievales, por el obispo István Telekessy, en 1713. Los trabajos fueron supervisados y dirigidos por Giovanni Battista Carlone que terminó la iglesia en 1727. El amoblamiento interior demoró mucho tiempo.
El obispo Károly Esterházy fue el que encargó en 1764 la construcción del nuevo altar mayor. El cuadro del altar, que representa el martirio de San Juan en la Caldera de Aceite Hirviente, es obra del pintor vienés Franz Anton Wagenschön. Las paredes del presbiterio fueron decoradas con frescos de János Lukács Kracker y él pintó también los cuadros puestos en los altares colaterales, en los cuales figuraban San Ladislao y San Esteban.
El obispo Károly Esterházy, en 1782, decidió hacer

construir una nueva catedral e invitó al maestro de Tata, József Grossmann que había construído también el liceo de Eger, a idear los proyectos. En 1799 el obispo murió, la diócesis fue dividida en tres partes y el obispado se convirtió en arzobispado.
En 1827 János Pyrker – originalmente fraile cisterciense, después obispo de Szepes y más tarde patriarca de Venecia – fue nombrado arzobispo de Eger; al cabo de un año encargó a János Packh – quien había construído la basílica de Esztergom – de preparar los proyectos de la nueva catedral. No obstante, los planos presentados no agradaron al arzobispo. Hasta el escritor y célebre literato, Ferencz Kazinczy escribió en forma crítica sobre el caso: "No tendrá cúpula ni torres… El arzobispo ha visto Roma, así pues, no hay duda de que finalmente no le faltarán estos elementos, pero el exterior no anuncia una iglesia."
En 1830 Pyrker confió la tarea de la planificación a József Hild. El maestro de Pest había estudiado en Viena, después llegó a ser arquitecto del latifundio de los Esterházy y trabajó al lado de Charles Moreau. En el mismo año, Hild presentó los planos y el presupuesto de los gastos previsibles. Después de que éstos fueron aceptados, en febrero de 1831 se inició la construcción de los fundamentos y para la Pascua el arzobispo pudo poner la primera piedra de la iglesia. Los trabajos, bien organizados, progresaron rápidamente; en octubre de 1833 se festejó el techado (fiesta que se realiza cuando la construcción llega al techo) y el 6 de mayo de 1837 János Pyrker consagró la catedral. (Los costos de la edificación llegaron hasta casi 681 mil florines de oro renanos mientras Hild por su actividad proyectista y organizadora y por la gestión de la construcción recibió como 11 mil florines renanos.)
La primera fase de la instalación y decoración de la basílica terminó en 1846; el arzobispo Pyrker, por medio de sus relaciones venecianas, invitó en primer lugar a maestros italianos: las estatuas y los relieves fueron realizados por Marco Casagrende, artista premiado con la medalla de plata de la Academia de las Artes de Venecia, y por los maestros de su escuela (Mihály Molnár, Ignác Bauer, József Faragó). A los dos lados de la escalinata (obra de Casagrande) que conduce a la entrada principal, están colocadas las estatuas de San Esteban y San Ladislao y, detrás de ellas, las de los apóstoles Pedro y Pablo; en la fachada principal también podemos admirar los relieves del maestro veneciano, y sus figuras simbólicas (Fe, Esperanza y Caridad) ponen final al tímpano de la fachada.
Al proyectar el interior de la iglesia, y especialmente al edificar las columnas libres, las trabas y la cúpula, el arquitecto Hild estuvo decididamente inspirado en los proyectos preparados anteriormente por Franz Anton Pilgram y en lo que él vió y admiró con ocasión de su viaje de estudios a Roma. Una parte de la ornamentación figurativa fue realizada por maestros italianos encargados por el arzobispo Pyrker; Casagrande y sus compañeros de taller esculpieron los relieves, mientras el pintor Josef Danhauser, muy conocido en Venecia, pintó el retablo del altar mayor, el Martirio de San Juan. En dos de los altares colaterales podemos

ver las tablas que anteriormente ornaron la catedral antigua, obras de János Lukács Kracker, mientras el veneciano Giovanni Schiavoni pintó el cuadro del *Cristo Crucifijado,* Michelangelo Grigoletti la *Sagrada Familia* y *San Miguel Arcángel,* el modenese Adeodato Malatesta el *Bautismo de Jesús,* y Giovanni Busato la imagen de *Santa Ana con Joaquín y con la hija María.* La capilla dedicada a la Virgen está adornada con una copia de la imagen sagrada de Máriapócs, realizada en 1699.

La segunda fase del embellecimiento interno de la iglesia duró casi hasta nuestros días : la estructura del altar mayor fue proyectada en 1904 por Virgil Nagy, las estatuas del mismo fueron esculpidas por Adolf Huszár. Las pinturas de la gran cúpula fueron realizadas por el artista István Takács proveniente de la vecina ciudad de Mezőkövesd, por encargo del arzobispo Gyula Czapik, en el curso de los años 1949-1950. También fue él el autor de las imágenes de la otra cúpula, próxima a la entrada. El púlpito en mármol blanco, obra de József Damkó, fue realizado en 1910. (B. D.)

EGER / *Provincia de Heves* / 234
Iglesia parroquial de San Francisco de Borja

Los jesuítas, después del retiro de las tropas turcas, muy pronto se establecieron en Eger. El general imperial Caraffa y el administrador de la Cámara, Mihály Fischer les donaron la mezquita y el lote adyacente situados junto a la puerta peatonal de la muralla de la ciudad. En las casas contiguas los jesuítas fundaron la escuela de la orden y decidieron usar provisionalmente la mezquita como iglesia.

El padre general de la orden determinó en 1692 el lugar donde se debía edificar la escuela y el monasterio. En Roma aprobaron los proyectos del rector de la orden de Eger, István Pethő, excluyendo otra idea del padre superior del monasterio de Viena. La preparación del terreno comenzó en 1699, pero la primera piedra fue puesta sólo el 31 de julio de 1700, después de la aprobación de Roma.

Entre 1703 y 1705 los trabajos fueron interrumpidos a causa de la guerra de independencia encabezada por Rákóczi, y en 1707 los padres abandonaron la ciudad para regresar sólo en el año 1710. En 1713 continuaron la construcción del convento, dirigida desde 1717 por Giovanni Battista Carlone y acabada, por fin, en 1727.

La edificación de la iglesia comenzó en 1731, con base en los proyectos aprobados previamente y retocados probablemente por el mismo Carlone que dirigió los trabajos, según demuestran las ornamentaciones de estilo rococó. En 1732 se acabó el presbiterio y luego, en 1743, con la construcción del vestíbulo ricamente decorado, los trabajos se terminaron. Simultáneamente con las edificaciones, entre 1737 y 1744, fueron construídos los altares colaterales mientras el altar mayor y los frescos de las bóvedas fueron realizados

sólo en el curso de los años 1769-1770. János Lukács Kracker fue el maestro de estos frescos que representaban escenas de la vida de San Francisco de Borja. Desgraciadamente todos quedaron destruidos en el incendio de 1827. Los actuales y las decoraciones respectivas fueron hechos en 1885 por Ferenc Innocent y Károly Bader.

El altar mayor fue realizado por el arquitecto de Püspök, József Francz, las estatuas por el maestro de Jászó Johann Anton Krauss, y los estucos por Johann Rueber, artista vienés.

En 1773 la orden de los jesuítas fue disuelta y la iglesia y el convento fueron cedidos a los cistercienses que hicieron reconstruir varias veces la iglesia arruinada por los incendios (1800 y 1827) y por los terremotos (1835, 1841 y 1925). Entre 1900 y 1902 se construyó un nuevo monasterio según los proyectos de Ignác Alpár.

La iglesia de Eger, incluída entre las iglesias húngaras de los jesuítas del siglo XVII, sigue – adecuándose a las prescripciones de la orden – el modelo de la iglesia romana Il Gesú, en cuanto a la proyección horizontal, así como al tratamiento y proporciones del espacio. El altar mayor es una obra artística sin ejemplar del rococó húngaro: en el centro está arrodillada la figura de San Francisco de Borja que lleva las facciones del obispo Károly Esterházy; en la cima del altar se ve el Cristo Crucifijado y las prefiguraciones de la Redención en el Antiguo Testamento con las figuras apasionadas y agitadas de Moisés y Abraham. El santo en plegaria está acompañado de las figuras de Melquisedec y de Aarón.

Conforme a los preceptos de los jesuítas, los altares de las capillas colaterales claramente divididas de la parte central, fueron elevados y dedicados, entre 1742 y 1744, a San Ignacio de Loyola (fundador de la orden), a San Bernardo de Claraval (anteriormente estuvo dedicado a San Francisco Javier), a Santa Ana, a la Virgen y a San Luis. Las estatuas fueron esculpidas por el escultor de Kassa, József Hartmann, los cuadros de los altares son obras de József Michael, János Lukács Kracker y Sándor Ungváry. En el altar de la Virgen se ve la copia del siglo XVIII de la imagen sagrada de la Asunción de Passau. El primer altar fue consagrado en 1737, en honor de la Santa Cruz. La insólita composición de la iconografía, característica más bien de los altares del Calvario de las iglesias franciscanas – al lado de Magdalena que está arrodillada a los pies de la Cruz, la Virgen, San Andrés, San Juan y Santa Barbara están de pie – probablemente es obra de Hartmann. También hay que resaltar por su belleza el púlpito (hecho alrededor de 1740), los bancos (alrededor de 1750) y los relicarios de los altares dedicados a la Santa Cruz y a San Luis. (B. D.)

EGER / *Provincia de Heves* / 236
Iglesia parroquial de San Antonio de Padua

La orden de San Francisco establecida en Eger ya en el siglo XIII, edificó un convento y una iglesia que permanecieron activos hasta 1596, año de la ocupación de la ciudad. La iglesia fue usada después por los turcos como mezquita.

Los franciscanos en 1517 se dividieron en dos ramas: frailes menores y frailes observantes. Los frailes menores aparecieron en Hungría sólo en el siglo XVII, precisamente en Eger en diciembre de 1687; el comandante de las tropas imperiales Caraffa, que había reconquistado la ciudad de los turcos, donó la mezquita a los frailes menores. El edificio medieval semidestruido por las guerras, en 1712 se derrumbó. Los frailes, entre 1715 y 1717 construyeron una nueva iglesia que a causa de las inundaciones del arroyo Eger, se volvió inutilizable. Los frailes menores pertenecientes a las provincias de Hungría y Transilvania en 1745 decidieron construir un nuevo convento en Eger, pero la ciudad se negó durante mucho tiempo a ceder el terreno escogido. Finalmente en 1757, gracias a la enérgica intervención del obispo Sándor Barkóczy, la orden recibió el terreno vecino al Municipio, donde en marzo de 1758 pusieron la primera piedra de la nueva iglesia que fue terminada en 1767; la instalación se edificó contínuamente hasta 1792.

La iglesia de los frailes menores es una obra insigne de la arquitectura religiosa barroca húngara. Durante largo tiempo se pensó que los proyectos fueran obra de Matthias Franz Gerl, maestro de la Prefectura de Eger, pero recientemente, como resultado de las investigaciones efectuadas en los últimos decenios, y basándose en la estructura de las bóvedas y en ciertas particularidades de la fachada de la iglesia Maria Treu de Viena, así como en la proyección horizontal y la formación externa e interna de la iglesia de Santa Catalina de Praga, parece estar comprobado que el autor sea Kilian Ignaz Dietzenhofer, personalidad destacada de la arquitectura barroca de Bohemia.

La instalación de la iglesia ideada según el programa iconográfico concebido para servir a la gloria de San Antonio, se llevó a cabo después de dos decenios y medio. El cuadro del altar mayor (1770) representa la visión del santo – *La Virgen María aparece a San Antonio*–, obra del artista János Lukács Kracker, nacido en Viena y establecido en Eger. Las estatuas laterales son obras del escultor proveniente de Pest, József Hebenstreit, a la derecha está colocada la estatua de estuco de San Buenaventura, a la izquierda la de San Agustín. El autor de los frascos del techo es Márton Raindl de Pozsony (Bratislava): en el presbiterio figura el milagro de San Antonio con el asno, en la bóveda de la cúpula aparece San Antonio en los vestidos de los frailes franciscanos y con el Niño Jesús en brazos, en la bóveda de la nave del lado del presbiterio, San Antonio predica a los peces, mientras la imagen siguiente reproduce la muerte del santo.

Entre los altares colaterales situados bajo la cúpula, el

de la derecha fue construído en honor de la Santa Cruz; entre las estatuas de estuco de Santo Domingo y San Francisco de Asís se distingue el cuadro pintado en 1930 por Aladár Kacziány. La Piedad, imagen colocada a la izquierda, fue pintada en 1792 por el maestro local János Zirckler, las estatuas que la circundan representan a San Juan Evangelista y la Virgen.

En el lado derecho de la nave vista desde la entrada, se ven los altares dedicados a San Juan Nepomuceno y San José, y en el izquierdo, los de Santa Ana y San Florián. (B. D.)

EGERVÁR | *Provincia de Zala* | 126
Iglesia parroquial de Santa Catalina

La iglesia, de nave única, así como el monasterio destruído durante la dominación de los turcos fueron construídos para los franciscanos por voluntad de László Egervári entre 1475 y 1511. La piedra sepulcral del fundador, de mármol rojo (1515) adorna el presbiterio de la iglesia.

Durante el dominio turco la desolación y los asedios sufridos de la cercana fortaleza hicieron que hasta la iglesia gótica quedara en ruinas; por eso, en 1758 se hizo una nueva cubierta en la fachada principal ornada con elementos barrocos. La nave se recubrió con una bóveda con lunetas y también la instalación interna fue renovada.

En la fachada principal se ven los escudos de la familia Egervári y de la familia Széchényi que hizo restaurar la iglesia, junto con el fragmento de un escudo. En la fachada lateral y en el presbiterio en el curso de la renovación efectuada en 1696, se logaron restaurar y reconstruir las ventanas con arcos trebolados de la época gótica, formadas de ladrillos perfilados.

La instalación interna de estilo rococó – el altar mayor, el púlpito, el Calvario y el grupo escultórico que representa a la Sagrada Familia – proviene de mediados del siglo XVIII. Las dos estatuas del altar mayor esculpidas en 1757 se encuentran actualmente en la Galería Nacional Húngara. (B. D.)

ERCSI | *Provincia de Fejér* | 116
Iglesia parroquial de la Asunción

La iglesia de estilo barroco tardío, provista de una torre colocada en la fachada, fue construída por voluntad de Júlia Szapáry entre 1762 y 1767. Desde 1855 funciona como lugar de peregrinación.

El exterior y el interior de la iglesia están ricamente decorados: sobre la entrada occidental se ve el escudo de la familia Szapáry. La nave con bóveda vaída y el presbiterio con cúpula de pechinas están cubiertos con frescos, pintados en la segunda mitad del siglo XVIII. El altar mayor dedicado a la Virgen María fue construído en 1763, según el testimonio del cronógrama que se distingue en el pináculo del mismo. Los altares colaterales dedicados a Santa Isabel, San Juan Nepomuceno y San Antonio son de la misma época que el

altar mayor. El púlpito, los bancos, los dos confesionarios y el órgano también provienen de la segunda mitad del siglo XVIII.

En el presbiterio, detrás del altar mayor se encuentra la imagen sagrada de la Virgen, pintada en 1756 por el siervo de la gleba Lukács Mészáros, de Ercsi, en memoria de su milagrosa curación (T. K.)

ESZTERGOM
| *Provincia de Komárom-Esztergom* | 3
Basílica Primacial
Dedicada a la Asunción
y a San Adalberto Obispo y Mártir

Esta Basílica es la iglesia más grande y de más alto rango de todo el país. La catedral dedicada a San Adalberto y construída en la época del reinado de la dinastía Árpád quedó en ruinas durante las guerras turcas: su belleza y grandiosidad han sido preservadas sólo por la capilla Bakócz y por la "Porta Speciosa" expuesta en el Museo del Castillo, lo mismo que por unos capiteles y piedras esculpidas que aún se conservan.

El arzobispado regresó a la ciudad en 1820. El primado y arzobispo Sándor Rudnay decidió volver a tornar Esztergom en el centro eclesiástico del país; de sus proyectos grandiosos se lograron realizar la construcción de la catedral, las casas canonicales, el seminario y el palacio arzobispal. Según las intenciones del arzobispo y los proyectos de Pál Kühnel, a la catedral colocada en el punto más alto de la ciudad deberían haberse añadido dos alas del palacio; la iglesia principal a los pies de la colina debería haber sido circundada de los palacios de los canónigos y de los edificios de otras funciones eclesiásticas. La corte de Viena observaba con celos el grandioso plan y más de una vez se entremetió para obstaculizarlo. Rudnay, para garantizar espacio y terreno suficiente y adecuado a la nueva iglesia, hizo demoler la iglesia de la guarnición de la época de María Teresa y los restos de la catedral medieval sin conservar ni los cimientos. El arzobispo encargó de los proyectos a Pál Kühnel dejando la dirección de los trabajos a János Packh. Después de la muerte del proyectista (1824) Packh continuó su labor, y para la muerte del arzobispo Rudnay (1831) quedó terminada la enorme cripta, la capilla Bakócz fue traspuesta y se logró elevar gran parte de los muros laterales.

En 1838 János Packh fue asesinado. El primado József Kopácsy – siguiendo el consejo del arzobispo de Eger, János Pyrker – encargó de la dirección de los trabajos a József Hild. Por falta de dinero, no obstante, se tuvieron que modificar las ideas originales y transformar los planos con respecto a la estructura y a la fachada de la Basílica, puesto que se debió abandonar la construcción de los edificios laterales.

Después de la guerra de independencia de 1848-1849 el nuevo arzobispo, János Scitovszky dedicó todas sus energías para terminar lo más pronto posible la construcción de la catedral. El 31 de agosto de 1856 – al son de las notas de la Misa de Esztergom (*Misa Solem-*

nis) de Ferenc Liszt y en presencia del emperador Francisco José y de los notables de todo el país – la Basílica fue consagrada, aun cuando la torre meridional no estuviera todavía concluída y ni comenzaran los labores de cimentar el vestíbulo.

En 1866 János Scitovszky murió y el sucesor, el enérgico mecenas János Simor – con la ayuda de József Lippert – terminó la construcción y puso el 1° de noviembre de 1869, la piedra de clausura de la Basílica. Después de este acto solemne prosiguieron aún por decenios los trabajos de instalación y decoración anteriormente empezados, tanto en el exterior como en el interior de la catedral. Los arzobispos prefirieron confiar la realización de esta enorme tarea a artistas extranjeros, aunque recibieron encargos también unos escultores húngaros.

Los relieves de la fachada occidental que da al Danubio, feuron esculpidos por Marco Casagrande, las estatuas de János Hunyadi y el arzobispo Dénes Széchy, en el peristilo, son obras de Johann Hutterer, mientras Johann Meixner creó los relieves que se hallan encima de la entrada principal, así como los de las arcadas de enlace, de la capilla Bakócz y de la que está dedicada a San Esteban; asimismo, las estatuas de los altares dedicados a San José y San Adalberto. Pietro della Vedova, de Turín, modeló la estatua de Péter Pázmány en 1884. En 1856 Pietro Bonani construyó el altar dedicado a la Santa Cruz, haciendo más tarde junto con Franz Anton Danninger los proyectos del altar mayor. Entre los artistas húngaros, György Kiss recibió el mayor número de encargos: sus estatuas en metal adornan la fachada que da al Danubio y él esculpió las efigies estatuarias del rey Luis el Grande y del arzobispo Csanád Telegdy, así como el relieve en el que figuran los mártires de Kassa y las estatuas del altar dedicado a San Martín. Uno de los eminentes maestros húngaros del estilo clasicizante, István Ferenczy, esculpió la estatua de San Esteban Protomártir en 1831.

La ornamentación de la cúpula fue realizada por Antonio de Toma, siguiendo el diseño de József Lippert, los frescos que imitan mosaicos, situados en las pechinas de la cúpula, son obra de Ludwig Moral, de Munich, y representan a los Santos Padres. El cuadro del altar mayor, copia de la Asunción de Tiziano colocada en la iglesia Frari de Venecia, es obra de Michelangelo Grigoletti y es obra suya también el cuadro del altar de la Santa Cruz y, en parte, el del altar de los mártires de Kassa.

Ludwig Moral es el maestro de las pinturas que ornan los altares de San José, San Adalberto y San Martín; asimismo es obra suya el fresco de la cúpula del presbiterio que representa a la Santísima Trinidad.

El arzobispo Tamás Bakócz en 1506 puso en el lado meridional de la catedral medieval la primera piedra de su capilla funeraria. La capilla renacentista sobrevivió los casi ciento cincuenta adversos años del dominio turco, salvándose también de los cañonazos de los libertadores cristianos, y cuando los restos de la catedral medieval fueron demolidos, la capilla se quedó en su puesto.

Mientras se iba construyendo la nueva catedral, en 1823, bajo la dirección de János Packh, la capilla fue "desmontada" en 1600 partes y después, las piedras esculpidas de mármol rojo fueron de nuevo recompuestas en la catedral en construcción, a una distancia de casi veinte metros del lugar original y a un nivel doce metros más bajo del medieval.

Según Giorgio Vasari el único autor de esta capilla fue Andrea de Piero Ferrucci, escultor y arquitecto de Fiesole, colaborador de Miguel Angel. Las investigaciones de los historiógrafos del arte, en cambio, hacer presumir que la construcción de mármol rojo fuese realizada por Ioannes Fiorentinus con la ayuda de discípulos escultores y estatuarios mientras el altar de mármol blanco de Carrara, la escena de la Anunciación y las figuras de Tamás Bakócz y de los Evangelistas fuesen obras del maestro fiesolano. Las figuras de San Esteban y San Ladislao fueron esculpidas a mitad del siglo pasado por Pietro Bonani, mientras la imagen sagrada de la Virgen fue creada y colocada en el altar en la época barroca.

El presbiterio investido para los actos litúrgicos parroquiales en la catedral es precisamente la capilla Bakócz, dedicada a la Anunciación. (B. D.)

ESZTERGOM

| Provincia de Komárom-Esztergom | 9
Iglesia parroquial de Santa Ana

En la parte meridional de la ciudad, desde el siglo XVIII se alzaba una pequeña capilla construída en honor de Santa Ana. La ciudad, a comienzos del siglo siguiente, fue extendiéndose justamente hacia esa dirección; por lo tanto, el arzobispo Sándor Rudnay, para servir a sus fieles, resolvió engrandecer la capilla. Sin embargo, por la demanda de la municipalidad en 1827, el mecenas decidió hacer construir una nueva iglesia en la plaza Vendel (hoy llamada de los Héroes, Hősök tere).

Rudnay encargó de la planificación de la iglesia apta para acoger a 700 fieles, a János Packh, arquitecto de la Basílica, asegurándole completa libertad en cuanto a la estructura y a las formas de la iglesia.

Packh escogió como modelo el Panteón de Roma, intentó en realidad construir un edificio menor provisto de cúpula, antes de comenzar los trabajos de construcción de la inmensa cúpula de la Basílica. János Packh siguió los proyectos de Bernini construyendo las torres laterales sobre el vestíbulo, pero no repitió la cúpula hemisférica del edificio antiguo; en su lugar, escogió como solución una cúpula con linterna, alzada del arco "goticizante". La construcción se inició en mayo de 1828 y el 7 de septiembre de 1831 el arzobispo Rudnay bendijo la cruz puesta en la linterna.

Unos días más tarde el arzobispo murió. A causa del fallecimiento del mecenas lo poco que quedó para concluir la edificación, es decir, algunos trabajos de albañilería, colocación de ventanas y puertas, y el acondicionamiento del interior, no fué proseguido y la construcción quedó suspendida por cinco años. (B. D.)

ESZTERGOM

| Provincia de Komárom-Esztergom | 10
Iglesia parroquial (del Víziváros, barrio llamado Ciudad de las Aguas) de San Ignacio de Loyola

Después de que los turcos fueron expulsados en 1683, por solicitud del arzobispo Lipót Kollonich los jesuitas recibieron un terreno en la ciudad. En breve tiempo la casa misionera ya estaba funcionando, y en 1696 inauguraron el propio convento y el liceo.

La construcción de la iglesia de los jesuítas – con base en los proyectos escogidos por la orden – comenzó en 1728 y fue terminada bajo la dirección de Petrus Ross en 1738. Las torres fueron edificadas más tarde, porque los comandantes de la fortaleza, aludiendo a motivos estratégicos, por cerca de medio siglo no permitieron la construcción de éstas. Finalmente en 1788, siguiendo los proyectos del maestro constructor del dominio primacial Ferenc Feigler fueron construídas las torres, mientras las agujas actuales se erigieron casi un siglo más tarde.

Después de la abolición de la orden (1773) la iglesia se convirtió en Iglesia Parroquial de Víziváros (Ciudad de las Aguas) y cuando el capítulo volvió (1820) fue usada provisionalmente como catedral, motivo por el cual el arzobispo Sándor Rudnay en 1820 hizo construir la sacristía del cabildo.

Artistas laicos pertenecientes a la orden adornaron el interior de la iglesia. Los altares fueron proyectados y esculpidos por el escultor Bernát Baumgartner entre los años 1735 y 1737. Anteriormente el artista había trabajado en Trencsén (Trenčin) y pasó gran parte de la vida en Székesfehérvár donde realizó la instalación interna del convento y de la iglesia de los jesuítas y fue el maestro del taller de escultores y carpinteros. Probablemente habrá sido Antal Werle, un artista perteneciente a esta orden quien efectuó los trabajos en este lugar entre 1735 y 1737. A sus actividades, aparte de los frescos del presbiterio, destruídos en 1944, se atribuye el cuadro del altar de la Virgen.

Los cuadros de los otros altares – dedicados a San Francisco Javier, San Esteban y la Santa Cruz – son obras de maestro(s) desconocido(s). El retablo del altar mayor en el cual figura la Apoteosis de San Ignacio de Loyola fue pintado por Martino Altomonte en los años 1736–1737; con seguridad sabemos sólo que el boceto de la composición debió ser obra de un maestro muy activo de origen italiano quien desempeñó gran parte de su actividades en Austria. (B. D.)

ESZTERGOM

| Provincia de Komárom-Esztergom | 11
Capilla y Calvario de Szent Tamás-hegy (Monte Santo Tomás)

El canónigo y obispo titular János Benyovszky en 1823 hizo construir esta capilla simple, de estilo clasicista, en memoria de los héroes cristianos caídos. Aquí fue sepultado en 1827.

El grupo de esculturas de Calvario delante la capilla, fue erigido en 1781 por el canónigo Márton Görgey entre los restos de la catedral medieval de San Adalberto, en el lugar donde una vez surgió el presbiterio. En el curso de los trabajos de construcción de la basílica de estilo clasicista, en 1822 cuando los restos de la catedral medieval fueron demolidos y el nivel del terreno fue bajado al actual, el grupo de esculturas fue desmantelado y cambiado de lugar después de un año, delante de la capilla recién construída.

Las estatuas del Calvario – Cristo y los ladrones, la Virgen, San Juan Evangelista y la Magdalena – fueron esculpidas por un maestro desconocido, pero a juzgar por la composición y los gestos de las figuras, el autor debe ser buscado entre los escultores de Pest-Buda. Entre las estaciones del Via Crucis que se remontan a fines del siglo XVIII las obras más acertadas son aquellas que representan las escenas de la *Flagelación de Cristo* y *La coronación de Cristo con la corona de espinas*. (B. D.)

FELDEBRŐ / *Provincia de Heves* / 240
Iglesia parroquial de San Martín

La zona que se extiende por el sudeste de los pies del monte Mátra estuvo poblada ya en la época más temprana de la conquista del solar patrio de los húngaros, por la tribu de los Aba, de origen cabardino. El centro de la comarca era la fortaleza de Pata, situada sobre el pueblo Gyöngyöspata y más allá, en Abasár se fundó el monasterio que hoy alberga los restos mortales del rey Samuel Aba. Los miembros de esta tribu construyeron una serie de fortalezas, castillos y monasterios en la zona y probablemente les debemos a ellos una de las construcciones más interesantes del Medioevo húngaro, la iglesia de Feldebrő.

La parte central de la cripta que se sitúa debajo de la iglesia barroca fue descubierta en 1865 por Imre Henszlmann. Posteriores excavaciones trajeron a la luz los muros laterales que fueron parte orgánica de la cripta.

La antigua iglesia era de planta rectangular, con ábside semicircular en cada lado. Debajo de su parte oriental está la cripta que por la parte occidental conecta con una cámara abovedada, desde donde parte una escalera estrecha y abrupta hacia la iglesia superior. En medio de esta cámara abovedada en 1936 descubrieron una tumba cubierta por una lápida. Esta tumba fue el centro de la iglesia y de la cripta, y realmente alrededor de ella se alzó la construcción rectangular que así se convirtió en iglesia-tumba.

La iglesia superior era de cinco naves, y la división del espacio interno se hizo mediante columnas y arcos torales. Los cuatro pilares centrales debían ser el soporte de la torre debajo de la cual se situaba el altar. Debajo de la parte central, resaltada por la torre y el altar, está situada la cámara abovedada; aquí descansaban en una tumba profunda los restos mortales de la persona venerada como santo, tumba en cuyas partes extremas hay dos altares.

Según la planta original, a la cripta se podía llegar desde las naves norte o sur; aquí macizos racimos de columnas soportan el peso de las bóvedas de las dos naves. A la cripta se le añadieron por el este un presbiterio semicircular, por el oeste un espacio cubierto por una bóveda en cañón. La bóveda de la cripta soportaba el altar mayor de la iglesia superior, resaltado como una especie de podio.

La nave de la cripta, así cómo la cámara de sepultura – con pequeñas ventanas – estaban conectadas visual y acústicamente con la parte superior: los fieles a través de las ventanas abiertas en el muro de la parte elevada del presbiterio, podían ver la tumba, el presbiterio de la cripta, el altar y los frescos sobre las paredes y podían escuchar la ceremonia religiosa que se efectuaba ahí abajo.

No se conoce ninguna construcción similar a la de la iglesia original ni en Europa, ni en el territorio del cristianismo oriental.

En la regiones bizantinas son frecuentes las iglesias de tipo central, pero se desconocen las criptas. En Europa occidental – donde el culto a los muertos se extendió rápidamente a partir del siglo XI, y se construyeron muchas criptas – las iglesias de tipo central son bastante raras.

Para definir la fecha exacta de la construcción de la primera iglesia sólo contamos con datos indirectos: en el siglo XIV – como iglesia parroquial – fue dedicada a la Santa Cruz. San Esteban recibió alrededor de 1018 la reliquia de la Santa Cruz; sólo después fue posible construir iglesias dedicadas a la Santa Cruz. Probablemente el iniciador de la construcción fue Samuel Aba, dueño de la región, una persona con rango de rey, quien empezó las obras antes de tomar posesión de su trono. El rey, asesinado en 1044, primero fue enterrado en este lugar y sólo más tarde trasladaron su cuerpo a Abasár, al monasterio familiar. Podemos suponer que el rey, popular en su época, fue venerado como santo y su memoria sobrevivió durante mucho tiempo en Feldebrő.

En su estado original la cripta estaba pintada, pero los restos de los frescos que podemos ver hoy en día posiblemente pertenecen a la segunda mitad del siglo XII. En la bóveda del ábside aparece Cristo, dueño del Universo con los símbolos de los Evangelistas. En el eje este-oeste el pintor que debió conocer muy bien los cuadros de las iglesias de Lombardía del siglo X–XI con marcada influencia bizantina, representa escenas de la vida y la muerte en la cruz de Cristo, mientras que en las otras superficies en una serie de marcos adornados aparecen personajes del Antiguo Testamento.

La iglesia-sepulcro fue restaurada a finales del siglo XII o principios del XIII; derrumbaron los muros principales norte y sur, con los ábsides respectivos y el edificio centralizado se transformó en una iglesia de tres naves que así se convirtió en iglesia parroquial del pueblo.

En los tiempos de las guerras contra los turcos, durante el asedio de Eger, el pueblo se destruyó junto con la iglesia y la población huyó. Casi 150 años más tarde, en 1690, cuando la población volvió, lo primero que reconstruyeron fue la iglesia y más tarde, los nuevos terratenientes, la familia de los Grassalkovich, llevaron a cabo reconstrucciones importantes. En 1744–1745 – utilizando los antiguos muros – fue totalmente renovada la iglesia que desde ahora se dedicó a San Martín; el presbiterio fue alargado hacia el este, sobre los nuevos pilares se colocaron bóvedas de cúpula y sobre el ábside occidental de la iglesia original elevaron una torre con aguja. De esta época proviene el altar de San Andrés, mientras que el púlpito y el altar mayor datan de 1839. (B. D.)

FELSŐÖRS / *Provincia de Veszprém* / 172
Iglesia parroquial de Santa María Magdalena Penitente

La iglesia de la prepositura se construyó en estilo románico en la primera mitad del siglo XIII y en la segunda mitad del mismo siglo fue ampliada con una sacristía. Entre 1736–1747 fue reformada completamente por el obispo de Veszprém, Márton Padányi Bíró. La iglesia original tenía torre sobre la fachada, tres naves y presbiterio semicircular. Las naves laterales terminaban en línea recta, con tres pares de ventanas gemelas. Del edificio del siglo XIII, lo que ha sobrevivido en mejor estado es la torre: su puerta hundida, ricamente articulada por medias columnas, tres cuartas y otras medias columnas, está abovedada con arcos de medio punto apoyados sobre capiteles, y toda la construcción se cierra con un remate triangular empinado. Sobre la portada corre una cornisa, por encima de la cual se abren tres ventanas semicirculares separadas por dobles columnas. Sobre las ventanas corre una cornisa de dientes de sierra. La última planta de la torre es octogonal; la aguja y las ventanas de arco de medio punto son de construcción posterior. Durante la reconstrucción en estilo barroco, la nave se unificó, y las ventanas de las fachadas laterales se emparedaron. La estructura original del siglo XIII fue descubierta en 1943.

En el interior merece mención el altar mayor del siglo XVIII. El púlpito data de 1743, lleva cuatro figuras y el escudo de Márton Padányi Bíró. La silla del prepósito es del siglo XVIII. (T. K.)

FERTŐSZÉPLAK
/ *Provincia de Győr-Moson-Sopron* / 68
Calvario e Iglesia parroquial de Todos los Santos

La iglesia parroquial se construyó entre 1728–1735 financiada por György Széchényi. El interior está adornado con un altar mayor y con altares laterales de alto nivel artístico, con esculturas situadas sobre consolas decoradas, cuadros y otros objetos pertenecientes al siglo XVIII.

Sobre una de las colinas cercanas, la esposa de Zsigmond Széchényi en 1736 hizo erigir un Calvario y sobre otra colina un grupo escultórico del Sagrado Corazón. El patrocinador amplió ambas construcciones y las hizo pintar por István Schaller en 1767. El conjunto del Sagrado Corazón fue sustituído por otra obra en el siglo XIX. (B. D.)

FÓT / *Provincia de Pest* / 152
Iglesia parroquial de la Inmaculada Concepción

La iglesia se construyó entre 1847–1855, por orden de la familia Károlyi, según los planos del famoso arquitecto Miklós Ybl. El edificio romántico que conserva ciertas huellas del estilo románico y de la influencia oriental, tiene tres naves y cuatro torres y se construyó a la par con la casa del párroco y la escuela, en el mismo estilo.

La iglesia se sitúa sobre una colina a donde se sube por una rampa balaustrada. En la fachada, a los dos lados del portal se sitúan las estatuas de San Esteban y San Ladislao, ambas realizadas por Hans Gasser en 1851.

En la mitad del frontis, encima del rosetón y sobre un elemento triangular decorado con motivos de la naturaleza se alza la figura de la Inmaculada, obra de Anton Fernkorn de 1853, elaborada en cinc.

La basílica de tres naves, lleva cuatro torretas en las dos torres de la fachada, al igual que en las torres posteriores. Sobre la portada, en el tímpano semicircular, vemos un grupo escultórico, obra de Hans Gasser, titulado *La adoración de los Reyes* y realizado en 1853.

La nave central está cubierta por un techo artesonado. En el lado derecho del presbiterio, sobre la puerta que lleva de la sacristía a la cripta sobresale el escudo de la familia Károlyi. En el altar mayor el cuadro de la Inmaculada Concepción es obra del pintor Karl Blaas; las figuras de los dos ángeles fueron esculpidas por Hans Gasser en 1849.

Los frescos del ábside que representan escenas de la vida de Jesús, fueron pintados por Karl Blaas y Karl Müller en 1853. Los cuadros de Santa Francisca y San Jorge también son obra del maestro Karl Blaas. El púlpito, tallado en madera en estilo romántico y ricamente decorado con ornamentos y angelitos, es de 1850.

La cripta debajo de la iglesia está dividida en tres partes por dos pilares decorados con ornamentación de hojas. Las esculturas del presbiterio de la cripta (*Cristo, el Ángel de la Resurrección* y *Erzsébet Károlyi*) fueron esculpidas por Pietro Tenerani en 1858. (J. Z.)

GANNA / *Provincia de Veszprém* / 174
Iglesia parroquial de la Santa Cruz y Mausoleo Esterházy

La iglesia y la cripta familiar clasicistas fueron construídas por Miklós Esterházy según los proyectos de Charles Moreau, de 1813 a 1818. Es un edificio de estructura particular, surgido de la unificación de una iglesia parroquial y una cripta familiar.

La iglesia de planta circular se sitúa sobre una base alta. A la pared sur se le añadieron unas alas que constituyen a la vez la fachada principal del mausoleo. La distribución del edificio se asemeja a la de la iglesia de Kismarton, obra del mismo arquitecto Moreau.

El altar mayor elaborado en mármol, se instaló en 1821. Las esculturas fueron realizadas por Josef Klieber, director de la escuela de escultores de Viena, a lo largo de los años 20 del siglo XIX. En la cripta reposan los restos mortales de cuarenta y siete miembros de la familia Esterházy. El último entierro efectuado aquí fue el año 1944. (T. K.)

GÖDÖLLŐ-MÁRIABESNYŐ
/ Provincia de Pest / 154
Iglesia parroquial de los Capuchinos de la Asunción

"Después de que el que fuera Antal Grassalkovits, conde de Gyarok, (…) con su esposa la condesa Terézia Klobusiczky, por una promesa, iniciaron la construcción de una capilla en honor de la Virgen de Loreto en esta población de Besnye, durante las excavaciones de la base del edificio (…) János Fidler, albañil nacido hace cuarenta años en Gödöllő, descubrió una piedra labrada; elevándola encontró un hueso cubierto por arena. Limpiándolo vió que éste representaba una imagen esculpida hacía mucho tiempo. Reconocieron en seguida la imagen de la Virgen con corona, con el niño Jesús coronado en su brazo derecho", escribe a mitad del siglo XIX el alcalde de Gödöllő y prosigue: "…la imagen de la Virgen esculpida en hueso blanco (…) fue excavada el 19 de abril de 1759…" y luego "tras algún tiempo, la pequeña estatuilla fue puesta sobre el altar y tanto para su cuidado, como para el de la cripta de la familia Grassalkovits se trajeron a los padres Capuchinos, quienes asentados en 1763, gracias a la ayuda del devoto Conde, también cuidan con diligencia el servicio espiritual de los miles de peregrinos que llegan". El conde Antal Grassalkovich, que provenía de una familia de la baja nobleza, pero quien a lo largo de su vida llena de éxitos, ocupó varias funciones de alto rango, entre 1759 y 1770 hizo construir el convento colocándolo sobre el eje que parte desde el palacio hacia el este, marcado por una hilera de árboles, como una especie de demarcación del panorama. El conjunto del convento tenía doble función; por una parte servía de posada para los peregrinos que venían a ver la sagrada estatuilla y por otra parte, como era costumbre de los Habsburgos, la cripta de la iglesia de los capuchinos servía como lugar de sepultura para la familia. En la primera fase de la construcción (hasta 1763) fueron construídos una capilla y el convento y más tarde, a partir de 1768 la cripta y la iglesia superior. El presbiterio de esta última llegó a ser la capilla, mientras que en una parte separada de la cripta descansan los restos mortales del fundador. Según el modelo de la casa de María en Nazaret, en la iglesia de Loreto, la capilla es una construcción separada, de forma de que se pueda rodear, y en su altar mayor se colocó la sagrada estatuilla descubierta. El antiguo presbiterio alberga la llamada estatua de la Virgen Sarracena, traída desde Loreto.

El monumento del sepulcro de los fundadores, de forma cúbica, con cuatro deidades, uno en cada esquina, fue creado por Johann Georg Dorfmeister en 1722. En la lápida aparecen los escudos de los Grassalkovich y los Klobusiczky y sobre estos, entre dos ángeles, el Cristo crucificado; sobre una base elevada, un jarrón ricamente decorado. (B. D.)

GYÖNGYÖS / *Provincia de Heves* / 242
Iglesia parroquial de San Bartolomé Apóstol

La iglesia que se construyó en la segunda mitad del siglo XIII, a mitad del siglo XIV fue reconstruído y ampliado por Tamás Széchényi. A finales del siglo XV se restauró como iglesia de nave única y en estilo gótico tardío. A lo largo del siglo XVI el edificio sufrió varios daños y a mitad del XVII le añadieron por el norte y por el sur un atrio interior. Entre 1747 y 1784 se reconstruyó radicalmente en estilo barroco. En 1854 la fachada principal recibió un aspecto romántico y luego entre 1920–1922 se reconstruyó según los planes de Virgil Nagy.

El edificio de tres naves, con dos torres en su fachada y con ábside poligonal, refleja influencias del gótico tardío y del barroco.

El altar mayor data de la segunda mitad del siglo XVIII; el retablo que representa el martirio de San Bartolomé (es una copia del cuadro de Ribera) fue realizado por Gábor Kranowetter en 1773. A los dos lados aparecen San Pedro y San Pablo. El altar colateral más antiguo está dedicado a la Asunción y procede de la segunda mitad del siglo XVII, los altares de la Virgen Dolorosa, de Santa Ana y del apóstol Santo Tomás son de la segunda mitad del siglo XVIII. El altar de la Natividad de la Virgen y la Santa Cruz son de estilo clasicista. El púlpito está ricamente tallado y realizado en estilo rococó. Uno de los objetos dignos de mención es la pila bautismal elaborada por un maestro húngaro en bronce, alrededor de 1500.

En la parte oriental de la nave sur de la iglesia, está empotrado el epitafio de István Orczy, instalado en 1748; en la pared oriental del atrio sur se encuentra el monumento sepulcral de Bertalan Almásy de 1710.

El armario de la sacristía es de 1756 y la fuente de lavamanos es de la primera mitad del siglo XVII.

El tesoro de la iglesia contiene cuarenta y tres objetos litúrgicos de la Edad Media y del Renacimiento, que sobresalen por su valor desde el punto de vista de la historia del arte. (T. K.)

GYÖNGYÖS / *Provincia de Heves* / 243
Iglesia parroquial franciscana de la Visitación (Ciudad Baja)

La iglesia se construyó en los siglos XIV–XV en estilo gótico tardío. Después de algunas reconstrucciones menores hechas en el siglo XVI se hicieron cambios radicales en estilo barroco a lo largo del siglo XVIII, en tres fases. Tras los daños causados por el incendio de 1904, la restauración se hizo bajo la tutela de Kálmán Lux y Frigyes Schulek quienes le dieron – sobre todo por las pinturas interiores – un carácter neogótico. Tras las reconstrucciones del siglo XIX la fachada fue restaurada en 1925, 1940 y 1990.

Es un edificio orientado hacia el Este, de nave única; la torre junto al presbiterio es gótica. El ábside se cierra por los cinco lados del octágono. La fachada y la torre que le corona son barrocas.

El altar mayor se realizó en la segunda mitad del siglo XVIII. El retablo – *La Visitación* – es de 1761, obra del maestro Gábor Kranowetter. A sus dos lados se sitúan las estatuas de San Francisco, San Antonio, Santa Ana y San Joaquín; sobre el frontón vemos a la Santísima Trinidad. De los siete altares colaterales son dignos de mención los altares de San Francisco y San Antonio de Padua que datan de 1759, así como el altar de Santa Ana, de la segunda mitad del siglo XVIII.

El púlpito, la pila bautismal y la sillería son del siglo XVIII. En la sacristía hay un armario de 1757.

Los cuatro retablos medievales del monasterio están en depósito en la colección de arte medieval de la Galería Nacional de Hungría. (T. K.)

GYÖNGYÖSPATA / *Provincia de Heves* / 244
Iglesia parroquial de la Natividad de María

La iglesia fue construída en el siglo XIII. Su transformación gótica se inició en 1400 y se terminó en la segunda mitad del siglo XV. El edificio necesitó varios retoques a lo largo del siglo XVII. Durante este tiempo, recibió un nuevo altar mayor. Entre 1748 y 1751 la sacristía destruída fue reconstruída y la nave del norte alargada. En 1839 Izabella Batthyány de Forgách, propietaria con derecho a patronato hizo restaurar la iglesia completa.

Es un edificio gótico aislado, orientado hacia el Este, con una torre sobre la fachada. El ábside se cierra por los cinco lados del octágono; su entrada occidental está ricamente articulada. La iglesia comprende una nave central, un presbiterio de la misma anchura y dos naves laterales de distinta anchura.

En la nave principal, debajo de las consolas de nervadura, se ven tallas rústicas hechas en piedra, que datan de la segunda mitad del siglo XV. De la pared norte del presbiterio sobresale el tabernáculo gótico: de la rica decoración pintada sólo quedaron fragmentos. En la pared norte de la nave vemos un fresco del Vir Dolorum. Las inscripciones y las figuras de los apóstoles del presbiterio reflejan el estilo pictórico del gótico. El retablo más antiguo de la iglesia representa la Natividad de la Virgen.

El altar mayor se construyó a mitad del siglo XVII. La composición del altar muestra un conjunto escultórico del árbol de Isaías: a la derecha y a la izquierda se encuentran dos ángeles con vela. Las ramas del árbol están decoradas con dieciocho bustos que representan a los antecesores de la Virgen María y, en medio, se ve una pintura al óleo de la Natividad de la Virgen. El altar colateral dedicado a San Miguel lleva la fecha de 1653; su pila bautismal se talló en piedra arenisca, en el siglo XV.

Otros objetos importantes proceden de la segunda mitad del siglo XVIII, así como de alrededor de 1800 los cuales son clasicistas, como por ejemplo la composición del Santo Sepulcro. (T. K.)

GYŐR / *Provincia de Győr-Moson-Sopron* / 55
Catedral Episcopal
Dedicada a la Asunción

En el primer decenio del reinado de San Esteban, el rey fundó el episcopado de Győr con su primer obispo Radla, llegado de la corte del príncipe Géza. De las anotaciones del misal del obispo Hartvik de Győr se deduce que a finales del siglo XI había aquí una iglesia de tres naves, con presbiterio elevado, sin transepto y con ábsides alineados. Esta estructura está indicada en una descripción realizada en 1566 sobre la colina que se llamaba Colina de Capítulo.

Esta forma de construir llegó a Hungría desde el Norte de Italia, Lombardía, a finales del siglo XI; se extendió por todo el país a principios del siglo XII (Pécs, Eger, Somogyvár, Garamszentbenedek son algunos ejemplos). Según otras opiniones, la iglesia era de nave única, cerrada por tres presbiterios alineados. Las torres decoraban la fachada occidental y se erigieron en la época del obispo Omodé (1257–1267). A mitad del siglo XIV, el obispo Kálmán (1337–1375) empezó las obras de una capilla en la parte occidental de la fachada meridional, obra que fue terminada por el obispo János Héderváry (1386–1415) en 1404. En los últimos años del siglo se reconstruyó con carácter gótico; el presbiterio fue cerrado de forma poligonal, las bóvedas se renovaron, y su peso se aligeró mediante pilastras adosadas. Debido al incendio posterior a la batalla de Mohács, la torre de la catedral se desplomó, las bóvedas se derrumbaron, la nave norte fue utilizada por los turcos como base de artillería y una explosión ocurrida en torno a 1600 derrumbó la otra torre. La reconstrucción del edificio utilizado entonces como establo y depósito, se hizo en estilo barroco, bajo las órdenes del obispo György Draskovich (1635–1650) y realizada según los proyectos de Giovanni Battista Rava, quien trabajaba en Pozsony en esa época. Eliminaron la cripta, y nuevas bóvedas fueron instaladas. La torre y la sacristía se renovaron en el período del obispo György Széchényi (1659–1681). El interior de la iglesia se debe al obispo Ferenc Zichy (1743–1783), la parte arquitectónica fue realizada por Menyhért Hefele y los frescos fueron pintados por Franz Anton Maulbertsch y sus ayudantes. Según los planos de Hefele, el altar fue tallado por el escultor vienés József Gottschall y las estatuas de los altares laterales son obra de József Bichler y József Nessensohn. Los dos altares de plomo son del maestro Jacob Gabriel Mollinarolo. La imagen sagrada de la Virgen que decora el altar de la nave lateral norte fue traída a Hungría en 1655 por el obispo irlandés Walter Lynck, fugitivo de Oliver Cromwell.

Para reforzar la torre que amenazaba con derrumbarse, en 1823 Jakab Handler levantó la fachada occidental en estilo clasicista. A principios de este siglo, Sándor Aigner y Károly Csányi restauraron la catedral en "su estilo"; su ábside poligonal se hizo de nuevo semicircular, recibió un techo de carácter basilical y se le añadieron algunos detalles neorrománicos. En la II Guerra Mundial se destruyó el tejado y la aguja de la torre. La reconstrucción de la catedral con criterio científico – la restauración del tejado y la torre, la presentación separada de la capilla Héderváry, la formación estética de las fachadas con auténticos detalles medievales y barrocos, así como la restauración de los retablos y los altares – se inició en 1968 y fue concluída recientemente. (B. D.)

GYŐR / *Provincia de Győr-Moson-Sopron* / 59
Iglesia benedictina
de San Ignacio de Loyola

Los jesuítas se instalaron en Győr en 1627; su iglesia – que imita el modelo de la planta de Il Gesú de Roma – se construyó entre 1634–1641, según los planos de Baccio del Bianco. El convento y la escuela ya funcionaban en 1667. En la elaboración de la fachada principal participó como arquitecto el hermano lego carmelita Athanasius Wittwer (alrededor de 1726); las dos torres son del siglo XVIII.

Tras la disolución de la orden en 1777, a partir de 1802 el edificio pasó a ser propiedad de los padres benedictinos, y tras casi doscientos años sigue funcionando la escuela secundaria, de gran prestigio, que instalaron en el edificio reconstruido en 1888. La decoración interior de la iglesia se empezó en 1642, en estilo barroco temprano, que sobresale principalmente en los estucos de las capillas laterales, así como en los altares laterales. La decoración de la nave se hizo a mitad del siglo XVIII; el retablo principal – *Glorificación de San Ignacio* – fue elaborado en 1744, los frescos de la nave y el presbiterio – *Apoteosis de San Ignacio* y *la Anunciación* – del año 1747; son obras de Paul Troger, uno de los pintores vieneses más populares del barroco. El altar principal es obra de János Götzelmayer de Győr; las estatuas fueron esculpidas por el vienés Joseph Rössler. La pintura arquitectónica del fresco fue elaborada por el italiano Gaetano Fanti.

Lajos Göde de Pozsony realizó el espléndido púlpito en 1749, a petición de Márton Padányi Bíró; la caja del órgano procede del año 1755 y sus tallas fueron elaboradas por Gáspár Burghart de Győrsziget.

Los cuadros de las capillas laterales representan en el lado izquierdo a la Patrona de los soldados, a la Patrona de los Húngaros y a San Esteban, y a la derecha la conversión de Saulo, Santa Rosalía y San Jorge aparecen en los cuadros. Los cuadros, al igual que las figuras y los estucos pintados que cubren las paredes de las capillas, son de mitad del siglo XVII. (B. D.)

GYŐR / *Provincia de Győr-Moson-Sopron* / 62
Iglesia carmelita de la Inmaculada
Concepción y de San Esteban Rey

Los carmelitas llegaron a Győr en 1697, donde construyeron una iglesia similar a la iglesia madre en Roma, según los proyectos elaborados por el hermano lego Athanasius Wittwer, perteneciente a esta orden; la construcción se llevó a cabo entre 1721–1725 y el monasterio estuvo listo en 1732.

Wittwer trabajó en Hungría para los benedictinos (Pannonhalma), para los franciscanos (Sümeg), los cistercienses (Zirc) y los paulinos (Pápa). Pero su nombre se destaca en construcciones de su orden en Austria (Linz, Sankt Pölten), en Bohemia (Pacov, Praga) y en Hungría (Bécsújhely, Szakolca). Fue uno de los representantes más importantes de la escuela arquitectónica del barroco del Danubio.

Tras la fachada de marcado aspecto italiano, se esconden una nave elíptica, cubierta por una cúpula, y un presbiterio rectangular. A su lado, orientada hacia el río Rába, se alza la torre. La nave está cubierta por una cúpula de trabazón; por el lado de la entrada está la galería del órgano, y en el lado opuesto el presbiterio con el altar mayor cubierto con una estructura de forma de cúpula.

Los frescos de la cúpula de la nave son obra de Joseph Kastner quien los pintó en 1908. El altar mayor se hizo por encargo del obispo de Veszprém, Ádám Acsády; Franz Richter lo planeó, e hizo las esculturas (abajo: el patriarca de Jerusalén Alberto, los profetas Elías y Eliseo, así como el patriarca de Alejandría Cirilo; en lo alto el papa Dionisio y el obispo Andrés Corzini).

El retablo del altar mayor representa a San Esteban y a San Emerico adorando a la Virgen; posiblemente es una obra de Martino Altomonte. (Durante los años ochenta del siglo pasado, la tela del cuadro fue rajada en trozos; en 1957 Antal Borsa recompuso la pintura según fotografías de la época y reconstruyó los trozos que faltaban.)

El púlpito fue construído en 1726, según los proyectos de Wittwer por la mano de Richter, quien también hizo los bancos en 1730.

Los cuadros de los altares colaterales de similar estructura, fueron pintados por Martino Altomonte en 1730. Los altares cercanos al presbiterio fueron instalados en honor de San José y Santa Teresa de Ávila, mientras los del lado opuesto, en honor de San Juan Nepomuceno y de San Juan de la Cruz.

En la capilla de Loreto figura la estatua de la Virgen Sarracena, elaborada en 1717, que reproduce la estatua de la Virgen de la Basílica de Loreto, cerca de Ancona (Italia). (B. D.)

GYULA / *Provincia de Békés* / 224
Iglesia parroquial de la Virgen de los Juncales

La iglesia fue construída por Károly János Linch en 1775–1777 en estilo barroco tardío, a petición del general Ferenc Harruckern. En el siglo XIX el Papa Gregorio XVI le otorgó indulgencia plenaria, pero sólo desde 1949 es lugar importante de peregrinaje. Es un edificio orientado al Este, con torres en la fachada y nave única, con cuatro secciones abovedadas y presbiterio de bóveda vaída. El altar mayor fue realizado en la segunda mitad del siglo XVIII con una pintura al óleo que representa la Inmaculada. El tabernáculo está pintado y enchapado en oro, con dos relicarios de forma piramidal y con dos ángeles en posición de adoración, y decorado con relieves que representan la Eucaristía. Son de resaltar los altares colaterales dedicados a Santa Ana, San Jorge, San José, San Antonio Ermitaño y San Pablo.

En la pared sur de la nave cuelga la sagrada imagen de la Virgen de los Juncales, que fue realizada por Antal Borsa en 1949, como sustitución del cuadro original destruído durante la ocupación turca. Debajo de la imagen se colocaron las lápidas votivas de mármol. En la parte de la nave que se sitúa bajo la imagen, yace el monumento sepulcral de Ferenc Harruckern, que data del año 1775. A su izquierda, en una vitrina vemos la copia de la estatua sagrada de Mariazell.

Son interesantes como recuerdos históricos las banderas de los gremios de la ciudad de mitad del siglo XIX y de la primera mitad del siglo XX, que cuelgan en el presbiterio, nave y galería.

La iglesia fue reconstruída en 1979, y los frescos del techo datan de dicho tiempo. (T. K.)

HAJDÚDOROG
/ *Provincia de Hajdú-Bihar* / 47
Catedral católico-griega
Fiesta titular: Presentación de la Virgen en la Iglesia

A mitad del siglo XVII la comunidad ortodoxa que abandonó la iglesia griega ortodoxa reconoció los dogmas del catolicismo y la primacía del Papa, pero mantuvo la liturgia y las tradiciones bizantinas. Así, fundaron el primer centro episcopal ortodoxo en 1771 en Munkács; el de Hajdúdorog se erigió en 1912.

En 1616 György Thurzó ofreció el pueblo de Dorog a "los soldados valientes y diligentes que estuvieron bajo el mando del valeroso capitán Száva" y los serbios que aquí se establecieron construyeron dos iglesias, probablemente de madera. En el siglo XVIII los católico-griegos fortalecidos edificaron con la dirección del parochus y luego del arcipreste de Dorog, András Bacsinszky, una iglesia barroca más grande, de nave única.

El edificio, vecino a la muralla medieval, fue reconstruido entre 1868–1876 en estilo romántico por fuera y por dentro; abriendo los muros laterales se añadieron naves y todas la fachadas fueron decoradas según el estilo neogótico.

En 1868 György Révész pintó los cuadros de la nave: *La ascensión de Cristo* y *La destrucción de los ídolos en la época de San Esteban*.

El iconostasio de cinco niveles, que consta de cincuenta y cuatro íconos, de la puerta real (o del zar) y de las puertas diaconales, así como de las imágenes básicas (San Nicolás, la Madre de Dios, Cristo y – conforme al nombre de la iglesia – la Presentación de la Virgen en el templo) es de principios del siglo XIX y fue elaborado por el artista predilecto de la diócesis de Munkács, Mihály Mankovics, ayudado por el pintor local János Szüts y por el tallador László Lengyel de Dorog. Sobre las puertas diaconales aparecen San Miguel y el arcángel Gabriel, y sobre la puerta real, escenas del Antiguo Testamento. En el primer nivel del iconostasio se ven las doce grandes celebraciones religiosas, en el segundo los apóstoles, en el tercero los doce Santos Padres con Cristo en su trono y en lo alto la ascensión de Cristo y escenas del Calvario.

Entre 1790 y 1810 se construyeron el altar de preparación, el trono episcopal y el púlpito. La *Última Cena* de György Révész (1858), el antiguo retablo y la copia que realizó del cuadro de Rembrandt *(Descendimiento de Cristo)*, hoy se ven en el presbiterio, mientras que el actual retablo del altar que representa la coronación de la Virgen data de 1937. (B. D.)

HALÁSZTELEK / *Provincia de Pest* / 118
Iglesia de Santa Isabel de Hungría

La iglesia que tiene una planta y estructura peculiar fue construída entre 1976–1982 según los proyectos de György Csete con la participación del ingeniero de estructuras Jenő Dulánszky.

Los textiles artísticos que decoran la iglesia (banderas, manteles que cubren el altar, ornamentos ceremoniales etc.) son obra de Ildikó Csete. (B. D.)

JÁK / *Provincia de Vas* / 129
Iglesia parroquial de San Jorge

La iglesia parroquial benedictina fue fundada alrededor de 1220 por Márton "el Grande" de la estirpe Ják; la consagración de la iglesia se efectuó en 1256. Su construcción se hizo en varias fases: las partes más antiguas son el muro de la nave lateral del norte y el ábside lateral del norte. En la segunda fase se elevaron las partes orientales, los muros de cercar y el sistema de los pilares internos de la iglesia. Los trabajos fueron continuados por un taller arquitectónico que realizó diversos edificios en el Transdanubio y cuyo trabajo se ajustaba a las características del románico tardío y el gótico temprano de Europa Central y en particular de Alemania del Sur y de Austria.

Entre 1896–1904 el edificio fue restaurado según los planos de Frigyes Schulek y de László Gyalus, y las decoraciones escultóricas fueron sustituídas por nuevas.

Es una basílica de tres naves, sin crucero, cuyas naves terminan en ábsides semicirculares. La fachada está decorada por dos torres con aguja de pirámide. De la decoración con estatuas del exterior, sobresalen las de la fachada occidental, donde la entrada está enmarcada por tallas geométricas de estilo normando. En la parte superior del portal, en nichos de tres lóbulos ascendentes en escalinata, se colocaron las figuras de Cristo y los doce apóstoles. En la anteportada vemos a la Virgen, Sansón luchando con el león y un fragmento de un león.

La cornisa del ábside principal muestra semejanza con el friso del exterior de la Basílica de Bamberg. En el tímpano de la entrada lateral del sur se representa el Agnus Dei.

Mediante cinco pares de pilares, el espacio interior se divide en tres naves.

En su época, la nave y el presbiterio estaban cubiertos por pinturas de las cuales para hoy sólo quedan fragmentos: en la parte baja de la torre aparece la muerte de la Virgen María y Jesús rodeado por los apóstoles, mientras que en la bóveda vemos los miembros de la familia del constructor. En la pared del presbiterio aparece un fresco del siglo XIII que representa a San Jorge. (T. K.)

KALLÓSD / *Provincia de Zala* / 177
Iglesia de Santa Ana

La iglesia, según los testimonios de la época, fue construída en los años 1270, por los hijos de Orosz. En el Medioevo su patrón fue San Nicolás. Durante la ocupación turca no sufrió grandes daños; fue reconstruída en el siglo XVIII, y en el siglo XIX se amplió con una estructura de madera.

La iglesia redonda de 5,8 metros de diámetro, hoy tiene carácter gótico. Por fuera está articulada por medias columnas, y en el interior hay seis nichos ojivales.

Su cúpula de forma de campana y su techo originalmente estuvieron cubiertos de chilla (tabla muy delgada) y hoy tienen tejado de lata. (T. K.)

KALOCSA / *Provincia de Bács-Kiskun* / 205
Basílica Arzobispal
Dedicada a la Asunción

La catedral más antigua de esta diócesis fundada por San Esteban estuvo ubicada en el sitio de la actual, y sus restos fueron descubiertos durante las excavaciones de 1896–1910. El eje longitudinal de esta antigua iglesia se desviaba del actual en sentido norte-este; sus muros que se encuentran a una profundidad de metro y medio de diferencia respecto del nivel actual, muestran una iglesia de una nave, con ábside semicircular. Según Ernő Foerk quien dirigió las excavaciones, la iglesia original por su base, su técnica de construcción y por los hallazgos de la tumba que encontraron bajo el presbiterio, debió ser de la época de San Esteban.

La segunda catedral se construyó después de la demolición de la primera, con un eje longitudinal idéntico al de ahora, y con una base muy compleja. A las tres naves longitudinales se le añadieron una nave tranversal y un presbiterio con deambulatorio rodeado de absidiolos. El presbiterio posiblemente estuvo separado de la nave por una pared divisoria. Por el exterior las paredes fueron adornadas con traquita de color verdoso, las columnas se construyeron con mármol rojo y los capiteles estuvieron decorados por hojas muy artísticas que terminaban en bulbos. Los muros de esta segunda catedral se conservaron hasta la altura de la fila de piedras superiores del fundamento y sobre éstas se construyó la actual basílica. La construcción de la segunda catedral, según sus grandiosas dimensiones y sus detalles elegantes, podría datar de alrededor de finales del siglo XII o principios del siglo XIII, cuando el arzobispo de Kalocsa por su poder e influencia fuera el gran rival del arzobispo de Esztergom.

El tejado de la basílica seriamente dañada durante la ocupación turca, quedó destruido en 1602 en un incendio, las bóvedas se desplomaron, y así sobrevivió hasta la liberación del dominio de los turcos. En 1710 una parte del edificio en ruinas fue cubierta; luego, el arzobispo Imre Csáky en 1728 mandó preparar los proyectos de la reconstrucción y las partes inútiles se destruyeron. En 1734 su sucesor, Gábor Patachich hizo traer a Kalocsa piedras por el cantero de Pest, János Éder, nacido en Salzburgo, y en junio de 1735 fue puesta la primera piedra de la nueva basílica. En el mismo año se terminó el ábside con las sacristías y los oratorios, así como la primera arcada de la nave, que se cerró con una pared y una pequeña torre por el lado occidental. En 1738 el retablo de la Asunción de la Virgen fue trasladado de la iglesia parroquial a la basílica incompleta y la iglesia fue consagrada. En 1741 finalizaron las obras de la nave y los muros de la torre llegaron a una altura de dos metros, pero la construcción no prosiguió hasta 1751, y fue terminada en 1757 con la colocación de las estatuas de San Pedro y San Pablo que hasta hoy se observan en la parte superior de la fachada occidental. A la par con las obras exteriores, pero en especial durante el arzobispado de Ferenc Klobusiczky y József Batthyány se llevaron a cabo las obras interiores; se elaboró un altar mayor de baldaquín, las bóvedas se decoraron con relieves, las paredes se llenaron de estucos y se construyó un nuevo órgano.

En 1795 el techo y las agujas de las torres se destruyeron en un incendio. Las agujas actuales de estilo clasicista, son de 1799–1800. A lo largo del siglo XIX se trajeron numerosas estatuas y retablos a la basílica, y entre 1908–1912 bajo la dirección de Ernő Foerk, quien llevó a cabo numerosas investigaciones, se le dió el aspecto actual a la basílica. Respecto al exterior, en lugar del deambulatorio medieval se construyó una corona de capillas que interconectaba las sacristías y, en su eje principal, abrió una nueva escalera para bajar

a la cripta arzobispal; en la línea del arco de triunfo se colocó una torre linterna sobre el tejado, y se agregaron nuevos relieves en la fachada principal. En esta época se realizó gran parte de la instalación, y en primer lugar el altar mayor que conservó el retablo original pintado por Leopold Kupelwieser en 1857.

Los escudos que decoran la fachada principal son de 1750 y las estatuas de San Pedro y San Pablo, entre las torres, datan de unos años más tarde. La estatua de la Virgen se talló a finales del siglo XIX y el relieve debajo de la cornisa – *La Virgen con los santos húngaros* – debe ser de 1912.

Los relieves en estuco de las bóvedas de la nave principal y del presbiterio, las figuras de San Jerónimo, San Agustín, San Ambrosio y San Gregorio Magno, así como las dos escenas alegóricas se elaboraron entre 1768–1770; el púlpito data de 1752. De los altares colaterales, el más antiguo es del período barroco y representa a la Virgen Dolorosa; el altar dedicado a San Luis refleja las características del barroco tardío (alrededor de 1790), así como los retablos de los altares dedicados a la Santa Cruz, a San Juan Nepomuceno y a San Pedro y San Pablo (1807), mientras que el pintor de Pest, József Pesky, realizó en 1832 el retablo clasicista que representa al rey San Esteban; el altar del Ángel de la Guarda es obra de Johann Kessler y data de 1865. (B. D.)

KALOCSA / *Provincia de Bács-Kiskun* / 209
Iglesia de San José

La orden de las canonesas de Nuestra Señora surgió en Francia a finales del siglo XVI, de acuerdo con las reglas de San Agustín; esta orden educativa llegó a nuestro país a través de Alemania, e inicialmente se estableció en Temesvár (Timisoara).

La orden de Nuestra Señora fue invitada a Kalocsa por el arzobispo de Kalocsa, József Kunszt, en 1858. Su centro de enseñanza para maestras y profesoras se hizo de fama nacional. Aunque la pobreza de la época se refleja en las construcciones, la construcción del convento y la iglesia de Kalocsa fueron una excepción; además, los proyectos fueron realizados por un arquitecto extranjero, el vienés Karl Rösner, y las obras se llevaron a cabo bajo la dirección de Gustáv Lofahl, maestro de Pest, entre 1858–1859 en estilo romántico. El retablo del altar que representa la apoteosis de San José, es obra de Leopold Kupelwieser quien realizó también algunos cuadros de la basílica. (B. D.)

KECSKEMÉT
/ *Provincia de Bács-Kiskun* / 156
Iglesia parroquial de la Ascensión de Nuestro Señor

La Iglesia Mayor se encuentra en la plaza principal de la ciudad, cerca de la iglesia parroquial medieval (actualmente iglesia franciscana). Se construyó entre 1774–1806, y el arquitecto fue el padre escolapio Gás-

pár Oswald. La torre en su forma actual proviene de 1863. La fachada principal está decorada por estatuas y relieves: en los nichos vemos las figuras de San Esteban y San Ladislao, en los laterales de la fachada a San Pedro y San Pablo, sobre la entrada de mármol rojo vemos la escena de *Cristo entregando las llaves a San Pedro,* y en el tímpano el relieve de la Patrona de Hungría.

El retablo del altar mayor representa la Ascensión de Cristo, el altar colateral de la izquierda está dedicado a San Esteban a quien en el cuadro le vemos ofreciendo la corona a la Virgen; el de la derecha representa a los apóstoles. Los tres cuadros son obra de József Falconer de 1791. El púlpito es de la misma época. En el vestíbulo vemos cuadros procedentes de altares del siglo XVIII. Los frescos de las bóvedas son obra de Ignác Roskovics, realizados en 1902. (B. D.)

KECSKEMÉT
/ *Provincia de Bács-Kiskun* / 158
Iglesia (franciscana) de San Nicolás

El edificio que en la Edad Media funcionaba como iglesia parroquial, a finales del siglo XVI pasó a ser propiedad de los franciscanos. Algunos contrafuertes, así como la parte inferior de la torre, son del siglo XV, pero gran parte de la iglesia se construyó a finales del siglo XVII. El interior y los muebles son del siglo XVIII.

A lo largo de la muralla que rodea la iglesia se ve el grupo de Calvario; las cruces de los ladrones desaparecieron, el cuerpo de Cristo es del siglo XX, pero las figuras secundarias son originales. (B. D.)

KECSKEMÉT
/ *Provincia de Bács-Kiskun* / 159
Iglesia parroquial de los padres escolapios de la Santísima Trinidad

El establecimiento en Kecskemét de los escolapios se debe a la iniciativa de un rico terrateniente, István Kohány. El terrateniente, de gran cultura, que cedió gran parte de su fortuna a la construcción de edificios públicos, contribuyó a la edificación de la iglesia y a la adquisición de su mobiliario con treinta mil florines y otros donativos.

En 1729 depositaron la primera piedra; la cripta y el presbiterio estuvieron listos en 1735 y para 1745 finalizaron la construcción de toda la iglesia. Desconocemos el arquitecto; se ha pensado en András Mayerhoffer quien participó en la construcción de la iglesia de los paulinos de Pest y en la obra de la basílica de Kalocsa, pero, como ya es costumbre en la orden de los escolapios, puede ser que sea obra de algún miembro de la orden. (La iglesia escolapia de Nyitra es obra de Vazul Króluk, la de Privigye de Hiacint Hanghe, mientras que la iglesia de Vác es la de Zsigmond Schindler, todos miembros de la orden). En el caso de Kecskemét, a partir de 1728 participó en la construcción de forma importante el primer superior de la orden, Sándor

Demka, así pues, él también puede ser arquitecto de la iglesia.

En 1746 se empezó la decoración del interior; se trajo de Privigye el altar mayor y se irguió en la capilla de la Virgen el altar; un año más tarde llegó igualmente de Privigye el púlpito. Los años siguientes se dedicaron a la pintura y a la instalación de las estatuas que faltaban en los altares.

En 1760, según las indicaciones de András Mayerhoffer, se reconstruyó la fachada principal que según los planos originales debía ser de dos torres; en esta época se construyeron las estatuas que representan a la Inmaculada, a San José de Calasanz, San Esteban, San Ladislao, Santa Isabel y San Juan de la Cruz, que son similares a las obras del escultor de Pest, József Hebenstreit, y que deben ser obras de su taller.

A petición del fundador, el altar mayor se dedicó a la Santísima Trinidad y a la Virgen, y por esto, el retablo creado por el artista austríaco Christophorus Tausch alrededor de 1730, representa la Asunción de la Virgen en compañía del Padre, el Hijo y el Espíritu Santo. El altar dedicado al fundador de la orden, San José de Calasanz, beatificado en 1748, se talló en Pest, y fue traído a la iglesia en 1751. Según la tradición, István Kohány aparece en la imagen de un joven noble en compañía de los ángeles.

El más antiguo es el altar de Santa Ana: en 1741 Anna Szabó, esposa de un terrateniente de Királypuszta, donó todos sus bienes a la elaboración de esta obra. Al altar de la Sagrada Familia hoy se le llama más bien altar de los Pastores, ya que los gastos fueron cubiertos por donativos de los pastores de los alrededores de la ciudad. A ello se debe que al lado del Niño Jesús aparezcan auténticos pastores de la llanura vestidos como los de la „puszta", quienes aportaron considerablemente a mantener la iglesia y el convento. En 1780 se realizó el altar dedicado al patrón de los pastores, San Vendelino, pero fue pintado y dorado sólo en 1821. El altar de la Virgen es de 1758; su autor, del período rococó, escogió una forma muy original en la representación, ya que en vez de la tradicional apoteosis, es la Virgen con el Niño Jesús que aparece en la imagen sagrada, la que elevan los ángeles hacia el Espíritu Santo y hacia el Padre. El altar dedicado a San Juan Nepomuceno es el más detallado y mejor elaborado; originalmente estuvo adornado por las figuras de los reyes San Esteban y San Ladislao, pero hoy en día en la mitad vemos a los obispos San Gerardo y San Adalberto, y sobre ellos a San Jorge y la estatua ecuestre de San Martín acompañados del dragón y el mendigo. En memoria de la peste ocurrida en 1739, se realizó en el año 1756 el altar dedicado a los Catorce Santos Auxiliares; en el cuadro del altar, típicamente votivo y antaño muy cargado de esculturas, los santos van alineados de forma medieval. El cuadro sagrado que adorna la capilla de la Virgen es copia de la pintura que podemos ver en la catedral de Nagyszombat (1708). La copia es del maestro Johannes Hager, del año 1749. El púlpito procede de Privigye, y fue instalado en 1747.

La iglesia y su interior conforman uno de los valores más importantes del barroco húngaro. Tras la fachada de buenas proporciones y bien elaborada se extiende un espacio elegante con altares de tono original. (B. D.)

KESZTHELY / *Provincia de Zala* / 178
Iglesia parroquial (franciscana) de la Patrona de Hungría

La iglesia fue erigida en 1386 por István Lackfi (II) para los padres franciscanos. Alrededor de 1550 la reconstruyeron como iglesia-fortaleza y luego en 1747 se renovó en estilo barroco. La torre de la fachada occidental se le añadió en 1878. En el año 1896 se reconstruyó en estilo neogótico según los planos de Ottó Sztehló y Antal Hencz, y en lugar de los muebles barrocos se colocaron los actuales.

Es un edificio de estilo gótico tardío, con un presbiterio cerrado en forma octogonal. Su nave está cubierta por un sistema de bóvedas de nervadura de cinco arcadas; las nervaduras cierran con claves que llevan o bien escudos, o representaciones simbólicas.

Los frescos de la iglesia son del siglo XIV. En la pared norte de la nave podemos ver escenas de la vida de Jesús, en la pared sur aparecen el advenimiento del Espíritu Santo, la muerte y asunción de la Virgen María, así como la coronación de la Virgen. En las paredes sur y oriental del presbiterio, a lo largo de las ventanas góticas en tres líneas, una sobre otra, vemos figuras de santos entre los cuales, aparte de los santos auxiliares más populares, aparecen también los santos húngaros. En el presbiterio a la derecha podemos ver la lápida sepulcral con una inscripción minúscula del paladín Lackfi con la fecha de 1397, mientras que a la izquierda se encuentra el monumento de Kristóf Festetics, muerto en 1768. (T. K.)

KISSIKÁTOR
/ *Provincia de Borsod-Abaúj-Zemplén* / 247
Iglesia de San Nicolás

La iglesia, de planta circular y con techo de tienda, decorada con una pequeña torre barroca, se sitúa en lo alto de una colina del cementerio; según su planta y su ubicación podría ser medieval, aunque no es demostrable con ningún documento.

Las proporciones actuales, las formas de las ventanas y algunos detalles nos hacen presumir que su construcción data del siglo XVIII. (B. D.)

KISZOMBOR / *Provincia de Csongor* / 226
Iglesia parroquial de la Asunción

La iglesia de planta circular fue construída probablemente en la segunda mitad del siglo XII; se renovó entre 1247–1256 en estilo gótico inicial, y la cúpula fue sustituída por una bóveda de seis arcos. En 1910, según los planos de Károly Csányi, se le añadió un edificio de estilo neorománico. La rotonda medieval se separó de la iglesia parroquial construída en 1910, durante una restauración reciente.

Los frescos de la iglesia son de principios del siglo XIV y del siglo XVIII. Los fragmentos representan a Santa Eduvigis, Santa Margarita de Antioquía y Santa Ana.

Los frescos barrocos de estilo rústico que se ven en la bóveda, representan a eremitas, al rey San Esteban, a San Juan de la Cruz y la Asunción de la Virgen. (T. K.)

KŐSZEG / *Provincia de Vas* / 134
Iglesia de Santiago Apóstol

El paladín Miklós Garai entre los años 1403–1407 hizo construir la iglesia gótica, de naves de la misma altura, en el lugar donde había un templo modesto y pequeño de los padres minoritas. En el transcurso de los siglos XV y XVI el edificio se quemó varias veces, y también sufrió grandes daños durante el asedio de 1532. La iglesia fue utilizada por los católicos hasta 1554 y luego hasta 1671 por los protestantes; en ese año los jesuítas traídos por el arzobispo György Széchényi "retomaron" la iglesia parroquial de la ciudad. Después de ellos, durante casi doscientos años, el edificio estuvo en propiedad de los benedictinos, quienes reconstruyeron el edificio en 1807, colocándole la fachada actual.

En el espacio interior de tres naves sobresale el hermoso y enorme altar mayor: en el centro de la construcción articulada por columnas y arcos, entre las figuras de San Pedro y San Pablo aparece la estatua medieval de la Virgen. Por sus características suponemos que debe ser del año 1500, elaborada por algún artista austríaco, más en concreto tirolés. En la parte superior, entre las figuras de San Ignacio de Loyola y San Francisco Javier, flota la figura del Apóstol Santiago. El altar mayor se realizó en el año 1693 por orden del paladín Pál Esterházy.

Del presbiterio se abre la capilla construída en honor de San Francisco Javier. La obra famosa por su singular elaboración de estucos posiblemente se debe al artista Pietro Antonio Conti.

En la pared que cierra la nave lateral del sur, vemos los frescos que representan a San Cristóbal con el niño Jesús, la Virgen con el Manto y el desfile de los Reyes Magos, realizados en el siglo XV. La pared norte de la iglesia se decoró con el monumento sepulcral de los niños Jurisics, en estilo renacentista, tallada en 1538.

Al lado de la antigua iglesia de los benedictinos se sitúa la capilla de San Emerico, que fue erigida en los años 1615–1618 por los magistrados de la ciudad, para los fieles húngaros. La torre se construyó en 1640; su aguja y la torre linterna colocada por encima del presbiterio, son de finales del siglo XVII. (B. D.)

KŐSZEG / *Provincia de Vas* / 136
Iglesia parroquial del Corazón de Jesús

La iglesia se construyó entre 1892–1894, en estilo neogótico según los proyectos del famoso arquitecto vienés Ludwig Schöne.

Es un edificio de tres naves de igual altura, con crucero incompleto; su presbiterio se cierra en forma de polígono. La torre, de 57 metros de altura se eleva sobre la fachada principal, y está acompañada de dos torretas. En el interior, sobre la entrada se ubica la galería con balaustrada perforada. Las pinturas interiores son obra de Otto Kott; en la nave central y en las laterales se ven vitrales pintados, en los vitrales del presbiterio aparecen las figuras de algunos santos húngaros (Esteban, Ladislao, Emerico), así como las de Santa Margarita, la Beata Gisela y Santa Isabel. Los altares contemporáneos de la iglesia fueron tallados en Viena y Tirol.

El órgano es del taller de los hermanos Rieger, del año 1894. Sobre el tabernáculo, entre columnas se eleva la estatua del Vir Dolorum. (J. Z.)

KŐSZEG / *Provincia de Vas* / 137
Iglesia del Calvario de la Santa Cruz y estaciones

La iglesia se construyó en 1729 por iniciativa de un padre jesuíta, con los donativos del paladín Miklós Pálfy y de los ciudadanos locales. La obra se terminó en 1735, mientras que los altares, el púlpito y los bancos fueron realizados por los ciudadanos en el año 1746.

Tras la segunda guerra mundial su interior se quemó completamente, su altar mayor se destruyó y fue repuesto por el altar más simple de la capilla funeraria de Ják.

Delante de la fachada principal, decorada con torres y de aspecto de bastidores, se sitúa la figura de Cristo y los dos ladrones crucificados. A los pies de la cruz central vemos a la Virgen, Magdalena y San Juan. Los relieves de la primera estación del via crucis se caracterizan por una forma de composición del barroco maduro, y por la vivacidad. Los relieves son obra del maestro de Sopron György Schweiner, del año 1763. Estos relieves en el año 1910 se colocaron sobre la pared de la ermita, y en el via crucis podemos ver obras elaboradas en siglo XX. (B. D.)

LÉBÉNY
/ *Provincia de Győr-Moson-Sopron* / 70
Iglesia parroquial de Santiago Apóstol

La iglesia, una antigua abadía de los benedictinos, se construyó a principios del siglo XIII, en el centro de las tierras de la familia Győr. La primera iglesia fue radicalmente renovada en el siglo XVIII en estilo barroco.

Es una basílica de tres naves, con planta lombarda; las naves cierran con ábsides semicirculares. En la fachada occidental se elevan dos torres con aguja de pirámide. Las bóvedas de crucería en el siglo XVIII se repusieron con arcadas de bóvedas de cañón. La portada principal y la del sur están ricamente decoradas con representaciones características normandas y cistercienses. Junto con la iglesia de Ják, este es uno de los monumentos más importantes del románico en la parte occidental del Transdanubio. (T. K.)

MAGYARPOLÁNY
/ *Provincia de Veszprém* / 180
Iglesia parroquial de San Ladislao y Calvario

En la Edad Media el pueblo perteneció a la abadía benedictina de Bakonybél; a partir de 1696 llegó a ser propiedad de la abadía cisterciense de Zirc. La iglesia original estaba situada sobre la colina del Calvario. La iglesia actual fue construída entre 1761–1773, por la abadía cisterciense de Zirc y de Heinrichau, en estilo barroco tardío, y según los planos de János Hoffmann. Tras el incendio de 1868 su fachada fue reconstruída en estilo romántico, y su torre recibió mayor altura. El edificio está orientado hacia el Este, con la torre incorporada en la fachada. Sobre el portal de entrada vemos los escudos de las abadías fundadoras. El interior es de nave única, con tres bóvedas de cañón; el presbiterio está cubierto de bóveda de arcos rebajados cuyos frescos representan al rey San Esteban ofreciendo la corona a la Virgen María, Patrona de los húngaros. En la primera arcada de la nave están pintadas escenas de la leyenda de San Ladislao, en la segunda el rey Béla IV fundador de la abadía de Zirc aparece en compañía de monjes cistercienses; en el tercer fresco vemos a Santa Cecilia. Todos los frescos datan de la segunda mitad del siglo XVIII.

El altar mayor es de estilo barroco tardío. La pintura al óleo que representa a San Ladislao haciendo brotar agua de la roca es obra del maestro M. Raub, del año 1779. A los dos lados del tabernáculo se sitúan las figuras de madera de San Emerico y San Esteban. El altar colateral de la izquierda se dedicó a María Magdalena Penitente y el de la derecha a San Pedro; ambos son obra del maestro de Silesia, Bernhard Krause. De los muebles de la iglesia sobresale por su rica decoración el púlpito; la escalinata está decorada con las figuras de los Santos Padres y la parte posterior con la escena de Jesús en casa de Marta y María; en el frontón aparece la resurrección de Lázaro, y sobre el lado delantero la escena de la cena de Emaús. Y en el tornavoz, la figura de Cristo como el Buen Pastor. Son de resaltar aún los confesionarios, la pila bautismal, los candelabros de Pascua así como la barandilla del coro. Todos estos objetos fueron elaborados probablemente por miembros de la orden cisterciense, a lo largo del siglo XVIII.

En la escalinata que lleva a la capilla del Calvario, en los descansillos se han puesto cinco edificaciones con techo de campana que albergan las estaciones del via crucis, y en todas ellas vemos conjuntos escultóricos. Los conjuntos muestran las cinco estaciones del Via Crucis: Cristo en el Monte de los Olivos, la flagelación, la coronación de espinas, el camino hacia el Calvario y la Crucifixión. Los edificios y las figuras de madera son de alrededor de 1770 y según la tradición se deben a la labor de los hermanos Listner. Al pie de la escalinata encontramos la llamada Cruz Americana, donativo de los ciudadanos de Magyarpolány que emigraron a Estados Unidos en 1901. A su lado la estatua de la Piedad también es de la misma época y fue encargada por Ágnes Veibl. La capilla neogótica sobre la colina del Calvario es de 1910, en su interior el altar de la Madre Dolorosa es obra del maestro József Schmidt, de Budapest. En el lado sur de la capilla hay un Santo Sepulcro. (T. K.)

MÁRIANOSZTRA / *Provincia de Pest* / 37
Iglesia parroquial de la Patrona de Hungría

El rey Luis el Grande fundó en 1352 el convento de la orden de los paulinos, de origen húngaro, en la despoblada zona del monte Börzsöny, cubierto de bosques frondosos. El rey legó a los padres paulinos grandes donativos, material de construcción en abundancia y artesanos expertos.

Gracias a ello, en breve tiempo finalizaron las obras de la iglesia, de ábside alargado, y del convento situado al Norte de la iglesia con una planta organizada alrededor de dos patios rectangulares.

El rey mismo pasaba con agrado largo tiempo en el convento en círculo de sus frailes predilectos, sobre todo en época de Semana Santa. Los privilegios de los religiosos de Márianosztra fueron confirmados durante el reinado de Segismundo y Matías Corvino. En 1544 los padres paulinos se unieron a la protección de la fortaleza y la corona en Visegrád. El convento y la iglesia fueron destruídos en parte por los turcos, pero primordialmente por los terratenientes desenfrenados de la vecindad, alrededor del año 1566. En 1570, el conjunto de los edificios fue empeñado por el superior de la orden a la familia Forgách; así, durante el siglo XVII el edificio estuvo vacío, y las rentas de la propiedad estuvieron en manos del convento de Elefant. En 1686 la orden de los paulinos planeó restablecer seis de sus conventos medievales, pero sólo pudieron llevarlo a cabo en el convento de Márianosztra: algunas partes del convento fueron rehabitadas por los padres.

En 1694 el primado de Hungría, György Széchényi, donó 17.000 florines a la reconstrucción del convento. Con este donativo y otros más que se le añadieron, a partir de 1717 se empezó la renovación del presbiterio de la iglesia, luego cubrieron la nave y empezaron la construcción de la fachada con dos torres. En los años posteriores se colocaron los altares que fueron consagrados en 1729 por el obispo Berényi.

En 1725 colocaron la primera piedra del nuevo convento; con medio de siglo de demoliciones, construcciones e instalaciones, y en lugar de las murrallas medievales surgió el nuevo edificio.

En 1786 el rey José II disolvió la orden de los paulinos, la iglesia se convirtió en iglesia parroquial del pueblo y el convento desde ese entonces cumple funciones laicas. La planta actual de la iglesia y del convento evoca tiempos medievales, mientras que el actual presbiterio – teniendo en cuenta sus paredes, ventanas, bóvedas – ofrece el aspecto de la arquitectura de los paulinos del siglo XIV. La nave es más corta que la original y se conecta al presbiterio con un amplio arco de triunfo ojival, las tres arcadas del presbiterio y el ábside se cubrieron con bóvedas cruzadas de nervadura de pera. Estas nervaduras se continúan en fajos de semipilastras y las claves del arco y los capiteles están decorados con hojas. Los muros reforzados de contrafuertes dan lugar a ventanas ojivales bipartitas.

El interior actual es de principios del siglo XVIII; la composición del altar mayor presenta características del barroco maduro; sus estatuas y los detalles pueden conectarse con el barroco de Buda, son obras de alta calidad de esa escuela. Las estatuas de tamaño natural representan las figuras de San Agustín, San Pablo Ermitaño, San Antonio y San Jerónimo; en la fila superior aparecen en dimensiones menores las figuras de Santo Tomás de Aquino, el rey San Esteban, Santa Isabel y San Pedro Celestino. Asimismo son de esta época los altares colaterales dedicados a San Pablo Ermitaño, San Agustín, Santo Tomás de Aquino, las cinco llagas de Cristo, San Andrés y San Juan Nepomuceno. De la misma época son el púlpito y la copia de la sagrada imagen de Częstochowa que vemos en mitad del altar mayor, que data del siglo XVIII. (B. D.)

MÁRIAPÓCS
| Provincia de Szabolcs-Szatmár-Bereg | 52
Santuario católico-griego
Fiesta titular: Arcángel San Miguel

La iglesia se construyó entre 1731–1749, en estilo barroco temprano, en el sitio de una capilla rutena de madera. En el año 1856 se terminaron las dos torres de cúpula en forma de cebolla, de la fachada occidental, dándose mayor altura a las torres preexistentes. En 1893 se renovó la parte exterior de la iglesia. Es uno de los santuarios de peregrinación más grandes de la Hungría del Este.

El edificio es de nave única con crucero; la fachada comprende una torre, y el ábside es semicircular. La pieza más llamativa de la iglesia es la sagrada imagen de la Madre de Dios. El cuadro original – tras la difusión del milagro de las lágrimas que brotaron de él – fue llevado al Stephansdom de Viena por órdenes de la esposa del emperador Leopoldo I, Eleonora. (El cuadro sigue ahí, cerca del ángulo suroeste de la nave central.) La copia fue realizada por los jesuitas del convento de Bárca, en 1697, y actualmente cuelga en el muro norte del santuario. La imagen que tiene un marco de orfebrería ricamente adornado, está rodeada por numerosas donaciones votivas.

El iconostasio es de la segunda mitad del siglo XIX. Detrás del iconostasio, en el presbiterio vemos el altar mayor, obra del siglo XVIII, realizado por el carpintero György Kiszell. Los altares de estilo neobarroco dedicados al Corazón de Jesús y a San Basilio el Grande son de 1944. El púlpito neobarroco se sitúa al lado de la imagen sagrada y en el tornavoz aparece el Arcángel San Miguel (1944). Los frescos que representan escenas de la vida de la Virgen son obra de Manó Petrasovszky (1945).

En la cripta, debajo del crucero, yacen obispos y sacerdotes católico-griegos, y donantes, como por ejemplo Rozália Gersei Pethő. (T. K.)

MÁTRAVEREBÉLY *| Provincia de Nógrád |* 39
Iglesia parroquial de la Asunción

La iglesia simple de estilo románico, con nave única y ábside semicircular fue ampliada en el siglo XIV con otra nave y un crucero; tras las obras de 1380 adquirió su forma actual de tres naves. La zona era propiedad de la familia Verebi y la gran reconstrucción de finales del siglo XIV se debe a uno de los miembros de esta familia, Péter Verebi, vicevaivoda de Transilvania. (La lápida conmemorativa del vicevaivoda, muerto en 1403, se encuentra en la nave septentrional.) Fue él quien ordenó la construcción de las naves laterales, los presbiterios colaterales, las fachadas y sus ventanas, así como el nicho decorado del presbiterio, los dos portales meridionales y la sacristía en el fondo de la nave sur que antaño fue una de las capillas que tuvieron derecho de indulgencia.

Durante la dominación turca, la iglesia sufrió graves daños, las bóvedas se desplomaron y, según un documento de 1789, "los habitantes de Verebély recogían avellanas y cortaban varas para aros en ella".

El presbiterio fue renovado en 1793, mientras que las naves se abovedaron entre 1807–1808. Estas bóvedas siguen visibles hoy en día, mientras que las del presbiterio las desarmaron y ahora las que vemos son restos de las bóvedas góticas.

Las partes más interesantes de la iglesia reconstruida con mucho cuidado y competencia, son el portal suroeste de arco ojival y con escarpa, decorado con pilaretes esculpidos y baldaquines, la fachada que refleja las obras efectuadas con gran esmero de Péter Verebi, como por ejemplo las delgadas ventanas góticas, y el nicho doble del siglo XIV en el presbiterio, que muestra partes similares a las de la iglesia Matías de Buda, de la misma época. (B. D.)

MISKOLC
| Provincia de Borsod-Abaúj-Zemplén | 248
Iglesia parroquial de San Pedro y San Pablo (Iglesia de Todos los Santos)

En el lugar de la iglesia parroquial de Todos los Santos (o de Ciudad Baja) había una pequeña capilla. El edificio actual es de 1728–1743; sus dos torres se alza-

ron en 1864. Según algunas fuentes, Giovanni Battista Carlone, constructor de la iglesia de los frailes memores, fue el arquitecto de la iglesia parroquial.

Del interior barroco sobresalen el púlpito y el altar mayor. En este último el retablo lleva las imágenes de San Pedro y San Pablo; es de 1855 y su autor fue Mihály Kovács. Los otros retablos de la iglesia también son obra del mismo pintor y todos proceden del 1879; éstos representan las figuras de La Virgen, San José, San Ladislao y San Esteban. (B. D.)

MISKOLC
| Provincia de Borsod-Abaúj-Zemplén | 249
Iglesia parroquial (minorita) de la Asunción

A petición de Kelemen Didák, superior de los padres minoritas, el rey Carlos III en 1728 autorizó el regreso de la orden a Miskolc. En abril de 1729 Giovanni Battista Carlone, oriundo de Eger, midió el terreno para la iglesia, el convento y el jardín, y la primera piedra del edificio se colocó en septiembre. Los trabajos, gracias a la ayuda del obispo de Eger, se llevaron a cabo con bastante rapidez y en 1743 finalizó casi por completo la construcción de la iglesia, aunque el decorado interior y exterior, los labores de la instalación y las dos torres tardaron aún varios decenios en estar terminados. Entre 1743 y 1771 se construyó el convento y entre 1773–1777 la escuela.

El 19 de julio de 1843 la ciudad de Miskolc fue devastada por un terrible incendio que quemó el tejado del convento, fundió las campanas, y se desplomaron las bóvedas. En 1845 se reconstruyeron las torres según los planos originales, se fortalecieron las bóvedas y se renovaron la fachada y el tejado.

El arquitecto de la iglesia y el convento había sido Giovanni Battista Carlone, preferido del obispo de Eger, Gábor Erdődy. La parte central de la fachada principal sobresale con respecto a las agujas de las torres; la bien proporcionada fachada se caracteriza por cornisas marcadas, pilastras, ventanas de marcos variados y nichos decorados con estatuas. A la altura de la entrada principal vemos a Santa Clara, Santa Isabel, y en la cornisa San Francisco de Asís y San Antonio de Padua; todas estas estatuas fueron talladas por un maestro de Eger, en 1779. La figura agitada y colocada en el sotabanco en posición contrapuesta de la Asunción de la Virgen, probablemente es anterior a estas obras.

La composición más quieta, casi estática de la fachada principal es similar a las de las iglesias de estilo barroco temprano, como por ejemplo la iglesia de los jesuitas en Viena o la iglesia universitaria de Nagyszombat. Lo mismo podemos decir sobre la planta de nave única y de capilla lateral.

El altar mayor se erigió en 1736; según las descripciones de la época, estaba muy decorado y se asemejaba al tipo de altares instalados en el siglo XVII en Szepesség. En 1818 este altar fue destruido en parte, y lo demolieron. En agosto de 1819 se inauguró un altar nuevo, construído a expensas del canónigo de Eger, Ignác Szepessy. Este altar es similar al de la iglesia principal de Pápa. Los retablos son obra del pintor de Eger, Pál Balkay, y las figuras escultóricas fueron esculpidas por Ignác Antzenhofer. El actual cuadro del altar es una copia, hecha por Alajos Sajósy en 1867, de la Asunción de Tiziano.

En las capillas laterales de la primera fila encontramos altares de estilo clasicista; en la segunda, el altar de San Francisco es de la época de la construcción de la iglesia que estuvo lista para 1744. En ese año colocaron en el lado opuesto el altar de San Antonio, y, en la tercera fila de capillas, los altares de San José y Santa Isabel. Los cuadros de estos últimos altares son nuevos. El púlpito es obra del carpintero de la orden, Ágoston Piringer, quien lo realizó con un escultor de Eger en 1758.

Los suntuosos bancos se deben al carpintero del convento minorita de Eperjes, József Stöcherle, quien los terminó en 1754–1755. (En las iglesias minoritas de Eger y de Szeged se hallan bancos de este mismo artesano.) Las bóvedas de la iglesia estuvieron sin pintar durante casi doscientos años; en 1928 fueron decoradas por Rezső Raksányi y József Korény según el gusto neobarroco. (B. D.)

MOHÁCS / *Provincia de Baranya* / 101
Iglesia Votiva Conmemorativa de la Asunción

La primera piedra de esta iglesia fue colocada en 1926, con ocasión del 400. aniversario de la derrota en la batalla de Mohács. La construcción se inició en el año 1929, según los proyectos de Aladár Árkay. Tras la muerte de éste, su hijo Bertalan realizó nuevos planos, a los que debemos la iglesia de estructura tradicional, construída con las avanzadas técnicas de la época. En Hungría fue la primera vez que se utilizó una cúpula de hormigón armado sin nervaduras.

La iglesia, construída con materiales y tecnología modernos, por su planta funcional, su aspecto puritano y la presencia de objetos de gran valor artístico es una de las construcciones eclesiásticas modernas de más alto nivel en el país.

En el interior, los vitrales son obra de Lili Sztehló-Árkay, los mosaicos de Mihály Kolbe, mientras que la decoración del presbiterio fue realizado por István Takács.

La iglesia fue consagrada en 1942, aunque las obras terminaron tan sólo hace unos años. (B. D.)

MOSONMAGYARÓVÁR
/ *Provincia de Győr-Moson-Sopron* / 73
Iglesia parroquial de la Virgen María Reina y San Gotardo

En el sitio de la actual iglesia, los artesanos y comerciantes alemanes de Magyaróvár, sede de la región fronteriza en el Noroeste de Hungría, en el siglo XII construyeron una iglesia en honor del obispo benedictino de Hildesheim, San Gotardo, en estilo románico. En 1529 las tropas turcas del sultán Solimán en marcha hacia Viena incendiaron la ciudad, y la iglesia sufrió graves daños. Tras la retirada de los turcos, la población pusó en funcionamiento el edificio y en el siglo XVI fue utilizado conjuntamente por católicos y protestantes.

Demeter Náprági, obispo de Győr a partir de 1606, recobró la iglesia de San Gotardo para los fieles católicos. A mediados de los años sesenta del siglo XVII la población, con la ayuda del terrateniente Miklós Draskovich, propietario de la fortaleza, reconstruyó la iglesia; la cubrieron de nuevas bóvedas e instalaron nuevos altares. En 1668 György Széchényi, arzobispo de Kalocsa, quien estaba al frente de la diócesis de Győr, consagró la iglesia, que en esta época debía mostrar formas de la planta preferidas por los jesuítas. En 1683 las tropas de Kara Mustafa, volviendo de Viena, de nuevo incendiaron la ciudad; la estructura del techo de la iglesia y los altares se destruyeron. En el curso de ese mismo año, gracias a las diligencias del párroco y del alcalde, se inició la reconstrucción y se instaló el nuevo tejado. En el año 1695 Lipót Kollonich pudo consagrar la iglesia, con los nuevos altares, donativos de la familia Hochburg; János Hochburg alzó un altar en honor de San Gotardo, su hijo Miklós uno en honor de la Virgen y su otro hijo uno en honor de San Esteban.

En 1766, la reina María Teresa regaló a su hija preferida, la archiduquesa María Cristina y su marido Alberto, príncipe de Teschen, el feudo de Magyaróvár. En ese período la iglesia se reconstruyó en estilo barroco tardío, a expensas del canónigo de Győr József Hermann (nacido en Magyaróvár), el presbiterio recibió muros arqueados e instalaron un nuevo altar mayor en honor de San Gotardo y la Virgen. En la parte superior del altar vemos al obispo benedictino en compañía de San Pedro y San Pablo; en el centro aparece la figura de la Reina del Mundo, con las de San Leopoldo, Santo Domingo, Santa Catalina de Siena y San Florián. Sobre el altar mayor un fresco, realizado con ocasión del bicentenario de la batalla naval de Lepanto, representa a la Virgen, y en las bóvedas de la nave se ven escenas de la vida de San Pablo. Los frescos son obra del vienés Franz Schelemäyer. De la misma época provienen los altares colaterales, el púlpito, la caja del órgano y los ángeles músicos en la barandilla de la galería.

En 1820 erigieron dos capillas en los dos lados de la torre, y se realizó una nueva fachada principal que termina en la torre provista de una aguja en estilo barroco tardío, construida por Ferenc Eckhardt. (B. D.)

NAGYBÖRZSÖNY / *Provincia de Pest* / 40
Iglesia de San Esteban Rey

La iglesia románica, con torre incorporada a la fachada y ábside semicircular, está situada en las afueras del pueblo y hasta la construcción de la llamada "Iglesia de los Mineros" era la iglesia parroquial del pueblo.

El pequeño edificio rodeado por una muralla se construyó en dos etapas, en el siglo XIII: primero se terminó la parte del presbiterio y la nave, luego, unos decenios más tarde, la torre. La iglesia de Nagybörzsöny es un típico recuerdo de la construcción provincial del estilo románico, por la característica proporción entre la nave y la torre, la fachada sin decoración – sólo la cornisa del presbiterio lleva como decoración cabezas humanas – y por las bellas fachadas simples, sin revoque. (B. D.)

NAGYCENK
/ *Provincia de Győr-Moson-Sopron* / 74
Mausoleo Széchenyi

El general y conde Antal Széchényi en 1741 transfirió el centro de su feudo a Nagycenk. El cementerio de la iglesia estuvo en torno de la iglesia hasta finales de 1778; luego, debido al decreto real de María Teresa, el dueño de Nagycenk hizo construir un nuevo cementerio. Ferenc Széchényi, en el mismo año mandó construir una capilla funeraria barroca de dos plantas y de base ovalada. Esta capilla en el curso de 1806–1810 fue ampliada con un vestíbulo de estilo neoclasicista según los proyectos de József Ringer de Sopron. La ampliación también tiene dos plantas.

La bóveda de la capilla barroca situada en el cementerio, se decoró con pinturas de un maestro desconocido de la Academia de Viena: entre nubes rosadas y ángeles rezando y tocando la trompeta brilla la Santa Cruz. János Mihály Hesz de Eger es el autor del cuadro del altar que representa la ascensión de Cristo. Debemos mencionar algunos objetos del interior, así como la galería barroca del órgano, los bancos de estilo clasicista y los candelabros dorados. En la cripta, aparte de la tumba de István Széchenyi y de su esposa Crescence Seilern, vemos el ataúd de roble de Pál Széchenyi con los restos momificados del arzobispo de Kalocsa y la tumba de los padres de István Széchenyi: Ferenc Széchényi, fundador del Museo Nacional y su esposa Julianna Festetics. (B. D.)

NAGYCENK
/ *Provincia de Győr-Moson-Sopron* / 75
Iglesia parroquial de San Esteban Rey

En el sitio de la actual iglesia estuvo la iglesia parroquial medieval, mencionada primera vez en 1291. A comienzos del siglo XVIII la construcción medieval – que por un período estuvo en manos de los luteranos y en 1660 volvió a ser propiedad de los católicos –

presentaba un aspecto desolador; por esta razón, fue recostruída entre 1722 y 1724.

A mediados del siglo XIX de nuevo corrió peligro de derrumbarse; durante las Navidades del año 1859 se desplomó parte del tejado y tuvieron que cerrar el edificio. El párroco Antal Tolnay en tal ocasión se dirigió al dueño del pueblo, István Széchenyi.

Széchenyi mandó desde el sanatorio de Döbling, cerca de Viena, la siguiente respuesta: "Dado que nuestra casa de plegarias está por desplomarse, antes de que sea tarde, debemos erigir una iglesia adecuada en Nagycenk, en honor de nuestro primer rey, San Esteban…" Tras una consulta familiar, el 7 de enero de 1860 se notó el siguiente comentario en el diario de Széchenyi: "Hemos decidido construir una iglesia en Cenk". Un mes más tarde Széchenyi recibió al arquitecto Miklós Ybl y le encargó los proyectos. De su diario sabemos que le pidió "…un edificio simple, sin ninguna decoración complicada, pero lo suficientemente amplio para casa de Dios". El propietario quiso que la torre no estuviese sobre la entrada sino en el lateral de la iglesia.

Tras la muerte de István Széchenyi la construcción fue dirigida por su viuda y su hijo. El 1 de julio de 1860 se aprobaron los planos; luego, el 20 de agosto, fiesta del rey San Esteban, en presencia de Béla Széchenyi y del arquitecto Miklós Ybl fue depositada la primera piedra. El 20 de agosto de 1864 la iglesia fue consagrada.

La característica más interesante de esta iglesia neorománica de tres naves está en tener dos cruceros, tan sólo una pequeña torre linterna sobre la fachada principal y en erguirse la torre al lado del presbiterio. Sobre el portal aparece el escudo de los Széchenyi, sostenido por águilas y con el lema de la familia: "Si Deus pro nobis, quis contra nos".

El interior neorománico es de 1862–1864. En 1863 Karl Blaas pintó el cuadro del altar mayor en el cual San Esteban ofrece la corona de Hungría a la Virgen. Hay algunos cuadros italianos del siglo XVII, como por ejemplo *Cristo encadenado a la roca* (antes colgaba en el altar de la casa de los Széchenyi) y una imagen de la Virgen.

Delante de la iglesia sobre un alto pedestal se encuentra la estatua de István Széchenyi, obra de Alajos Stróbl, del año 1897. (B. D.)

NAGYVÁZSONY / *Provincia de Veszprém* / 182
Iglesia de San Esteban Rey

Pál Kinizsi, jefe del ejército del rey Matías Corvino, en 1472 obtuvo por sus méritos militares esta zona y la fortaleza ampliada por él se convirtió en el centro de sus dominios.

La iglesia parroquial del pueblo – originalmente mucho más modesta – se construyó a principios del siglo XIV. Pál Kinizsi en 1481 hizo construir los edificios en estilo gótico tardío, en el sitio de la anterior iglesia pequeña, aunque utilizando algunas partes de ésta.

Durante la ocupación turca la iglesia fue abandonada

y más tarde, en los años 40 del siglo XVIII, reconstruída por la familia Zichy, nuevos propietarios de la zona. En este período se elevó la torre sobre la fachada occidental y se elaboraron las estatuas de la fachada principal. En un nicho encima de la portada ricamente decorada se ve la estatua de la Virgen acompañada por las de San Esteban y San Emerico, puestas sobre la cornisa de la entrada. En los altares de la iglesia los retablos se sustituyen por esculturas: en el altar mayor San Esteban ofrece la corona a la Virgen, en el altar colateral derecho vemos una escena del Calvario y en la izquierda a la Sagrada Familia. (B. D.)

NÓGRÁDSÁP / *Provincia de Nógrád* / 161
Iglesia parroquial
de la Natividad de María

La iglesia del pueblo – mencionado por primera vez en 1219 – fue construída en estilo gótico a finales del siglo XIV y a través de los siglos se ha conservado casi intacta.

En la fachada occidental de la iglesia de nave única, se yergue la torre adornada con ventanas góticas y aguja barocca en forma de cebolla.

La nave de la iglesia tiene dos arcadas; el presbiterio está cerrado por los tres lados del octágono y ambos espacios están cubiertos por bóvedas de crucería ojivales.

Durante la renovación del edificio se descubrieron frescos del siglo XV. Los del presbiterio son las representaciones del Calvario, la Virgen con el Manto en compañía de Santa Catalina y Santa Bárbara así como la de otro santo; en la pared norte de la nave se ve Santa Apolonia y en la pared sur el bautismo de Jesús. (B. D.)

NYÍRBÁTOR
/ *Provincia de Szabolcs-Szatmár* / 250
Iglesia parroquial (minorita)
de la Virgen de los Ángeles

En el último cuarto del siglo XV, tras la batalla victoriosa de Kenyérmező de 1479, la familia de los Báthory iniciaron la construcción de dos iglesias en Bátor. Ambas son creaciones eminentes de la arquitectura húngara de estilo gótico tardío.

Una de ellas – la iglesia a sala, de nave única y con presbiterio alargado al extremo noreste del cual está añadida la torre – se construyó para los frailes menores. Por el norte se le añadió a la iglesia un convento. La fachada principal se decoró tan sólo con una ventana grande y un portal con torreta, mientras que la fachada sur llevaba contrafuertes delgados y ventanas ojivales. El interior probablemente estaba cubierto por bóvedas de nervadura como podemos ver en la iglesia de San Jorge, destinada a tumba familiar (hoy es iglesia protestante). La nave y el presbiterio de casi la misma longitud estuvieron separados por un arco de triunfo ojival. Según la tradición en esta iglesia enterraron al vaivoda István Báthory, es decir que para el año 1493 la iglesia estaba terminada.

El protestantismo se difundió con rapidez a mitad del siglo XVI también en estas regiones, y la población optó por la nueva religión. Los padres minoritas se vieron en una situación difícil, y la suerte de su iglesia y convento estuvo sellada debido al ataque de 1587 del vaivoda Petrasko quien arrasó e incendió el conjunto. La población, ya calvinista, no se preocupó por estos edificios derrumbados.

A partir de 1717 el padre minorita Kelemen Didák, con la ayuda del gobernador de la región Sándor Károlyi, rescató de las ruinas la iglesia y el convento. Antes que nada le colocaron un techo temporal a la iglesia; entre 1722–1724 en lugar de las bóvedas góticas destruidas se construyeron nuevas en estilo barroco. En esa misma época se hizo la galería y más tarde el vestíbulo y el frontal de la fachada occidental. En 1749, con los donativos de Rozália Gersei Pethő, se puso el tejado definitivo. Entre 1734–1744 se reconstruyó el convento.

El interior de la iglesia, que desde el punto de vista arquitectónico es bastante simple, está decorado con altares y púlpito hermosísimos y ricamente adornados. Todos ellos, excepto el altar de la Pasión, son del mismo taller; su estructura y concepto muestran carácter medieval, en primer lugar por sus formas verticales y la estructura vertical de la composición, así como por la ornamentación abundante de motivos florales, testimonio de la influencia tenaz del renacimiento.

En el nivel inferior del altar mayor, entre las estatuas de San Pedro y San Pablo se distingue el retablo de la estigmatización de San Francisco. En el nivel siguiente se halla el retablo del advenimiento del Espíritu Santo rodeado por estatuas de santos (Juan, Francisco, Antonio, Andrés), mientras que en el nivel superior la figura del Padre Dios se ve acompañada por Santa Clara y Santa Isabel. La misma estructura caracteriza el altar de Santa Ana y el de la Piedad; el púlpito es de aspecto similar.

El altar de Pócs es de valor artístico menor; es obra del padre de Menyhért Radics, fraile menor, quien lo realizó en 1729.

El altar de la Pasión representa los tormentos de Cristo en el tono oscuro y lúgubre de los autos sacramentales medievales y según el contenido de estas representaciones. La forma, los colores y la representación realística revelan una fuerte influencia del gótico tardío. La historia parte desde el ángulo inferior izquierdo con la escena en el Monte de los Olivos y termina en el ángulo inferior derecho con la crucifixión. Las composiciones rodean la escena central del Gólgota; debajo de ésta podemos ver a Cristo muerto en el sepulcro.

El altar fue encargado por János Krucsay y su esposa Borbála Pogány. El artista quien lo realizó, según las descripciones del convento, debió ser de Eperjes y en 1731 la obra ya estaba terminada. El altar mayor y los dos altares colaterales similares se hicieron en Lőcse, probablemente en el taller de János György Strecius. El altar mayor se colocó en 1729 y los colaterales en 1731. (B. D.)

ŐRISZENTPÉTER / *Provincia de Vas* / 138
Iglesia parroquial de San Pedro Apóstol

La iglesia se encuentra en el Templomszer, al Este del centro de la ciudad, y fue construída alrededor de 1230 en estilo románico tardío. Un incendio la destruyó en 1370 y la renovación se hizo en estilo gótico. En la segunda mitad del siglo XV se amplió la iglesia y debido a la amenaza de los turcos se transformó en fortaleza estacada. En 1549 se menciona ya como "castellum"; en 1566 los turcos la incendiaron y la reconstrucción fue realizada por los protestantes. En 1732, en tiempos de la Contrarreforma, las tropas imperiales la ocuparon y restablecieron el rito católico. Es un edificio con la torre en la fachada, ventanas dobles y ábside semicircular. En la fachada meridional una triple cornisa decorada, un portal ricamente tallado y tres ventanas angostas hacen alusión al primer período de construcción de la iglesia. El presbiterio está reforzado por dos contrafuertes.

La iglesia estuvo decorada con frescos en su interior y exterior. En el muro occidental fue descubierta la imagen de un santo con armadura que debe ser del siglo XIV. Los frescos interiores góticos en el siglo XVII fueron revocados por los calvinistas; como decoración única, en estos tiempos aparecieron en las paredes citas de la Biblia en traducción protestante de Gáspár Károlyi. Los frescos de la fachada externa del sur han sobrevivido – aun cuando en fragmentos – a los avatares de la historia.

El cuadro del altar mayor fue pintado en 1801 en estilo barroco por Márton Michl, maestro de la escuela de Franz Anton Maulbertsch. (T. K.)

PAKS / *Provincia de Tolna* / 102
Iglesia del Espíritu Santo

La iglesia se construyó en 1987 según los planes de Imre Makovecz, y estuvo terminada en el otoño de 1989. Es un buen ejemplo de la arquitectura orgánica húngara realizada por el arquitecto del Pabellón de Hungría en la Exposición Universal de Sevilla, 1992. (J. Z.)

PANNONHALMA
/ *Provincia de Győr-Moson-Sopron* / 76
Abadía de los Benedictinos
Dedicada a San Martín Obispo

La abadía que es el primero y hasta hoy en día el más importante monasterio benedictino de Hungría fue fundado por el príncipe Géza en el año 996. El Santo Patrono de la iglesia es el Obispo de Tours, San Martín, nacido en la época romana, en Savaria (hoy Szombathely).

Según los documentos de fundación que data del año 1001, fue el rey San Esteban quien terminó la construcción del primer monasterio, donándole muchas tierras y amplios privilegios. La iglesia fue reconstruída en

1137, tras un gran incendio, pero de esta época nos ha quedado sólo la fuente de mármol rojo decorada con cabezas humanas y de leones, guardada en el claustro. La actual iglesia fue construída por el abad Oros (Urias) quien tomó por modelo los monasterios cistercienses de los alrededores de Roma, conocidos en un viaje suyo a Italia. La iglesia fue consagrada en 1224. El abad logró defender el monasterio del ataque de los mongoles. El actual claustro gótico se construyó en 1486, durante la época en que el rey Matías Corvino fue comendador del monasterio. En el siglo XVI, durante las guerras contra los turcos, el monasterio se convirtió en fortaleza de frontera y los padres benedictinos en 1586 lo abandonaron. En 1594 la fortaleza cayó en manos turcas. Los benedictinos volvieron en 1638, pero el monasterio-fortaleza fue ocupado de nuevo por los turcos en 1683. Tras la definitiva liberación del monasterio, los benedictinos reconstruyeron el monasterio y restauraron la iglesia en el año 1699.

La reconstucción barroca se efectuó bajo el mando del abad Benedek Sajghó, a mitad del siglo XVIII. El recuerdo más hermoso de estas obras es el nuevo refectorio, hecho según los diseños del carmelita Athanasius Wittwer y decorado con los frescos de Antonio Fossati, pintor veneciano. El rey José II en 1786 disolvió la orden y los tesoros del monasterio fueron esparcidos por el país; del edificio quisieron hacer una carcel. No obstante, los benedictinos, aceptando la obligación de la actividad de enseñanza, en 1801 recuperaron la abadía. La biblioteca de estilo clasicista se hizo en 1824 según los proyectos de Ferenc Engel. La torre de la fachada occidental, de 55 metros de altura, es obra de János Packh quien colaboró en la construcción de la basílica de Esztergom; los trabajos de la edificación de la torre se terminaron en 1830.

El claustro y la iglesia se reconstruyeron entre los años 1868 y 1886, con base en los proyectos de Ferenc Storno y con métodos de la restauración "en estilo" de los monumentos artísticos. En la iglesia se hizo un interior neogótico (altares, órgano etc). El nuevo liceo fue construído en 1940 por el arquitecto Tibor Kiss.

La parte más antigua de la iglesia de tres naves es la cripta: los detalles (capiteles, bóvedas de crucería con nervaduras, consolas con cabezas humanas) llevan características del gótico temprano de las construcciones cistercienses. La nave de la iglesia presenta características similares, aunque el presbiterio está cubierto por una bóveda de estrellas de finales del siglo XV y la capilla del lado norte del presbiterio también es de la misma época.

Una puerta del siglo XIII – la Porta speciosa – conduce al claustro de estilo gótico tardío, cuyas bóvedas se asemejan a las de la galería interior del patio del palacio de Visegrád del rey Matías Corvino. Las formas impresionantes de las bóvedas del claustro descansan sobre ménsulas representando debilidades humanas. A la izquierda (norte) de la iglesia se encuentra la biblioteca de estilo clasicista decorada con pinturas y esculturas del director de la Academia de Bellas Artes de Viena, Joseph Klieber. En la colección de centenares de miles de libros se encuentran, entre otras obras,

crónicas medievales y libros incunables; en una de las salas hay una pequeña colección de pinturas italianas, austríacas, españolas, etc. del siglo XVI–XVIII. En la antecámara de la biblioteca se observa una rica colección numismática y de porcelanas. (B. D.)

PÁPA / *Provincia de Veszprém* / 184
Iglesia parroquial de San Esteban Mártir

La primera iglesia gótica erigida en este lugar se menciona por primera vez a finales del siglo XIV; su construcción se debe a la familia Garai, propietarios de la fortaleza del lugar. Con toda probabilidad los maestros que trabajaban en la fortaleza fueron los que construyeron o reconstruyeron la iglesia, cuyos restos hoy en día están debajo de la iglesia actual. Debajo de la plaza principal de la ciudad deben estar los restos de la pared maestra del sur y tal vez parte del presbiterio de la antigua iglesia gótica. Según imágenes del siglo XVII y la descripción del párroco Gáspár Pongrácz en 1733, debió ser una iglesia de tres naves con torre en la parte occidental.

El conde Károly Esterházy, obispo de Vác y luego de Eger, a partir de 1759 se convirtió en señor de la ciudad de Pápa. Como patrón de la iglesia parroquial primero pidió ayuda de la diócesis de Veszprém para su reconstrucción; tras negársele, decidió construir una nueva iglesia él mismo. En este período Esterházy ya vivía en Eger, pero estuvo en contacto contínuo con los constructores por correspondencia. Los proyectos de la nueva iglesia se los encargó a Jakab Fellner, quien desde 1762 estuvo ya trabajando para el obispo y fue autor del liceo de Eger. Fellner obtuvo el encargo en 1772 y el 13 de marzo de 1773 mandó los planos y la sección longitudinal de la iglesia encargada a Eger. El obispo no sólo examinó minuciosamente los diseños criticándolos, sino que expresó su deseo de que en el interior de la iglesia se utilizaran en igual medida los medios arquitectónicos y artísticos. Más tarde, en abril de 1773, tras haber conocido los planos de la fachada lateral, mandó a Fellner a simplificar los proyectos, enviándole como ejemplos los diseños preparados por el austríaco Franz Anton Pilgram hechos para la catedral de Vác. Fellner debía tener en cuenta estos proyectos en el diseño de la fachada principal y de las torres. En esta forma, llegó a Pápa – con la mediación de Pilgram – la decoración perforada de las torres de la iglesia romana de Santa Inés. El septiembre del mismo año Fellner llevó a Eger los proyectos que aún faltaban y tras obtener el consentimiento del obispo inició inmediatamente la demolición de la antigua iglesia de Pápa. La ciudad nombró a un nuevo "maestro de ladrillos" ya que la "iglesia necesitaba de muchos ladrillos".

En enero de 1774 "el señor párroco con pólvora ha derrumbado los muros interiores de la antigua iglesia. Hace transportar de ahí las piedras y los ladrillos, aunque la torre y los muros externos todavía siguen en pie. Les tocará cuando se limpie el interior." Al año siguiente fueron alzados los muros y el tejado de la nueva iglesia, y en 1776 estuvieron listos los cuerpos de las torres y se empezaron a colocar las decoraciones talladas. Franz Winkelmayer, oriundo de Pápa, preparó la escalinata y las jambas de piedra de las ventanas, mientras que Martin Rumplemayer de Pozsony, Johann Georg Mess de Tata y Carlo y Giacomo Adami de Süttő realizaron las partes ricamente esculpidas. En 1777 se hicieron las bóvedas. Esterházy en este caso también dió órdenes precisas al pintor de Eger János Lukács Kracker para los temas de los altares y los frescos de las bóvedas. Debido a la muerte del maestro Kracker, otros pintores tuvieron que terminar las decoraciones pero ellos también siguieron fielmente las ideas del obispo.

Una carta del 14 de junio de 1778 informa de que "el maestro ayer colocó la cruz sobre una de las torres de la iglesia de Pápa (...) si los carpinteros se dan prisa, es posible que las dos torres estén listas en este año". Un mes más tarde se presentó un problema particular: "...las piedras destinadas a la decoración entre las dos torres están todavía en aguas del Danubio en Győr", y sólo en agosto se consiguieron salvar de las aguas las piedras transportadas desde Pozsony. Caldereros de Baviera trabajaron sobre las agujas de las torres, uno de los cuales "...que era el mejor de los provenientes de Baviera (...) en la torre donde estaba trabajando subió en el andamio, la tabla se rompió y el muchacho cayó de nivel en nivel, hasta estrellarse contra el suelo, muriendo en breve". En 1779 se iniciaron las bases de los altares colaterales; los detalles fueron esculpidos en el lugar por un maestro de Süttő. En julio, "las grandes esculturas para la decoración de las torres afortunadamente llegaron a Pápa; sólo la mano derecha de la estatua de San Esteban se rompió al ser cargada sobre el carro". Para finales de ese año revocaron la fachada y las torres también estuvieron listas.

En diciembre de 1779 se murió Kracker y el obispo nombró en su lugar a Franz Anton Maulbertsch, quien durante este período estaba trabajando en Győr, para realizar los frescos de la iglesia. El artista, en marzo de 1781, envió los bocetos pero pudo iniciar las obras en Pápa tan sólo en la primavera de 1782. En septiembre de 1782 el prefecto de Pápa escribe lo siguiente: "El pintor terminó las obras de la cúpula central de la iglesia de Pápa hace ya un mes y ahora está trabajando sobre el coro. Este año ya no podrá hacer más."

En la primavera de 1783 se empezó el arreglo del entorno de la iglesia, "aunque existe el obstáculo de que apenas empiezan a cavar encuentran cráneos y esqueletos esparcidos alrededor de la iglesia". En septiembre de ese año informan que "Maulbertsch recibió en pago por la iglesia entera, la capilla, sacristía y oratorio la suma de 8500 florines", o sea la obra pictórica de los frescos estaba lista.

De los retablos de la iglesia el del altar mayor fue realizado por el vienés Huber Maurer y los de los altares colaterales por János Zirckler de Eger. El vienés Philip Jacob Prokop preparó las bases de los altares, el púlpito, la fuente bautismal y los confesionarios, con todas sus figuras esculpidas.

En abril de 1788 los habitantes de Pápa escriben: "la capilla está lista y en silencio hemos colocado debajo del altar y bajo cristal a San Marcial (...) fuera conveniente luego tener una adecuada predicación respecto al tema: de dónde viene esta reliquia, qué representa, porque la gente del lugar piensa que se trata de los restos de un soldado muerto en batalla contra los turcos". Los trabajos de los arreglos interiores siguieron durante años, y la iglesia fue consagrada el 3 de mayo de 1795.

La iglesia principal, con dos torres perforadas, sobresale entre las casas bajitas; el presbiterio mira hacia el castillo mientras que la fachada principal hacia la ciudad. La fachada principal está ornada con un portal decorado, con el escudo del mecenas y la figura patética del santo al que se dedicó la iglesia, acompañada de ángeles. Los frescos del interior representan escenas de la vida de San Esteban Mártir: la investidura como diáconos de San Esteban y sus compañeros, la predicación del santo, su arresto y su proceso. Los cuadros suntuosamente enmarcados están acompañados por cuatro cuadros de grisalla que representan los milagros del santo y de sus compañeros así como su mártirio. En el presbiterio vemos los milagros del santo tras su muerte, entre ellos la escena en que predice a Sarolta, esposa del príncipe Géza, el nacimiento de San Esteban. Los frescos de las bóvedas fueron pintados siguiendo la serie que se halla en Roma, en la iglesia Santo Stefano Rotondo; el encargante hizo copiar esta obra para el pintor, previendo que hiciera el fresco. El retablo del altar mayor representa la escena de la lapidación del mártir; en la estructura del altar aparecen las figuras en mármol de San Ladislao y San Esteban, como símbolo de los contactos ideológicos entre el mártir y los santos húngaros.

Los alteres colaterales se alzaron en honor de San Juan Nepomuceno, Santa Ana, San José y San Carlos Borromeo. Éste último fue el santo patrono del conde obispo quien encargó las obras de la iglesia; por ello no debe ser casualidad que en este cuadro aparezca Károly Esterházy. (B. D.)

PÁPA / *Provincia de Veszprém* / 186
Iglesia (benedictina) de la Asunción

La iglesia de estilo barroco fue encargada por Ádám Acsády, obispo de Veszprém, y se construyó entre 1737–1742.

Es un edificio orientado hacia el Este; sobre la entrada se ve el escudo en mármol rojo de Ádám Acsády. Tiene planta elíptica, nave con bóveda vaída y el presbiterio está cubierto por una cúpula con arco rebajado. En el lado izquierdo del vestíbulo vemos el llamado Cristo Sarraceno, una estatua de madera del siglo XVII que antes estaba en la iglesia de los paulinos.

En el centro del altar mayor de gran riqueza decorativa, se distingue la copia de la imagen sagrada de la Virgen de Częstochowa. Sobre ésta, el conjunto escultórico de la Santísima Trinidad; el tabernáculo se encuentra entre las figuras de San Pedro y San Pablo.

Son dignos de atención los cuatro altares colaterales de la iglesia: el primero a la derecha dedicado a San Pablo Ermitaño; el primero a la izquierda es de la Reina del Rosario, el segundo a la derecha va dedicado a San José y el de la izquierda a Santa Ana.

También son interesantes las sillerías de seis asientos a ambos lados del presbiterio así como el púlpito y los bancos. En las balaustradas de las filas de bancos, al igual que en los respaldos se ven relieves que representan escenas de la vida de San Pablo Ermitaño, obra de tallistas de Pápa, de mitad del siglo XVIII.

A los dos lados de la galería, entre marcos dorados de estilo rococó con dorado, vemos dos pinturas al óleo de San Juan Nepomuceno y Santa Bárbara. La barandilla de la galería es entallada y dorada. De los objetos litúrgicos sobresale por su calidad artística la custodia hecha en 1739.

En la cripta de la iglesia enterraron al obispo Ádám Acsády. (T. K.)

PÁPÓC / *Provincia de Vas* / 139
Capilla de San Miguel

La capilla, perteneciente al grupo de iglesias de cuatro lóbulos, tiene dos niveles; ambos espacios van cubiertos por bóvedas de crucería. Por su estilo se supone que fue construída a principios del siglo XIII y a ella se añadía un edificio de dos plantas. Según algunas opiniones, este edificio fue sede de la prepositura; según otras, se trata de una solución similar a la de Ják. Según estas últimas, anteriormente hubo una iglesia de mayores dimensiones en este lugar, con la capilla adherida a ella.

La solución arquitectónica de la capilla superior es más compleja y rica y su directa conexión con el otro edificio y las aperturas de estilo románico encontradas en ella parecen indicar que la primera explicación es la verdadera. (B. D.)

PÉCS / *Provincia de Baranya* / 93
Catedral Episcopal
Dedicada a San Pedro y San Pablo

La diócesis de Pécs fue fundada en agosto del año 1009, por el rey San Esteban, quien puso a disposición del primer obispo, Bonipertus, de origen francés, el área del cementerio de la ciudad de antaño, Sopianae, en la parte noroeste de la ciudad.

Durante los primeros decenios, la diócesis utilizó los edificios paleocristianos subsistentes en aquel terreno, que podían ser restaurados o ampliados con modestos recursos. Cuando los príncipes Géza y László estaban festejando su reconciliación el día de la Pascua de Resurrección del año 1064, se produjo un gran incendio en Pécs que desvastó todas las partes inflamables del castillo episcopal.

La construcción de la nueva basílica de tres naves sin crucero, con tres ábsides semicirculares y con cripta, fue terminada durante los últimos años del siglo XI. El techo de madera que cubrió el interior de la iglesia, fue sostenido por pilares de gran abertura. Entre las torres, fueron construídas primero las orientales y más tarde – en la segunda mitad del siglo XII – las occidentales. Los ábsides de la cripta de cinco naves también son semicirculares y las bóvedas de crucería se apoyan en un sistema de pilares y columnas. Las escalinatas a la cripta y los bajorrelieves que las adornaban fueron descubiertos en el curso de las obras de restauración efectuadas entre 1877 y 1981. Los bajorrelieves que corren en diferentes filas, fueron esculpidos por varios maestros y originalmente fueron destinados para adornar otro lugar. En el curso de las mismas obras de restauración llevadas a cabo a finales del siglo pasado, fue descubierto en el centro, en el punto de encuentro del presbiterio levantado y la nave pública, el altar de la Santa Cruz (o Altar Público) situado originalmente en un pabellón con bóveda de crucería, abierto en tres lados, de gran riqueza ornamental en todos detalles. Entonces, al iqual que hoy, se podía entrar a la catedral a través de las puertas sur y occidental; la elegante portada occidental se construyó con la utilización de lápidas sepulcrales procedentes de la época romana. Los que entraban por la puerta sur, podían observar unos capiteles que al parecer eran los más antiguos de todo el edificio. En estos capiteles aparecían, en una representación ingenua, el Bueno y el Malo (la Virtud y el Pecado).

Más tarde, el techo original que había cubierto las naves principales y laterales de la catedral, fue reemplazado por una bóveda de crucería gótica y el del presbiterio por una bóveda de estrellas de estilo gótico tardío. En las paredes se pintaron frescos y en las naves laterales se construyeron capillas.

Entre los años 1543 y 1686 la iglesia fue utilizada por los turcos como establo y depósito y, en parte, como escuela y templo. Los turcos, conforme a su religión, destruyeron las cabezas de las esculturas y las caras de las figuras pintadas.

El siglo XVIII fue la época del renacimiento de la catedral en todos los aspectos; la nave pública del edificio perjudicado por los cercos y el descuido durante la época de la dominación turca, fue provista de una nueva bóveda. También fueron construídas nuevas capillas para compensar la presión lateral que las bóvedas góticas ejercían sobre los muros principales proyectados para sostener un techo plano más ligero. La iglesia conservó su carácter medieval, ante todo, en su aspecto exterior; su interior fue adornado con altares, púlpito, moblaje, imágenes murales y esculturas de estilo barroco maduro y tardío.

A principios del siglo XIX, entre 1807 y 1825, el arquitecto Mihály Pollack – por encargo del cabildo – construyó fachadas falsas compuestas de elementos arquitectónicos romanos y góticos uniformes para unificar las fachadas que abundaban en elementos barrocos, y para resolver los problemas estáticos que aún seguían sin solucionar.

Los problemas estáticos no solucionados y el efecto trastornante de los daños causados por el terremoto de Zágreb llevaron al obispo Nándor Dulánszky a re-

construir la catedral en forma radical entre 1877 y 1891, conservando su estilo original, y aprovechando de las considerables posibilidados financieras del obispado.

La iglesia con muros, bóvedas, cuerpos arquitectónicos y ornamentos preferentemente medievales y con frescos y muebles procedentes en su mayoría del siglo XVIII, fue demolida casi completamente. Sus altares y muebles fueron vendidos y las pinturas murales copiadas. Solamente los muros de la cripta quedaron intactos. Se conservaron, además, el tabernáculo renacentista de György Szathmári, el sepulcro de finales del siglo XVI procedente de un taller de los Países Bajos, y los hermosos muebles barrocos de la sacristía. Las esculturas figurativas y arquitectónicas halladas en el curso de las obras de demolición, fueron guardados en depósitos.

La catedral que fue reconstruída según los proyectos del arquitecto-restaurador austríaco Friedrich von Schmidt, conservó su diseño de finales del siglo XI, pero las fachadas falsas construidas por Pollack, fueron sustituídas por fachadas compuestas de elementos de la arquitectura italiana románica. El diseño de las torres estuvo inspirado por las catedrales alemanas. En lo que se refiere al espacio interior, fueron determinantes las características medievales (las proporciones de la nave pública, la cripta y el presbiterio, y la colocación de los pilares). Los restauradores siguieron el modelo de los fragmentos arquitectónicos y esculturales originales (capiteles y basas de las columnas, ornamentos del Altar Público, bajorrelieves de las escalinatas de la cripta etc). Después de la demolición de las bóvedas góticas y barrocas, el espacio fue cubierto por un techo plano, según el modelo de la iglesia de San Miguel de Hildesheim.

Los frescos que cubren las paredes y las esculturas que aparecen en el exterior del edificio, nacieron del estilo narrativo, a veces patético, ligeramente arcaizante, naturalista de las academias de Viena y Munich. Los frescos de las naves son obras de maestros alemanes, Karl Andreä y Moritz von Beckerath, mientras que los de las capillas fueron pintados por dos eminentes pintores húngaros, Bertalan Székely y Károly Lotz. Las esculturas figurativas fueron talladas por György Kiss y György Zala. Este último también restauró los bajorrelieves de las escalinatas de la cripta, con ayuda del historiador de artes, Béla Czobor. (B. D.)

PÉCS / *Provincia de Baranya* / 98
Iglesia (paulina) de San Emerico

La iglesia fue construída en 1937 según los proyectos de Károly Weichinger. La fachada de división vertical, cubierta de piedras traídas de los montes Mecsek está formada por una portada con doble abertura y cuatro ventanas con arco de medio punto. Un pórtico conecta la iglesia con el campanario separado. La parte superior del campanario está decorada con arcos similares al pórtico de la planta baja.

A lo largo del espacio interior de eje longitudinal y a

ambos lados, se encuentran hileras de pilares altos. En medio, el altar mayor de bronce es obra de Béla Ohmann : representa a San Emerico que hace una promesa a la Virgen María. Alrededor de ellos se ven San Esteban, San Ladislao y San Pablo Ermitaño. (J. Z.)

PÉCS-MÁLOM / *Provincia de Baranya* / 99
Iglesia de San José

La iglesia de una nave con torre en la fachada, fue construída en tres etapas: el ábside semicircular, la puerta con arco semicircular y las tres ventanas con arcos peraltados, en estilo románico. Durante la época gótica la iglesia fue alargada hacia el Oeste, la puerta meridional amurallada y en la fachada occidental fue abierta una nueva puerta. En la primera mitad del siglo XVII el templo fue otra vez reconstruído y ampliado el edificio que no sufrió ningún daño de importancia durante la época de la dominación turca.

El presbiterio está cubierto por una semicúpula que se conecta con la nave por una bóveda de cañón ojival. La parte gótica está cubierta por una bóveda rebajada. En la pared del presbiterio se encuentran dos ventanas románicas y en su interior, un gran nicho con arco.

Los frescos de la iglesia fueron pintados en el siglo XIV. En la semicúpula del ábside se ven fragmentos de las figuras de la Majestad del Señor y los apóstoles. Las paredes de la nave están cubiertas con frescos de estilo barroco popular del siglo XVII. El altar mayor y los laterales, el púlpito y el órgano son de estilo barroco del siglo XVIII.

La iglesia está rodeada por una muralla en cuya parte septentrional se encuentran lápidas sepulcrales del siglo XVIII y en la parte meridional, lápidas procedentes del siglos XVIII y XIX. (T. K.)

PÉTERVÁSÁRA / *Provincia de Heves* / 252
Iglesia parroquial de San Martín

Károly Keglevich, quien ejerció el patronato sobre el pueblo de Pétervására en 1811 hizo demoler la iglesia en perfecto estado, construida en 1719 y – según testimonio de un escrito encontrado en una botella en 1960 – hizo construir entre 1812 y 1817 una nueva en memoria de su hija muerta, la señora de Inocent Udeschalchi. Los proyectos de la iglesia fueron diseñados por un arquitecto de Eger, Ferenc Povolni.

La iglesia es el primer ejemplo de la arquitectura romántica húngara. El constructor del edificio neogótico que aplicó los elementos de las catedrales góticas de manera particular, y con cierta gracia provincial, fue miembro de la Academia de Santa Ana de Viena y viajó mucho por Bohemia y Moravia, conocía bien la arquitectura de las iglesias de aquellas regiones.

El episcopado de Eger no dió trabajo a Povolni y la a familia Keglevich lo aprovechó, pues existía una rivalidad permanente entre ellos y el episcopado. Las obras fueron organizadas por el párroco János Szász quien logró conquistar a Povolni para sus proyectos románticos.

Los muros de la iglesia de dos torres, con estructura basilical, llevan ventanas de arco ojival; sus espacios están cubiertos por bóvedas de crucería neogóticas. Los colores marcados de las secciones subrayan el carácter romántico del conjunto.

El altar mayor es obra de Ignác Antzenhofer. La imagen que representa a la Patrona de Hungría fue pintada por János Mihály Hess, oriundo de Eger. El púlpito es un monumento del arte románico temprano. En la barandilla de la escalera del púlpito, diferentes animales — serpientes, cocodrilos, lagartos, ranas — suben para escuchar el sermón. (B. D.)

PÜSPÖKSZENTLÁSZLÓ
/ Provincia de Baranya / 104
Capilla de San Ladislao

En Püspökszentlászló, pueblo autónomo durante siglos que hoy pertenece a Hosszúhetény, el rey San Ladislao hizo construir una capilla, según la tradición, en memoria de una cacería. En 1235 el rey Andrés II renunció a la capilla en beneficio del obispo de Pécs, según testimonia un documento que aún se conserva.

A principios del siglo XVIII, al lado de la capilla que estaba en ruinas vivía un ermitaño quien recolectó dinero de los peregrinos que llegaban cada año al santuario, para la construcción de una nueva capilla.

En 1725 se terminó la construcción de la capilla, en torno a la cual se estableció un pueblo de treinta casas. El pueblo tranquilo, silencioso y escondido conquistó la simpatía del conde Pál László Esterházy, obispo de Pécs quien hizo construir allí en 1797 una residencia episcopal y una nueva capilla en lugar de la antigua otra vez en ruinas. A finales del siglo pasado, el castillo fue conectado con la capilla.

La capilla de plano ovalado tiene cuatro salientes de plano rectancular, con tímpano. En uno de ellos se encuentra el altar mayor. En el espacio central se hallan, a la izquierda, el púlpito y a la derecha, la silla del obispo. (B. D.)

SÁROSPATAK
/ Provincia de Borsod-Abaúj-Zemplén / 253
Iglesia parroquial
de la Inmaculada Concepción

Durante la última restauración de la iglesia parroquial, al Sur del edificio fueron excavados los cimientos de una iglesia redonda proveniente de los siglos XI–XII. Esta iglesia estaba compuesta por una "nave" de plano circular con un diámetro de siete metros y por un presbiterio semicircular.

Para los habitantes de Patak, centro en rápido desarrollo, feudo del rey, la iglesia resultó pequeña; fue necesario entonces construir una nueva. La vieja iglesia se convirtió en capilla del cementerio y al Norte de

ella se construyó la nueva, probablemente de una sola nave, cuyo recuerdo se conserva en la nave lateral septentrional a izquierda del edificio actual. El patrono de estos dominios era el mismo rey y la iglesia pertenecía a la jurisdicción del arzobispo de Esztergom.

La iglesia que precedió a la actual, se construyó en la segunda mitad del siglo XV. Era un templo de tres naves, del cual se conservaron los muros occidente y sur con las ventanas, los contrafuertes septentrionales y la fila de columnas divisorias de las naves. El presbiterio no se conservó. Este edificio fue construído por los nuevos patronos de la ciudad, la familia Pálóczy y era una iglesia representativa para sepultar a los señores, y que superó considerablemente las necesidades del poblado.

Después de 1526, Patak pasó a per propiedad de la familia Perényi y los nuevos propietarios luteranos hicieron reconstruir la iglesia, pasado apenas un decenio, dándole una estructura central, más adecuada para el espíritu de la Reforma. Se le suprimió el presbiterio largo y estrecho y las tres naves fueron alargadas con dos arcadas.

Durante los siglos XVI y XVII, adquirieron la ciudad la familia Dobó, luego los Lóránffy y los Rákóczi. Después del complot de Nádasdy–Wesselényi, las tropas ocupantes retiraron la iglesia de manos de los calvinistas. Durante un breve período fue posesión de los jesuítas, luego, durante el mandato de Thököly, los fieles luteranos y desde 1685, los católicos. El incendio de 1737 destruyó el tejado, partes de las bóvedas y fundió las campanas. A finales del siglo, el edificio se encontraba en un estado tan lamentable que debió cerrarse en 1781.

Después del año 1787 la iglesia parroquial fue reconstruída: en la fachada occidental se construyó una torre, las bóvedas góticas fueron sustituídas por barrocas y el mobiliario fue cambiado. El nuevo altar mayor, una construcción de gran riqueza ornamental, originalmente fue erigido en la iglesia carmelita del Castillo de Buda en 1736 de dónde se trasladó a Patak después de la disolución de la orden del Carmen. El altar fue instalado en su nuevo lugar por el escultor János Tech oriundo de Kassa después de 1788, y fue restaurado por József Reichguttmann en 1790. Los altares colaterales proceden de la iglesia trinitaria local.

En la parte superior del altar mayor se ve una imagen de la Santísuna Trinidad, acompañada por las estatuas de Santa Teresa y Santa Catalina de Siena y debajo de ella, una pintura hecha en Viena en 1789, que representa a la Virgen María, entre las estatuas de Papas y obispos.

Las lápidas sepulcrales excavadas durante el curso de las obras de restauración efectuadas entre 1964 y 1970, se encuentran, en orden cronológico, en la pared de la nave septentrional que es el muro de la antigua fortaleza que rodeaba el poblado. (B. D.)

SÁTORALJAÚJHELY
/ Provincia de Borsod-Abaúj-Zemplén / 256
Iglesia parroquial de la Asunción
(de las Escuelas Pías)

Se supone que desde el siglo XIII se encontraba en Újhely un monasterio, pero solamente tenemos conocimiento seguro del monasterio perteneciente a la orden de los paulinos a partir del siglo XIV. La iglesia que precedió a la actual era de estilo gótico. Su torre se construyó en 1501.

Durante el ataque de los tártaros en 1566, el monasterio se quemó; luedro, fue reconstruído. En 1626 el patrono de la ciudad, Menyhért Alaghy hizo reconstruir la iglesia. El nuevo dueño, Ferenc Rákóczi I hizo construir una capilla de plano cuadrado, con cúpula, adosada al muro meridional de la iglesia en 1673 y que seguía el modelo de las iglesias polacas. De esta misma época proviene la arquitectura pintada en estilo barroco temprano que adorna la fachada del monasterio que da a la iglesia.

Los muebles de la iglesia que perteneció antes a la orden de San Pablo, fueron fabricados entre 1716 y 1736. El altar principal proviene del taller del maestro János Strecius de Lőcse; los altares colaterales, el púlpito y las sillerías son obras de maestros de la Alta Hungría. Los bancos de la nave fueron tallados por el fraile carpintero Félix Tatirek en 1738.

Entre las estatuas del altar mayor sólo la figura del arcángel San Miguel es original; las estatuas de San Esteban y San Ladislao fueron esculpidas en la segunda mitad del siglo XVIII. En el tornavoz del púlpito están sentados cuatro Padres de la Iglesia; encima de ellos se ve el grupo escultórico de la Santísima Trinidad. Los altares laterales dedicados a la Virgen María y a San Pablo Ermitaño, son de 1736. El altar de la Santa Cruz fue erigido a mediados del siglo XVIII; al lado del Crucifijo se ven las figuras de la Virgen, San Juan y María Magdalena. El grupo escultórico que se encuentra detrás del altar mayor, representa la puesta de Jesús en la sepultura.

La orden de San Pablo disuelta durante el reino de José II (1786) fue sustituída por la orden de las Escuelas Pías y el patrono anterior de la iglesia — San Egidio — fue reemplazado por San José de Calasanz. (B. D.)

SIKLÓS-MÁRIAGYŰD
/ Provincia de Baranya / 105
Iglesia parroquial (franciscana)
de la Visitación

Según la tradición local, la iglesia fue construída por el rey Géza II en 1148, y fue reconstruída en los siglos XIV y XV en estilo gótico. Durante la dominación turca, en 1543 la iglesia se convirtió en mezquita. Entre 1738 y 1742, el conde Károly Batthyány la hizo reconstruir y en 1846, el obispo de Pécs, János Scitovszky la declaró santuario. Desde aquella fecha, es uno de los lugares de peregrinaje más frecuentados de la diócesis de Pécs.

Su altar mayor circundable fue esculpido en mármol sacado de las canteras de Siklós, en el siglo XIX. Encima del tabernáculo, se encuentra la estatua sagrada de la Virgen con el Niño, que hizo esculpir el obispo de Pécs, el conde Vilmos Ferenc Nesselrode durante los primeros decenios del siglo XVIII, para sustituir la estatua anterior cuya original se conserva hasta hoy en la iglesia de Eszék (Osijek). Detrás del altar mayor se conservó la puerta de la iglesia gótica. Los altares colaterales y los bancos son del siglo XVIII.

Al muro septentrional de la iglesia se unió la capilla de San Miguel que ocupaba el lugar de la antigua sacristía en 1738, después de la epidemia de peste. Su puerta con reja de hierro es una obra de herrería digna de atención. (T. K.)

SOPRON
| Provincia de Győr-Moson-Sopron | 80
Iglesia parroquial de San Jorge

La nave y el presbiterio de la iglesia que se halla intercalada entre los edificios de las casas de la calle Szent György, son góticos; sus capillas laterales y su fachada principal son de estilo barroco temprano. La torre fue construída en 1882.

El plan de construcción de la iglesia aparece ya en un documento escrito en 1368. En 1398 el Papa Bonifacio IX ya hablaba de una iglesia erigida en homenaje a San Jorge y Santa Margarita. Durante el primer cuarto del siglo XV, los habitantes de la ciudad de Sopron aún hicieron donaciones para financiar la construcción. Durante esta época debieron realizarse los relieves representando a San Jorge con el dragón y a la Santa Margarita de Antioquía, que adornan la portada.

En 1674, la iglesia que desde fines del siglo XVI fue utilizada por los protestantes, pasó a propiedad de los jesuítas que abrieron capillas laterales en las paredes de la nave y luego, al final del siglo XVII y comienzos del XVIII, cubrieron de estucos la superficie de las paredes. Los estucos hechos a principios del siglo XVIII son obras del maestro Pietro Antonio Conti. La fachada principal barroca temprana se construyó, probablemente, después del incendio de 1676.

Las instalaciones de la iglesia fueron hechas pronto, por encargo de las familias Kollonich, Nádasdy y Popovics: en 1694 ya todas las capillas tenían altar. En 1713 Mihály Esterházy hizo construir el altar mayor. Durante los decenios subsiguientes, la iglesia se enriqueció con nuevas esculturas y pinturas.

El altar mayor de hoy fue erigido en 1761, por encargo de György Primes. El retablo, obra de un maestro vienés, representa el martirio y la apoteosis de San Jorge. Sobre el altar que ocupa todo el muro trasero del presbiterio se encuentran las estatuas de San Francisco Javier y San Ignacio de Loyola.

Merecen mención el púlpito hecho a finales del siglo XVII, el fresco rodeado de estucos en la bóveda del baptisterio que representa a San Gerardo y el cuadro de la capilla de la Madre del Buen Consejo pintado por

István Dorffmeister en 1781, que es una copia de la imagen sagrada de Genazzano.

El retablo de la capilla de San Francisco de Borja que representa el éxtasis del santo y el de la capilla de Santa Margarita, que representa la lucha del santo con el dragón, fueron pintados por István Schaller en 1764 y pertenecen a las obras mejores. (B. D.)

SOPRON
| Provincia de Győr-Moson-Sopron | 82
Iglesia (benedictina) de la Asunción

En la plaza situada en la parte septentrional del centro histórico de la ciudad, desembocan las calles Templom y Kolostor, compuestas de casas de origen medieval. En el lado occidental de la plaza se encuentra el edificio neoclásico del Ayuntamiento y en la parte meridional, la iglesia benedictina, antes (hasta el año 1802) franciscana. En el centro de la plaza se empina la columna de la Santísima Trinidad.

El obispo de Esztergom, Lipót Kolonich tomó en 1695 la iniciativa de construir una columna de la Santísima Trinidad, que fue erigida, al final, en 1701, financiada por el conde János Jakab Löwenburg y su esposa, Katalin Thököly.

La iglesia fue fundada por la familia Geisel que empezó la construcción hacia 1280. La longitud del presbiterio de estilo gótico temprano es igual que la de las tres naves, de modo que las proporciones del templo son de estilo románico. La torre fue construída en el primer cuarto del siglo XIV. La bóveda interior fue reconstruída en el siglo XV y el edificio, restaurado según los proyectos de Ferenc Storno, entre los años 1888 y 1894.

La portada occidental está adornada con el escudo de la familia Geisel que representa una cabra. El animal del escudo aparece en varias partes de la iglesia.

Los elementos arquitectónicos del interior de la iglesia provienen de las diferentes épocas del gótico, mientras que la mayoría de los muebles son de estilo barroco temprano y florido.

Junto al presbiterio del monasterio que perteneció anteriormente a la iglesia franciscana, se encuentra la sala capitular medieval, restaurada en 1948. El espacio de tres naves y tres presbiterios, está cubierto por bóvedas de crucería con nervaduras góticas sostenidas por pilares delgados octogonales y consolas con adornos figurativos.

Los relieves de las ménsulas y los capiteles de los pilares presentan los símbolos de los pecados capitales y los claves, los símbolos de la salvación.

La sala capitular era el lugar de las confesiones públicas de la vida monástica medieval. Las esculturas provenientes de los símbolos de la época románica y talladas en la primera mitad del siglo XIV, desempeñaban el papel del "espejo del alma". (B. D.)

SOPRON
| Provincia de Győr-Moson-Sopron | 85
Iglesia (ursulina) de la Inmaculada Concepción

La Sociedad de Santa Úrsula dedicada a la educación de la juventud, se estableció en Sopron en el año 1747. Su iglesia y escuela situadas en el centro histórico fueron construídas en 1862, según los proyectos de Nándor Handler, en estilo neogótico romantizante. Las obras de Handler reflejan una fuerte influencia de las iglesias góticas de la ciudad, cuyos elementos característicos (ventanas, portales y torres) aparecen con frecuencia en sus edificios. (B. D.)

SOPRON
| Provincia de Győr-Moson-Sopron | 86
Iglesia parroquial del Espíritu Santo

La iglesia situada frente al antiguo hospital de la orden de San Juan de Jerusalén, fue construída probablemente por la misma orden.

El primer documento que la menciona proviene de 1406, pero teniendo en cuenta algunos elementos del edificio, parece seguro que fue construído a finales del siglo XIV. En 1605, los turcos y los jeduques destruyeron esta parte de la ciudad, y también la iglesia sufrió daños. Después de 1627, el templo fue reconstruído y su mobilario, renovado.

Las obras de reconstrucción de mayor envergadura se efectuaron en la segunda mitad del siglo XVIII. En 1754 se construyó la sacristía y en aquella época fue trasladada aquí, procedente de la iglesia de San Miguel, la estatua de la Virgen que adorna el altar mayor. La estatua se hizo tan popular, que en 1782 fue alargado el presbiterio y se construyó un nuevo altar mayor. De aquel tiempo provienen los frescos de István Dorffmeister y varios nuevos altares.

La iglesia es gótica en su aspecto exterior (la torre, los cuerpos y las aberturas del edificio) y de estilo barroco en su interior (bóvedas, frescos, muebles etc).

En 1782 István Dorffmeister pintó todo el interior de la iglesia: las paredes están adornadas con guirnaldas y floreros, así como con pilastras, ventanas y nichos de una arquitectura falsa. En los nichos se encuentran figuras de talla natural de los Santos Padres. En la pared lateral del presbiterio se ve la representación del sacrificio de Melquisedec y la inmolación de Isaac; en las bóvedas, los esponsales de María (encima de la galería del órgano), la coronación de María y la Anunciación (en las dos arcadas de la nave) así como las alegorías y los símbolos de la Fe.

Sobre el tabernáculo del altar mayor de estilo rococó, se halla la estatua de la "Virgen con Manto de madera". El retablo fue pintado hacia 1750 y representa la venida del Espíritu Santo. (B. D.)

SOPRON
| Provincia de Győr-Moson-Sopron | 87
Iglesia parroquial de San Miguel

El templo gótico de tres naves fue construído en la segunda mitad del siglo XIV, pero ciertos detalles, por ejemplo los frisos adornados con arcos de las naves laterales, las plantas inferiores de la torre, el plano horizontal y la estructura de los espacios (tres naves, presbiterios, crucero falso) reflejan más bien un estilo románico tardío. De esta iglesia – que es la iglesia parroquial de la ciudad desde el siglo XI – se hace mención primero en 1278. El edificio actual fue construído, esencialmente, en la segunda mitad del siglo XIV, según testimonian las puertas, las ventanas, las columnas que dividen las naves y las medias columnas que sostienen las bóvedas. La bóveda debió construirse hacia 1392, en la época del alcalde Miklós, cuyo escudo adorna uno de los claves.

Cien años más tarde se edificaron la sacristía y la galería occidental. En aquella época, el interior fue repintado, pero la mayoría de los frescos se destruyeron. Entre los años 1565 y 1605, los católicos y los protestantes utilizaron el edificio en conjunto y luego, hasta el año 1674, sólo los últimos.

Entre 1859 y 1866 Ferenc Stornó restauró la iglesia, dentro y fuera, según los criterios de la protección de monumentos de su época. Conservó el edificio, siguiendo las formas originales también en los detalles, pero prácticamente hizo esculpir todo de nuevo.

Casi todas las piezas del mobiliario fueron talladas durante la época de la restauración de la iglesia, en el siglo pasado. De los muebles y las imágenes originales, se conservaron sólo una escena del Gólgota del siglo XV, el retablo mayor de Bartolomeo Altomonte de 1739 (San Miguel vence a los turcos), la escultura de la Virgen del tabernáculo neogótico y los armarios de la sacristía, procedentes del siglo XVIII. (B. D.)

SOPRON
| Provincia de Győr-Moson-Sopron | 89
Iglesia de San Juan Bautista

La orden de San Juan de Jerusalén se estableció en la ciudad a mediados del siglo XIII; su iglesia se construyó en estos mismos años. Durante la época de los Anjou, la orden de caballería abandonó la ciudad a causa de los conflictos con los habitantes e inició un lento proceso de destrucción de la iglesia. Después del año 1454, los burgueses mandaron renovar el edificio destartalado y construyeron los altares. En 1519, la iglesia fue reconstruída de nuevo.

En 1519 el templo pasó a ser propiedad de los jesuítas, quienes lo utilizaron hasta el año 1674. Pasados cien años y disuelta la orden, la iglesia fue vendida en subasta; la compró Jakab Meskó quien la donó al cabildo. En 1890 la iglesia fue radicalmente transformada según los proyectos de Ferenc Storno, hijo: la cúpula de cebolla fue sustituída por una aguja alta y los muebles, por otros nuevos, de estilo neogótico. De la iglesia medieval se conservaron sólo los contrafuertes y algunos elementos de la bóveda; todo el resto fue transformado según la concepción y los proyectos de Storno. (B. D.)

SOPRONHORPÁCS
| Provincia de Győr-Moson-Sopron | 90
Iglesia parroquial de San Pedro y San Pablo

La iglesia, fundada a finales del siglo XII por la estirpe Osl, sufrió graves daños durante la dominación de los turcos; aún en 1713 hablan los escritos solamente de sus ruinas. La iglesia actual se edificó en 1744; las investigaciones realizadas en ella hicieron posible el conocimiento de su historia. El pequeño templo rural de una nave, con ábside semicircular, se convirtió en el curso de varias etapas de construcción, en un edificio de presbiterio poligonal, con dos naves en cuyo fondo se encuentra una galería para los nobles.

La portada occidental se construyó hacia los años treinta del siglo XIII y es una de las más ricas que existen en Hungría. Con base en los fragmentos se supone que en el tímpano se encontraba una figura de Cristo con aureola entre los ángeles en gesto de adoración. La portada principal con alféizar oblicuo, está adornada por siete pares de columnas y contenía supuestamente las estatuas de los santos titulares y los fundadores de la iglesia. (B. D.)

SÜMEG *| Provincia de Veszprém |* 189
Iglesia parroquial de la Ascensión de Nuestro Señor

En la Edad Media Sümeg fue un importante poblado; en el monte estuvo la casa del obispo de Veszprém, donde fueron escondidos los tesoros de la diócesis, ante todo, del obispado, durante el tiempo de los ataques de los turcos.

Pasada la época de los turcos, la importancia del poblado no disminuyó: el obispo Ádám Acsády hizo construir el palacio episcopal y en la iglesia franciscana se construyó un altar mayor de gran riqueza. La edificación de la obra más importante, la iglesia parroquial barroca en el lugar del templo medieval, empezó por iniciativa de Márton Padányi Bíró, eminente figura de gran cultura de la Contrarreforma húngara. La iglesia es importante no tanto por su aspecto exterior, sino por la serie de frescos magníficos que se encuentran en su interior.

El mecenas y promotor de la obra fue el obispo de sesenta años y el artista, un pintor austríaco de apenas treinta años, Franz Anton Maulbertsch, quien empezó aquí su fabulosa trayectoria artística que recorrió toda Hungría.

El mecenas procedía de una familia protestante de Csallóköz. Después de haberse convertido a la religión católica, sus padres le indujeron a la carrera eclesiástica. Estudió en Nyitra y Nagyszombat. En 1745 ocupó la sede episcopal de Veszprém y trabajó con gran empeño en la recuperación de las iglesias católicas medievales de los protestantes en su diócesis, que era una de las mayores del país; así como en construir nuevas en lugar de las destruidas y establecer parroquias en los nuevos pueblos. Fatigado por las luchas, al final de su vida permaneció más bien en Sümeg, casi sin salir de su residencia. Durante estos años confeccionó el imponente programa de los frescos de la iglesia recién construída (1757). Quizás fueron sus amigos los que le recomendaron encargar de la obra al joven pintor Maulbertsch, quien estudió en Viena con el eminente maestro Paul Troger y cuyo arte reflejaba la influencia de los maetros italianos, Piazzetta, Ricci y Tiepolo. En 1757 el artista había terminado ya tres significativas obras en Austria, quizás por ello fue elegido por el obispo. Los frescos cubren todas las paredes y las bóvedas de la iglesia. En la galería del órgano también aparece el inventor del programa, el obispo Padányi, observando las imágenes en compañía de sus amigos de Veszprém y Sümeg.

Debajo de la galeria del órgano se inicia una serie de frescos, en los que vemos a Adán y Eva negando la obediencia, Saulo incumpliendo el mandato, y David, mitigando su dolor con la música de su arpa. En el techo se representa el limbo y en el nicho de la izquierda, el sacrificio de Abraham.

Avanzando hacia adelante, se nos ofrece una amplia vista del interior de la iglesia: encima de nosotros aparece en su trono el Padre Eterno, quien manda a su hijo a la Tierra; a la derecha, la Anunciación; en la pared lateral, el nacimiento de Jesucristo y enfrente, la imposición del nombre y la circuncisión. La historia de Jesús continúa en la sección siguiente de la bóveda: arriba, a la derecha se encuentra la estrella de Belén y en la pared lateral, la adoración de los Reyes Magos. El drama empieza en el lado opuesto: arriba se ve la Via Crucis y en la pared lateral el Gólgota, con toda la riqueza en colores y movimientos del rococó. En la sección anterior al presbiterio, la historia continúa en la pared lateral, con la escena de la Resurrección; a la derecha está el Maestro profesando la paz, arriba el Espíritu Santo y a la izquierda, San Pedro. La escena final se ve en el presbiterio: Jesucristo retorna al Padre; a su izquierda se encuentran los réprobos y a su derecha, los bienaventurados. Arriba se ve la Santísima Trinidad en el trono y en las paredes laterales, las imágenes de los Santos Padres occidentales. Las composiciones están caracterizadas por una gran movilidad, una calma interna y por movimientos dramáticos espectaculares.

Los colores hacen todavía más acentuada la fuerza dramática de los temas. Maulbertsch ejecutó esta labor gigantesca en un poco más de un año. Es probable que no lo hacía solo, sino que, conforme a la práctica general de la época, le ayudaron varias personas en la pintura de los elementos ornamentales, en la marmolización y en el diseño de las figuras secundarias y los detalles de las escenas. Las obras de estilo rococó de Maulbertsch ejercieron una influencia sobre otros pintores, al mismo tiempo, sus pinturas posteriores – en la catedral de Győr y la iglesia parroquial de Tata – están caracterizadas por la tranquilidad y serenidad del barroco tardío. (B. D.)

SÜMEG / *Provincia de Veszprém* / 191
Santuario (franciscano) de María, Patrona de los Enfermos

La iglesia de los franciscanos salvatorianos se construyó en estilo barroco temprano entre 1652 y 1657, durante la época de György Széchényi, obispo de Veszprém. Su fachada fue edificada en los años veinte del siglo XVIII por el hermano lego carmelita, Athanasius Wittwer. Es un lugar de peregrinaje a partir de 1699.

Su valioso mobiliario fue construído en el siglo XVIII: el altar mayor se construyó en 1743, financiado por una donación de Ádám Acsády. Los ornamentos escultóricos del altar fueron tallados por el sacerdote carmelita Franz Richter. En el centro se encuentra una estatua de la Piedad rodeada por las figuras arrodilladas de San Esteban y San Ladislao y, al lado suyo, aparecen las figuras en pie y de tamaño grande de San Pedro y San Pablo. Detrás del altar circundable también se ve un grupo escultórico de la Virgen Dolorosa, con pinturas y láminas de mármol votivas. Entre los altares laterales es digno de atención el dedicado a San Juan Nepomuceno, erigido en 1750 y cuyo retablo es, probablemente, obra de István Dorffmeister. Otro monumento de importancia es el púlpito, con la estatua del arcángel San Miguel en su tornavoz. La puerta de hierro forjado de las dos capillas junto a la torre, provienen de mediados del siglo XVIII. Los frescos modernos de la nave son obras de Béla Kontuly. (T. K.)

SZEGED / *Provincia de Csongrád* / 215
Catedral Episcopal
Dedicada a la Patrona de Hungría

La iglesia de San Demetrio construída en estilo barroco sobre sus muros medievales, fue derribada en 1913, pero su torre gótica subsiste hasta hoy, transformada según los proyectos de Béla Rerrich. Los frescos fueron pintados por Vilmos Aba Novák, en 1931.

La edificación de la nueva catedral comenzó en 1914 según proyectos de Frigyes Schulek y Ernő Foerk. Fue consagrada en 1930, en memoria de la reconstrucción de la ciudad después de la inundación del río Tisza en 1879. En aquel entonces fue colocada en la iglesia la reliquia de San Gerardo.

La iglesia con dos torres, cúpula central y transepto lleva los sellos del estilo románico de Italia del Norte. Las dos torres de la fachada principal son de 93 metros de altura. Sobre la portada principal, debajo del baldaquín se encuentra la estatua de la Patrona de Hungría, obra de István Tóth. Los mosaicos a ambos lados de la estatua que representan a los apóstoles, fueron diseñados por Ferenc Márton. Debajo de los mosaicos se ven relieves con los símbolos de los cuatro elementos

naturales. En lo alto de la fachada principal se encuentra una cruz entre dos ángeles y debajo de ella, en los dos lados del rosetón, dos campos del escudo húngaro. En el baldaquín de la portada principal, se ve el escudo de la ciudad de Szeged. Las estatuas de San Esteban y San Ladislao que se encuentran en los dos lados de la portada, son obras de István Dávid.

Los frescos del interior de la iglesia fueron pintados por Sándor Muhits según proyectos de Ernő Foerk. Las escenas de la vida de San Gerardo fueron pintadas por László Patay, durante los últimos años. Los símbolos de las virtudes que se ven en el crucero, son obras de Ferenc Márton, creador del mosaico de la Santísima Trinidad que se aprecia en el ábside. La imagen de la Patrona de Hungría en el altar mayor es obra de Károly Reich. Las escenas del Antiguo Testamento y la historia de la edificación de la iglesia en el ábside, fueron esculpidas por István Tóth.

En la parte de la derecha se ve el altar de la Santa Cruz. Las estatuas del altar de San Gerardo que se encuentra a la izquierda (San Gerardo, San Esteban, San Emerico y la Beata Gisela) fueron esculpidas por Lajos Krasznai. En la nave transversal se erigen, igualmente, el altar de San Antonio y el altar del Corazón de Jesús. En las capillas laterales se encuentran los altares de Santa Isabel, Santa Margarita, San Esteban, San Ladislao y San Demetrio. Estos tres últimos y el monumento sepulcral de Klebelsberg en el crucero, son obras de Béla Ohmann.

La decoración escultórica barroca de la capilla de la Virgen, Patrona de los Enfermos, llegó a la catedral procedente de la iglesia de San Demetrio.

La estatua titulada *Cristo en la Cruz* fue donada a la ciudad por el mismo escultor, János Fadrusz y fue colocada en la iglesia en 1979.

Los vitrales son obras de Miksa Róth e Imre Zsellér. El órgano, que es uno de los mayores en Europa, fue fabricado según los proyectos de József Geyer, en los talleres Angster de Pécs. (J. Z.)

SZEGED / *Provincia de Csongrád* / 218
Iglesia parroquial franciscana de la Virgen de las Nieves

Los franciscanos marianos se establecieron en Szeged durante el primer decenio del siglo XIV. Su mecenas fue la reina Isabel, esposa de Carlos Roberto, quien proveía el templo de muebles. Durante la gobernación de János Hunyadi, hacia 1444, los franciscanos observantes aparecieron en la ciudad, procedentes de la provincia bosniaca, y durante una breve temporada utilizaron la casa de los marianos.

Alrededor de 1450 los observantes – o frailes salvatorianos – recibieron la iglesia de San Pedro situada en la plaza de mercado de la Ciudad Baja y también construyeron un pequeño monasterio. Durante el primer decenio del reinado de Matías Corvino se inició la edificación de una iglesia más digna y más grande. La fecha de 1503 que se ve en la pared sur de la nave, indica probablemente el año de la terminación de las

obras. Es posible que la iglesia se construyera en dos etapas, debido a dificultades financieras: primero se edificó la nave y más tarde, el presbiterio y las bóvedas. En la segunda etapa trabajó aquí el fraile Juan, arquitecto del rey en Visegrád y constructor de la iglesia franciscana en la calle Farkas de Kolozsvár. La bóveda reticular – aplicada sobre una sencilla bóveda de cañón – es un raro ejemplo del retorno al gótico en la época barroca.

Después de 1543 cuando los turcos ocuparon la ciudad, los franciscanos quedaron en la ciudad y utilizaron la iglesia conjuntamente con los protestantes. De aquí partieron los frailes salvatorianos para las regiones del Sur de la Llanura, manteniendo la fe en la gente.

Después de la liberación de la ciudad de la dominación turca en 1686, fueron necesarios varios decenios para rehabilitar y amoblar la iglesia: el altar mayor – con la imagen de la Virgen, Patrona de los Enfermos de Szeged del siglo XVII – fue erigido por el ciudadano György Sárecz de Szeged en 1713 y las estatuas fueron esculpidas por el fraile Antal Gráff. Las figuras del púlpito erigido en 1714 son obras del mismo maestro. A finales del siglo XVIII Gáspár Daka hizo construir "con modestos recursos de otros agricultores honestos" el altar de San Vendelino y la familia Babarczy en 1777, el altar de San Juan Nepomuceno. El retablo de este último fue pintado por Joseph Hautzinger, quien pertenecía al círculo de Paul Troger. Son obras del mismo maestro las imágenes que adornan los altares de San Antonio y San Francisco. Las estatuas fueron talladas por József Aisenhut quien llegó a Szeged procedente de Renania. Los altares de la Santa Cruz y la Virgen Dolorosa también fueron erigidos en 1775, según sus proyectos. En 1747 hizo construir el prefecto de la Cámara Wolfgang Prechtl el altar de las Almas en el Purgatorio.

El altar de la Virgen Negra, cuyo retablo ennegrecido es conocido en esta región como la "Virgen Sarracena" fue pintado alrededor del año 1740.

En la sala capitular de antaño del monasterio medieval (actualmente, sacristía) los armarios ricos en ornamentos tallados, fueron realizados alrededor de 1760 y los cuadros que adornan los muebles, pintados por Zsigmond Falusi en 1764.

El monasterio se construyó en el siglo XVIII; la torre de la iglesia renovada adquirió su altura actual en 1772 y su aguja proviene de 1827. (B. D.)

SZEGED / *Provincia de Csongrád* / 221
Iglesia parroquial (minorita) de San Nicolás

En la Ciudad Alta, de condiciones más favorables para el transporte fluvial, los dominicanos fundaron un monasterio en homenaje a San Nicolás, patrono medieval de los navegantes. El conjunto de edificios empezó a arruinarse a partir de 1529, debido a las destrucciones de los turcos.

Los minoritas se establecieron definitivamente en la

Ciudad Alta en 1742. En breve empezaron a construir una iglesia y un monasterio, en lugar del monasterio dominicano y, fieles a las tradiciones y guardando la continuidad, eligieron al obispo San Nicolás como patrono de su iglesia.

La construcción del monasterio se inició en 1747 y la del templo, en 1754. Las obras se terminaron en 1767. En la nave estrecha y alta de la iglesia, representan un valor considerable los muebles hechos por József Stöcherle en el taller de la orden (por ejemplo, los bancos) y el altar de estilo barroco tardío neoclásico, dedicado a San Nicolás.

La iglesia con el monasterio, el jardín y el grupo escultórico del Calvario, conforman el conjunto arquitectónico más bello de la ciudad, en cuanto a monumentos del siglo XVIII. (B. D.)

SZENTGOTTHÁRD / *Provincia de Vas* / 140
Iglesia parroquial (cisterciense) de la Asunción

El poblado situado en la región de la frontera occidental de Hungría, recibió su nombre del obispo germánico Gotardo (Gotthard) de Hildesheim, canonizado en 1131, cuyo culto floreció en la segunda mitad del siglo XII en la Baja Austria y en los vecinos territorios húngaros. En la zona fronteriza que iba poblándose poco a poco, se creó esta pequeña localidad cuya iglesia fue erigida en homenaje a San Gotardo durante la década de los setenta del siglo XII.

El monasterio cisterciense de Szentgotthárd fue fundado por el rey Béla III en 1183. Los edificios del monasterio que fueron ocupados por los sacerdotes procedentes del monasterio madre de Trois-Fontaines (Francia) en el otoño de 1184, fueron construidos contrariamente a las tradiciones y prescripciones de la orden, en una zona que iba poblándose, en vez de un área despoblada y sin cultivar. Conforme a las reglas de la orden, la iglesia del monasterio fue dedicada a la Virgen María.

El fundador y los feudatarios de la región ofrecieron significativas donaciones a la abadía, cuya situación se reforzó debido a diferentes privilegios eclesiásticos y laicos: no estuvo subordinada a la jurisdicción ni del obispado, ni de la provincia.

En 1391, el rey Segismundo cedió sus derechos de patronazgo al paladín Miklós Széchy y sus descendientes, y así llegó a su fin la primera época floreciente del monasterio.

A partir del siglo XV, los monasterios cistercienses pasaron una época difícil en todas partes del país: aunque el rey Matías confirmó para un breve período el poder del abad de Szentgotthárd, los Széchy recuperaron el conjunto, transformándolo en una fortaleza y expulsando a los frailes. En el curso de los siglos XVI y XVII, el cunjunto fue mencionado siempre como un "castellum". Sus dueños – los Zrínyi y los Batthyány – consideraron el castillo provisto de murallas, torres de ángulo y bastiones, como una fortaleza fronteriza en las luchas contra los turcos.

Cuando las tropas de István Bocskai (jefe de un levan-

tamiento contra los Habsburgo) aparecieron en esta región en 1605, el capitán imperial de la fortaleza, Tieffenbach, hizo evacuar y estallar los edificios. Los propietarios del siglo XVII hicieron reconstruir la fortaleza – sin restaurar la iglesia – en la que los habitantes del poblado, elevado ya al rango de ciudad agraria, encontraron ámparo contra los frecuentes ataques de los turcos.

En 1675, los terrenos de la abadía y el cargo de abad titular fueron concedidos al arzobispo de Kalocsa, György Széchényi quien dos años más tarde hizo reconstruir con maestros italianos la iglesia del monasterio, consagrándola como iglesia parroquial dedicada a San Gotardo. Esta iglesia de aspecto renacentista tardío y barroco temprano que en su interior también conservó fragmentos medievales, la orden que regresó en 1734, la utilizó de granero entre 1787 y 1790.

La iglesia de la abadía medieval se construyó con tres naves, un transepto y un gran presbiterio semicircular. En la fachada occidental se abrieron dos puertas menores para las naves laterales, mientras la portada principal decorada se encontraba en la parte sur del crucero. Esta estructura del plano de la iglesia no siguió el modelo de la abadía madre de Trois-Fontaines sino el del monasterio cisterciense de Provenza, edificado alrededor de 1180.

Los edificios y los terrenos de la abadía pasaron en 1734 a propiedad del monasterio cisterciense de Heiligenkreuz. El abad Robert Leeb empezó las obras de restauración y el traslado de los frailes al nuevo monasterio. Los proyectos de gran envergadura del nuevo conjunto de edificios barrocos – con la iglesia situada entre las dos alas del monasterio – fueron confeccionados por Franz Anton Pilgram. Sin embargo, debido a las dificultades financieras, fueron construidas sólo la iglesia y las alas del sudeste del monasterio; del ala norte se colocaron sólo los cimientos. El monasterio se edificó entre 1740 y 1746 y la iglesia, entre 1748 y 1764.

Gran parte de los frescos del monasterio y de la iglesia fueron pintados por el fraile laico cisterciense Matthias Gusner, entre 1743 y 1772. Al mismo tiempo, también trabajó aquí István Dorffmeister en 1784 y durante los años 1795 y 1796. Las esculturas de piedra y de madera son obras de Josef Schnitzer, quien trabajó aquí entre 1746 y 1763. Las obras de carpintería fueron hechas en el taller del fraile laico cisterciense, Kaspar Schrezenmayer.

Para 1764, fecha de la consagración de la iglesia, fueron erigidos el altar mayor, cuatro altares laterales en la nave y dos en el atrio; estuvieron en su lugar el púlpito, los bancos, el órgano y la sillería. También estuvieron hechos los frescos de la bóveda del presbiterio y de la primera arcada, mientras que en la segunda bóveda pintó Dorffmeister en 1784 el fresco que presenta la batalla de Szentgotthárd.

La fachada principal de la iglesia – a la altura del frontón de la portada principal – está adornada por las estatuas de los fundadores de la orden, San Benito y San Bernardo de Clairvaux. Más arriba, al comienzo de la torre, entre las estatuas de San Pedro y San Pa-

blo, aparecen los escudos de las dos abadías, de Heiligenkreuz y Szentgotthárd. La imagen del altar mayor – *Santa María, ora pro nobis* – es obra de Matthias Gusner, al igual que el fresco de la bóveda del presbiterio que representa la victoria del Cordero de Dios, acompañado por los cuatro Doctores latinos de la Iglesia, San Gregorio Magno, San Jerónimo, el obispo San Agustín y San Ambrosio. La primera bóveda de la nave también está adornada por un fresco de Gusner: sobre los cuatro evangelistas se ve el triunfo de la Santa Cruz. En este espacio se encuentra – junto al púlpito – un altar colateral dedicado a San Bernardo y frente a él, otro dedicado a San José. En la bóveda siguiente aparece la batalla de Szentgotthárd, así como los cuatro sacerdotes cistercienses canonizados, San Roberto, San Edmundo, el Beato Enrique y el Papa Eugenio III. Los altares colaterales fueron erigidos en homenaje a San Gotardo y a los santos húngaro. Debajo de la galería del órgano se encuentran los altares de San Florencio y San Leonardo, así como las estatuas de San Juan Bautista y San Juan Nepomuceno. Las sillerías y el órgano están en la galería: las primeras, decoradas con relieves blancos. En torno a Cristo quien está en el puesto de honor, podemos ver una comunidad "unida en la oración", integrada por la Virgen María, San Juan Bautista, los apóstoles, los evangelistas y los fundadores de la orden.

En el pasillo que desemboca en la nave desde el sur, se ven las lápidas sepulcrales góticas y renacentistas, recuperadas de la iglesia abacial medieval. La sacristía situada junto al presbiterio, está adornada por puertas incrustadas y muebles tallados.

En el monasterio que hoy sirve para fines laicos, cabe admirar el techo del refectorio ubicado detrás del presbiterio, en el cual se ve, a vista de pájaro, la imagen de la abadía originalmente proyectada, pintada por Gusner. También se ve San Gotardo quien ofrece la abadía – a través de la Virgen María – a la Santísima Trinidad.

En el techo de la biblioteca se encuentran las figuras de las cuatro virtudes cardinales. En las paredes laterales se encuentran libreros con tallas e incrustaciones. Las paredes del antiguo apartamento del abad, están decoradas con murales espectaculares, pintados por István Dorffmeister en el curso de 1795 y 1796. En ellos vemos las batallas y otros acontecimientos relacionados con la fundación y la historia de la abadía. (B. D.)

SZENTSIMON
/ *Provincia de Borsod-Abaúj-Zemplén* / 258
Iglesia parroquial de los apóstoles San Simón y Judas Tadeo

La iglesia fue construida en la primera mitad del siglo XIII en estilo románico. A finales del siglo XIV y comienzos del siglo XV fue transformada.

Originalmente, la nave y el presbiterio estuvieron totalmente cubiertos por frescos, de los cuales se conservaron sólo algunos fragmentos. Encima de la puerta occidental, se observa un fragmento de un fresco, procedente de los años alrededor de 1300. En la pared septentrional de la nave se pueden admirar, empezando en el lado occidental, el Calvario, la lucha de San Jorge con el dragón y la Adoración de los Reyes Magos. Desde el punto de vista iconográfico, es única la figura de San Jorge, quien tiene en su mano un escudo con la doble cruz. La fecha de procedencia de las pinturas es 1423, según se ve en el fragmento del letrero que se conserva en la pared sudeste de la nave.

El techo de madera policromada es obra de los carpinteros István Lévay e István Komáromi, realizada en 1650. El púlpito y el altar son de principios del siglo XVIII. El órgano fue instalado en 1720 y la galería del órgano policromada, data de 1750. (T. K.)

SZÉCSÉNY / *Provincia de Nógrád* / 42
Iglesia parroquial franciscana de la Transfiguración de Nuestro Señor

El Papa Juan XXII concedió el permiso a "nuestro querido hijo, noble varón, Tamás, vaivoda de Transilvania" para edificar un monasterio y templo para los frailes franciscanos en la localidad que se encontraba en propiedad de la familia Széchényi y que había sido elevada al rango de ciudad agraria por Carlos Roberto en 1334.

De la iglesia y el monasterio construídos en el siglo XVI se conservaron partes del presbiterio de la primera (ventanas y bóvedas) y la sala capitular del último. Esta sala capitular tiene dos plantas: abajo se encuentra la sacristía actual y arriba, la sala de Rákóczi que lleva este nombre en memoria de la asamblea nacional de 1705, convocada por Ferenc Rákóczi, jefe de la guerra de independencia contra los Habsburgo.

El monasterio sufrió graves daños durante la época de la dominación turca. El padre János Bárkányi, quien visitó la localidad en 1689 para informarse sobre las posibilidades de su repoblación, así recuerda: "hemos llegado a la puerta de la ciudad, pero no hemos podido atravesar la selva de malas hierbas, cicutas y matas. Nos hemos abierto camino con zapas y hachas, para alcanzar el monasterio... Szécsény se convirtió en un lugar habitado por serpientes, ranas y animales salvajes..."

Las obras de construcción se iniciaron en 1696, con la rehabilitación del tejado. La iglesia adquirió su aspecto actual después del incendio de 1715, cuando sobre los muros de la nave medieval fue construída una bóveda con lunetos y en la fachada sur fueron abiertas ventanas de estilo barroco. La torre medieval se encontró en la parte noroeste del presbiterio. Su resto se completó entre 1744 y 1750 y se le proveyó de una aguja barroca.

La iglesia fue consagrada en 1733. Las obras — en las cuales desempeñaron un papel importante las familias Forgách y Cziráky — continuaron con la instalación de los muebles. En 1738 fue erigido el altar mayor, en 1744 la sillería abundante en ornamentos (obra del fraile carpintero Osler Liborius), en 1775 el altar de San Francisco y en 1732 el altar de San Antonio. En 1751 llegaron a la iglesia, procedentes de Austria, los altares de la Virgen Dolorosa y de San José. El magnífico púlpito fue construído en 1741 por encargo del conde Pál Perényi. Un hermoso recuerdo de esta época son las lápidas de Pál Balassa y József Bede.

El pilar central de la sala capitular de antaño, está adornado con los símbolos de los evangelistas y los claves, con figuras ornamentales florales, animales y humanas. (B. D.)

SZÉKESFEHÉRVÁR / *Provincia de Fejér* / 109
Catedral Episcopal
Dedicada a San Esteban Rey

La diócesis de Székesfehérvár fue organizada en 1777 y su territorio fue cedido del de la diócesis de Veszprém. La reina María Teresa, al recuperar de Ragusa las reliquias de San Esteban en 1778, confió a esta catedral la custodia de la reliquia de la cabeza del rey santo.

En la Edad Media y en el siglo XVIII, la catedral funcionó como iglesia parroquial. En la plaza situada delante de la fachada principal, se encontraba antaño (a partir de 997) la iglesia central y cuadrilobulada del príncipe Géza, padre de San Esteban. Durante la época del rey Esteban, cuando se inició la construcción de la nueva basílica, el edificio central funcionó como iglesia parroquial de la ciudad, hasta los años treinta del siglo XIII. El rey Béla IV antes de 1235 hizo construir un nuevo templo en el lugar de la catedral actual (que en la Edad Media fue llamada "cathedralis"). La iglesia desempeñó un papel especial durante las ceremonias de las coronaciones: los reyes recién coronados aquí emitieron juicios y aquí se realizó la ceremonia de la acolada de los caballeros. Aquí fue coronado el fundador de la iglesia.

El presbiterio del templo románico fue transformado alrededor de 1478, cuando se le dió forma de cerrar poligonal. Los grabados con vistas de la ciudad, procedentes del siglo XVII representan una iglesia parroquial de dos torres que se eleva sobre las casas de los burgueses, con presbiterio gótico, agujas de torres decoradas con torretas y nave con contrafuertes. Durante la época de la dominación turca, la iglesia se convirtió en djami del sultán Solimán. Después de 1688 volvió a ser una iglesia católica restaurada por maestros procedentes de Viena, invitados por los jesuítas en 1702.

Gracias a las obras de transformación realizadas en la primera mitad del siglo XVIII, la iglesia adquirió un aspecto peculiar: su fachada principal era de estilo barroco, pero el edificio de atrás llevaba aún los sellos del gótico dentro y fuera. En 1758, el sacerdote Gáspár Buffleur de Székesfehérvár, en su predicación de la Semana Santa invitó a la burguesía de la ciudad a organizar una recolecta. La suma recogida hizo posible que los maestros locales, bajo la dirección de Martin Grabner y Johann Schattner construyeran para finales de la década de los setenta del siglo XVIII, una iglesia parroquial barroca utilizando las partes me-dievales. Las torres obtuvieron su forma actual entre los años 1805 y 1815.

Los muebles y las pinturas de la iglesia fueron hechos alrededor de 1770 según la temática propuesta por los jesuítas. El altar mayor fue erigido por el arquitecto imperial, Franz Anton Hillebrandt por encargo de la reina María Teresa, entre 1772 y 1775. El retablo fue pintado por Vinzenz Fischer, profesor de la Academia de Viena, en 1775. En la pintura se ve San Esteban de rodillas, ofreciendo su corona y su país a la Virgen María. En el rostro del rey Esteban aparecen las facciones del esposo fallecido de María Teresa, Francisco de Lorena, mientras que las de la reina están materializadas en la cara de Santa Isabel, en uno de los relieves. En el otro relieve se encuentra Santa Teresa, protectora de María Teresa.

Los frescos de las bóvedas y las pinturas de los altares laterales son obras de Johann Ignaz Cimbal. El primer gran grupo conocido de frescos y retablos del pintor vienés representa al rey santo, vencedor de los paganos, fundador de una dinastía cristiana y edificador de la Iglesia, al hacer entrega del documento de la fundación del primer obispado; aquí se ve también la apoteosis de San Esteban.

Las capillas y los altares colaterales están relacionados a la Patrona de Hungría y a los santos húngaros. En los cuadros pintados por Cimbal, Santa Ana ofrece a la niña María al Cielo, San Ladislao hace brotar agua de la roca, el lirio de San Emerico lacera con rayos la flecha de Asmodeo que simboliza los deseos impuros. El santo preferido de la casa de los Habsburgo, San Juan Nepomuceno da limosna. Al pie de las torres se encuentran las capillas dedicadas a San Esteban y a la Virgen María. (B. D.)

SZÉKESFEHÉRVÁR / *Provincia de Fejér* / 111
Iglesia (franciscana) de San Emerico

Según ciertas suposiciones, la iglesia de los franciscanos fue construída en el lugar de la iglesia medieval destruída de Santiago y de la sucesiva mezquita. El convento se adhiere a la iglesia por el Este.

La iglesia fue construída entre los años 1720 y 1742, bajo la dirección de Franz Kotz y Paul Hatzinger. El escudo de los Esterházy que adorna la portada principal y el altar mayor demuestran que esta familia aristocrática contribuyó notablemente al establecimiento de los franciscanos en esta área.

La construcción del monasterio terminó en 1743. La torre de la iglesia, de conformidad con las tradiciones franciscanos, se encuentra sobre el muro septentrional del presbiterio y obtuvo su forma actual en 1866. A las cuatro arcadas de la nave corresponden cuatro capillas en ambos lados, sobre las cuales se encuentra la galería.

La pieza más hermosa del interior de la iglesia es el altar mayor, erigido gracias a las donaciones de Ferenc Esterházy en 1745. Entre las columnas del altar y en la cornisa principal están situadas las estatuas de los santos franciscanos y húngaros. El retablo que representa la ascensión de San Emerico a los cielos, fue pintado por un maestro italiano desconocido, por encargo de Ferenc Esterházy. (B. D.)

SZÉKESFEHÉRVÁR / *Provincia de Fejér* / 113
Iglesia (primero de los carmelitas y más tarde, del seminario) de la Virgen del Monte Carmelo

Ni la fecha exacta de la construcción de la iglesia ni el nombre de su arquitecto son conocidos; según la tradición, fue construída entre 1731 y 1769. Según otros datos, se edificó en un lapso mucho más breve, entre 1745 y 1748, para la Orden de los Carmelitas. En 1783 la orden fue disuelta por el rey José II. Durante los veinte años subsiguientes, la iglesia fue utilizada por los vecinos del lugar. En 1801, junto con el convento, pasó a ser propiedad del seminario recién inaugurado.

El techo del espacio relativamente alto y estrecho, está adornado con los frescos de Franz Anton Maulbertsch, pintados antes de 1770. En las bóvedas de la nave y el presbiterio, podemos admirar escenas de la vida de la Virgen: en la primera, el nacimiento de María, en la segunda, su asunción y en la bóveda del presbiterio, las profecías de Isaías sobre la concepción; así como las ansias de Adán y Eva tras haber cometido el pecado original y el joven que simboliza al hombre purificado.

Las pinturas de los tres altares colaterales, que representan la muerte de San José, a Santa Ana y San Alberto el carmelita, también son obras de Maulbertsch. En la capilla lateral de la derecha se ve un fresco de Maulbertsch con el retrato del superior que hizo pintar la iglesia, mientras que en la de la izquierda, se encuentra un grupo escultórico del Calvario.

El oratorio está decorado con un crucifijo pintado por Maulbersch.

Las instalaciones revelan un valor artístico muy elevado, en primer lugar, el altar mayor, el púlpito y el grupo escultórico del Calvario, obra de Hauser, artista de origen bávaro. Entre los altares laterales tiene gran valor, igualmente, el dedicado a San Juan Nepomuceno. (B. D.)

SZÉKESFEHÉRVÁR / *Provincia de Fejér* / 115
Capilla de Santa Ana

La capilla situada al Norte de la iglesia parroquial medieval (la catedral actual) es el monumento eclesiástico gótico más importante de la ciudad.

Fue construída después de 1485, en la misma época de la edificación de la capilla sepulcral del rey Matías en la basílica real. Por su forma, puede ser comparada con dos iglesias de Burgenland: las de Városszalónak y de Kertes. Los turcos la llamaron "el djami viejo" y cubrieron su interior de pinturas ornamentales, algunos modestos fragmentos de las cuales se han conservado hasta hoy.

El presbiterio poligonal de la capilla da al Este; su pared lateral sur está quebrada por tres ventanas góticas, dos de ellas son originales. En la fachada oeste se encuentran una puerta gótica tardía y un rosetón. El interior de la iglesia está cubierto por una bóveda reticular, también de estilo gótico tardío. (B. D.)

SZIGETVÁR / *Provincia de Baranya* / 107
Iglesia parroquial de San Roque

La mezquita del bajá Alí se construyó en el curso de los años 1588 y 1589; el espacio de plano cuadrado se cubrió con una cúpula semiesférica, apoyada en un cimborio octagonal. Su porche y almínar miraban al castillo.

Cuando los húngaros reconquistaron el pueblo en 1689, la mezquita no sufrió ningún destrozo. Primero fue utilizada como un depósito de pólvora y luego, desde 1712 como iglesia. Su almínar fue destruido por un rayo y su porche fue demolido en 1788, cuando la iglesia fue provista de una torre barroca. En 1910 fue ampliada con tres presbiterios, pero estos han sido demolidos en el curso de una reciente restauración.

El fresco de la cúpula fue pintado en 1789 por István Dorffmeister quien rindió homenaje con esta obra al asedio de Szigetvár de 1566 y a la muerte de Miklós Zrínyi quien cayó en la lucha contra los turcos. En el retablo mayor, que es también obra de István Dorffmeister, se ve el retrato de San Roque. (B. D.)

SZOMBATHELY / *Provincia de Vas* / 121
Catedral Episcopal
Dedicada a la Visitación

Szombathely, sucesora de la ciudad de Savaria, fundada por los romanos, se convirtió en una sede episcopal muy tarde, en el último tercio del siglo XVIII.

La reina María Teresa fundó la nueva diócesis, sacando su territorio de las diócesis de Győr, Zágreb y Veszprém.

La catedral se encuentra a unos cien metros del centro de la ciudad, en el lugar del castillo medieval edificado sobre el centro del municipio romano. A su derecha e izquierda están el seminario y el palacio episcopal respectivamente, y al frente las casas de los canónigos.

El obispo que edificó la nueva diócesis fuc János Szily cuya estatua se halla en el centro de la plaza, enfrente de la catedral. El alto nivel cultural, la exigencia y el exquisito gusto del obispo se reflejan en los muebles y la ornamentación – frescos, altares, sillerías y púlpito – de la catedral de Győr.

En el curso de las obras de construcción que se iniciaron en 1791, fue derribada primero la iglesia del castillo medieval. Al hacer las excavaciones para poner los cimientos de la nueva iglesia, fueron descubiertos los restos subterráneos de la ciudad de la época romana. Con el propósito de salvar los valores de la época romana, el obispo colocó los hallazgos en su palacio, en la denominada Sala Terrena.

El obispo conoció al arquitecto, Menyhért Hefele, y al pintor Franz Anton Maulbertsch, figura más destacada de la pintura barroca húngara, en el curso de las obras de restauración de la catedral de Győr.

Menyhért Hefele diseñó el proyecto de una iglesia de una nave, con un crucero de longitud casi igual, cuya estructura clara y racional, de una sencillez noble y una monumentalidad reservada y elegante, muestra una inclinación al clasicismo, en vez del estilo de las iglesias construídas algunos decenios antes, caracterizadas por gran variedad, mucho brillo y una deslumbrante riqueza de formas y colores.

Lo que vemos hoy en Szombathely, es solo un fragmento: la catedral fue víctima de un bombardeo durante las últimas semanas de la segunda guerra mundial y gran parte de su ornamentación se destruyó. Después de la guerra, el edificio fue reconstruído de forma más sencilla.

La catedral se encuentra entre el edificio del Palacio Episcopal y el del Seminario, ambos de dimensiones más modestas, con fachadas pintadas en colores calientes y situados más adelante. La estructura racional de la fachada adornada con dos torres, un tímpano y numerosas pilastras y columnas que sostienen cornisas robustas, así como sus colores finos y reservados, caracterizan bien la época de su construcción, al igual que las estatuas de San Pedro y San Pablo y las figuras alegóricas de la Fe, la Esperanza y la Caridad que coronan el edificio. Las fechas que aparecen en el frontis, indican la terminación de las obras de construcción en 1797, las reformas de 1923 y 1977 y la reconstrucción de 1947.

Quien entra en la iglesia, es recibido por un ambiente puritano y monumental; unas paredes laterales quebradas por columnas, cornisas marcadas y capillas entrantes, conducen la vista hacia el presbiterio que ha conservado de la manera más intacta su forma de estilo barroco tardío. Las bóvedas estuvieron cubiertas, originalmente, con frescos de Anton Spreng. La segunda capilla lateral a la derecha lleva el nombre del rey San Esteban. La imagen que representa la fundación de la abadía de Pannonhalma, es obra de István Dorffmeister, uno de los pintores más solicitados del Transdanubio a finales del siglo XVIII. En la capilla siguiente, que antiguamente llevaba el nombre de San Juan Bautista, también se observaba su obra. La primera capilla a la izquierda que lleva los nombres de San Fabián y San Sebastián, evoca el recuerdo de la epidemia de la peste de 1710 y 1711, puesto que la epidemia fue superada justamente para el día 20 de enero, fiesta de estos mártires. El retablo que sufrió graves daños por el bombardeo, fue pintado por Anton Spreng. La segunda capilla originalmente había sido decorada con una imagen pintada por Maulbertsch, que se destruyó. La misma suerte corrió la otra pintura de Maulbertsch que adornaba la capilla siguiente. Hoy en día aquí se encuentra un cuadro de Dorffmeister. Según los planes originales del obispo János Szily, la cúpula situada en el encuentro de la nave central y el crucero, habría sido pintado por Maulbertsch, pero debido a la muerte del maestro, el fresco de la bóveda destruído durante la segunda guerra mundial, fue realizado por su discípulo József Winterhalder.

En el extremo izquierdo del crucero podemos admirar, por fin, una obra de Maulbertsch: el retablo representa el martirio del obispo Quirino de Savaria. En la pintura vemos el momento en que el gobernador Amantius hace echar al obispo en el río Sibaris con una piedra de molino en el cuello.

La bóveda del presbiterio estuvo adornada por un fresco de Winterhalder, que también se destruyó. Las piezas más hermosas del presbiterio reconstruído son el altar mayor, la sillería de los canónigos, el púlpito y el trono del obispo. Desgraciadamente, aquí también se destruyó el retablo pintado por Maulbertsch; en su lugar, podemos ver la obra de István Takács, titulada *Visitación*.

En el ala de la derecha del crucero se encuentra el altar dedicado al obispo San Martín de Tours, nacido también en Szombathely, cuyo retablo fue pintado por Maulbertsch.

Cerca del altar se abre la capilla de la Virgen que no fue perjudicada por los bombardeos. El fresco de la bóveda, obra de Winterhalder representa el Juicio final. En esta capilla se conserva más la atmósfera del barroco tardío. (B. D.)

TAR / *Provincia de Nógrád* / 259
Iglesia parroquial del Arcángel San Miguel

Según el testimonio de alguno documentos, la iglesia fue construída por los hijos de István Porch de la estirpe Rátót, en la primera mitad del siglo XIII. La iglesia original procedente de la época románica fue ampliada continuamente hasta el siglo XIX.

Durante la primera etapa de la construcción, a la nave de plano cuadrilateral irregular se adhería un presbiterio semicircular. La entrada se abrió en la parte meridional del edificio. Durante el segundo período, a principios del siglo XIV, István, hijo del ban László, hizo transformar la pequeña iglesia en un templo patronal: el edificio románico fue ampliado con un espacio de planta rectangular de dos naves y la puerta meridional quedó tapiada. La iglesia fue pintada con gran riqueza de colores y rodeada por una muralla de piedra con troneras. Su estructura mostraba una semejanza con las iglesias de dos naves de Szepesség. Durante la segunda mitad del siglo XIV, la iglesia pasó a ser propiedad de la familia Tar. Un miembro de esta familia, Lőrinc Tar, "quien visitó al infierno" según la leyenda, empezó nuevas obras de construcción a principios del siglo XV. En esta tercera etapa de su construcción, la iglesia se transformó radicalmente: desaparecieron del edificio los sellos de los estilos arquitectónicos anteriores, la nave fue ampliada hacia el Oeste y el espacio interior fue homogenizado con contrafuertes internos. Las ventanas se adornaron con arcos góticos y en la antigua puerta meridional fue colocado el escudo de Lőrinc Tar, con las insignias de la orden del Dragón, la orden de la Espada de Chipre

y la orden de la Escama. También merecen mención los frescos pintados en aquel entonces. Es de interés especial el fresco de la pared septentrional del ábside, donde aparecen los miembros de la familia que ejercían el derecho al patronato y sus patronos celestes.

En el siglo XVII se adjuntó una torre a la nave en dirección occidental. Durante el siglo XIX fueron adosados al cuerpo de la iglesia una pequeña capilla de plano cuadrado, una sacristía y un vestíbulo. (T. K.)

TARNASZENTMÁRIA
/ *Provincia de Heves* / 260
Iglesia de la Visitación

La iglesia dedicada originalmente a San Esteban, fue construída por la familia Aba en el siglo XI en estilo románico. Durante la primera mitad del siglo XVIII, el edificio destrozado por el tiempo fue renovado y consagrado de nuevo. Entre 1869 y 1892 fue ampliado en estilo neorománico. En 1927 fue restaurado según los proyectos diseñados por Kálmán Lux y Ottó Szőnyi. El edificio situado en el cerro, con una torre en la fachada, tiene muros laterales construídos de sillares y un ábside en forma de herradura, con techo cónico. A la única nave se adhiere en el lado este, un presbiterio trilobulado. Debajo del presbiterio se encuentra la cripta. Las bóvedas de la nave y el presbiterio se apoyan en pilares.

Su altar mayor fue elevado en la segunda mitad del siglo XVIII. Su retablo – que representa la Visitación – fue pintado en 1820. (T. K.)

TATA / *Provincia de Komárom* / 91
Iglesia parroquial de la Santa Cruz

La iglesia fue edificada por Jakab Fellner, entre 1751 y 1780 y terminada por József Grossmann en 1787. Las dos torres de la iglesia de estilo barroco tardío, cubierta con bóveda de cañón, resaltan ligeramente de la fachada principal, lo que presta al edificio un aspecto barroco móvil. El frontón que se encuentra entre las torres con agujas de estilo Zopf está adornado con guirnaldas y floreros. Sobre la puerta principal se ve el escudo de la familia Esterházy. La portada barroca es obra de József Grossmann.

El altar mayor de estilo Zopf, hecho de mármol rojo y adornado por cuatro columnas, es obra común de Antal Schweiger, József Grossmann y Antal Gött. La estatua de Cristo del altar fue esculpida por József Grossmann en 1786. El púlpito fue diseñado y construído por los mismos maestros que hicieron el altar. La pintura delante del presbiterio, que representa a San Pedro y San Pablo, es obra de Hubert Maurer y procede de 1748.

El tabernáculo del oratorio con cuatro relicarios, es del siglo XVIII y llegó a la iglesia procedente de la capilla de Naszály-Billegpuszta. La pintura que se ve aquí es una copia del cuadro de Pittoni titulado *Cristo entrega las llaves a San Pedro*.

En la cripta de la iglesia reposa su arquitecto, uno de los mayores maestros del barroco húngaro, Jakab Fellner (muerto en 1780). (J. Z.)

TERESKE / *Provincia de Nógrád* / 162
Iglesia parroquial de la Asunción

La iglesia se edificó en el siglo XIII; durante los siglos XIV y XV fue reconstruída en estilo gótico y en el siglo XVIII fue radicalmente tranformada. Su fachada occidental guarda las huellas de la restauración barroca, mientras que la nave y el presbiterio son de carácter gótico.

El interior de la iglesia de una nave con techo plano, fue cubierto con frescos a finales del siglo XIV y comienzos del XV. De estos se conservaron sólo fragmentos de las escenas pintadas en la pared septentrional. En la franja central, se ve una serie de escenas de la leyenda de San Ladislao, en el orden siguiente: desfile, combate, persecución, lucha, decapitación, descanso. Las dos primeras imágenes sufrieron graves daños. La serie de frescos de la franja inferior de la pared se destruyó y sólo se ha conservado un letrero escrito con minúsculas.

Un tabernáculo renacentista, empotrado en la pared septentrional del presbiterio, guarda las huellas de la reconstrucción de 1490. Los nombres de los soldados mercenarios, procedentes de comienzos del siglo XVII, grabados en el revoque, evocan el recuerdo de los tiempos turcos. Las columnas del altar mayor barroco rodean por los dos lados la ventana gótica del presbiterio. (T. K.)

TIHANY / *Provincia de Veszprém* / 193
Iglesia de la Abadía benedictina de San Aniano

El rey Andrés I – para la salvación de su alma y la de su familia – fundó en 1055 la abadía de los benedictinos, en homenaje a San Aniano, santo preferido en Francia, y a la Virgen, en la parte oriental de la mayor península del lago Balatón. Sus constructores – según se desprende de la estructura de la cripta – debieron ser los arquitectos de la catedral de Veszprém.

Del monasterio e iglesia medievales que durante la época de los turcos funcionaron como una fortaleza, no se conservó más que la cripta.

Los edificios fueron devueltos a la archibadía benedictina de Pannonhalma en 1716. El archiabad encargó a su gobernador de latifundio Villebáld Grassó, hombre de buen sentido económico, de organizar las obras de reconstrucción o más bien, de la construcción de una nueva abadía, pues la antigua, según escribió en 1735 "fue destruída a ras del suelo, no quedando en ella piedra sobre piedra; del monasterio derribado hasta los cimientos, no he encontrado más que dos celdillas (…) en el lugar de la iglesia madre, he podido entrar en un edificio pequeño, arruinado, aunque célebre debido a la edad de su fundación, pero privado de todos los ornamentos y vasijas sagradas (…) Después de tantas tormentas, con penosos esfuerzos he elevado sobre los cimientos una iglesia bastante alta y espaciosa para la consolación de los fieles, adornándola con columnas, capillas, escaleras de piedra, cubriéndola con bóvedas y techumbre (…) equipándola de los altares tan deseados, las suntuosas vestiduras pastorales y las vasijas sagradas (…) Al monasterio le he dado una forma rectangular."

El abad Villebáld Grassó fue sucedido por Ágoston Lécs en 1740. Durante la época de este último obtuvo el monasterio su forma definitiva. Se construyeron las dos torres de la iglesia y fueron esculpidas las estatuas de la Virgen, San Aniano, San Benito y Santa Escolástica, que adornan la fachada principal.

Los altares y otros muebles de la iglesia son obra del laico Sebestyén Stuhlhoff, quien los construyó entre 1753 y 1762: en 1756 fue erigido el altar mayor y en los tres años siguientes los altares de San Benito y de Santa Escolástica. Para 1760 se construyó el órgano con los ángeles músicos en la barandilla del coro, se erigieron el altar del Santo Sepulcro – más tarde demolido – en la cripta, y el altar de la Virgen en 1762. (Sebestyén Stuhlhoff aprendió el oficio en Austria; sus vivas tallas ornamentales se caracterizan por las formas caprichosas y dinámicas del paso del barroco al rococó.) Los retablos de los altares de San Benito y Santa Escolástica fueron pintados por József Stern, oriundo de Pápa, en 1759 y el retablo mayor, por János Novák, en 1822.

En 1889 fueron reforzados según los proyectos de Győző Czigler, los cimientos de la iglesia construída sobre un suelo en permanente movimiento. En aquel entonces pintaron Lajos Deák Ébner, Bertalan Székely y Károly Lotz el fresco sobre el altar mayor, los cuatro evangelistas en la bóveda del presbiterio, y el Cordero de Dios en el arco de triunfo, respectivamente. Ellos tres pintaron también los frescos que adornan las bóvedas de la nave, mientras que los cuadros grisalla fueron pintados por Károly Feichtinger y Károly Scholtz. (B. D.)

TORNASZENTANDRÁS
/ Provincia de Borsod-Abaúj-Zemplén / 261
Iglesia parroquial de San Andrés

El plano de la iglesia construída en un cerro, en la orilla de izquierda del arroyo Bódva a principios del siglo XIII, es único en su género; esta estructura de doble ábside, que pertenecía originalmente a una iglesia de la época románica, proviene de la región de Merano (área meridional de los Alpes).

La parte más vieja de la iglesia es el presbiterio de doble ábside. El edificio fue ampliado a mediados del siglo XIV en dirección occidental, con una nave gótica. En aquella época, el arco de triunfo y la nave fueron adornados con frescos.

Los frescos cuyos fragmentos se han conservado, conforman un ciclo: en la pared septentrional del arco de triunfo se ve la figura de San Ladislao y en la meridio-

nal la de San Esteban con sus respectivos atributos. Sobre ellos se encuentran tres profetas respectivamente y en la parte superior el Agnus Dei. En la pared de la nave al sur del arco de triunfo, se pueden admirar fragmentos de la Anunciación, así como las figuras de la Virgen con el Niño y con San José y, debajo de ellos, la imagen mejor conservada, una escena del descubrimiento de la Santa Cruz. En esta última aparece también un miembro de la familia Bebek que ejerció el derecho al patronato de la iglesia en el siglo XIV.

En el año 1576, los turcos destruyeron la iglesia que permaneció destruída durante unos ciento cincuenta años. En 1740 András Zsillavy, párroco de Szilas reconstruyó la iglesia en parte con sus propios recursos y en parte con las dádivas y el trabajo de los fieles. La iglesia se cubrió con un tejado de chillas con torre linterna. En la fachada septentrional que mira hacia el pueblo, se construyó una sacristía, se abrió una puerta con cancel y los frescos fueron encalados. Fueron erigidos en aquella época los tres altares barrocos: el más valioso y mejor conservado de ellos es el dedicado a la Virgen que según las tradiciones llegó aquí procedente de la capilla del castillo de Szádvár. También son monumentos valiosos el púlpito y la galería de estilo barroco rústico, en forma de U. (T. K.)

TÜRJE */ Provincia de Zala /* 198
Iglesia parroquial de la Anunciación

La iglesia de la prepositura de los premonstratenses fue edificada a principios del siglo XIII; fue obra de arquitectos franceses.

En el siglo XVIII fue radicalmente renovada la iglesia, que había sufrido graves destrozos durante la época de los turcos. Las clausuras semicirculares de las naves laterales fueron sustituídas con rectas. Al lado septentrional se le añadió una capilla. La puerta con arco de medio punto fue provista de un marco barroco. La iglesia fue restaurada en 1900 y luego en 1921 y 1922. Las torres con ventanas gemelas de la fachada principal se cubrieron con agujas de pirámide provistas de torretas, según los proyectos diseñados por Kálmán Lux. Entonces fue construído, igualmente, el remate plano del espacio entre las torres, y completado el rosetón. Es una iglesia de tres naves. La bóveda de crucería ojival de la nave central más alta se apoya en pilares octogonales con capiteles tallados. Las nervaduras de la bóveda convergen en claves en forma de roseta. Sobre la entrada hay una galería.

Los frescos de la iglesia fueron pintados por István Dorffmeister, entre los años 1761 y 1763. En el curso de las investigaciones de historia del arte, iniciadas en los años 1980, debajo de los frescos de Dorffmeister se descubrieron frescos medievales. En la pared meridional de la nave se encuentra un tabernáculo con puerta de hierro forjado, en cuyo marco de piedra se ve la fecha de 1478. (T. K.)

VASBOLDOGASSZONYFA
/ Provincia de Vas / 143
Iglesia de la Asunción

El presbiterio de la iglesia románica construída en la época tardía de los Árpád, está adornado con un altar de ornamentación barroca temprana de gran riqueza. El relieve del retablo representa la Asunción. En la parte superior del altar se ve la Santísima Trinidad. (B. D.)

VÁC */ Provincia de Pest /* 149
Catedral Episcopal
Dedicada a la Asunción de la Virgen y al Arcángel San Miguel

La antigua catedral del obispado fundado por San Esteban, fue construída por el rey Géza, después de la victoria en la batalla de Mogyoród en 1074. La iglesia se encontraba en el castillo, en la parte meridional del centro actual de la ciudad, cerca de la plaza del rey Géza.

El obispado utilizaba la iglesia parroquial dedicada al arcángel San Miguel de la ciudad en vez de la catedral que durante la dominación turca quedó en ruinas por el curso de las batallas. El obispo conde Károly Esterházy, para remediar esta ingrata situación, reservó un vasto territorio en la frontera de las partes alemana y húngara de la ciudad para el futuro centro eclesiástico. En este inmenso territorio quiso construir un centro eclesiástico marcadamente separado de la ciudad cívica, e integrado a la catedral, al palacio episcopal, al seminario y a las casas de los canónigos.

Los primeros proyectos de la catedral barroca fueron diseñados por el arquitecto austríaco Franz Anton Pilgram. Las obras de cimentación se iniciaron en 1761. Mientras tanto, el mecenas fue nombrado obispo de Eger y su sucesor, Kristóf Migazzi, arzobispo de Viena, rechazó el proyecto grandioso de Pilgram, considerando excesivos sus costos. Migazzi encargó de diseñar los nuevos proyectos de la catedral, a Isidore Canevale, arquitecto de origen francés, radicado en Viena. El arquitecto que había estudiado en París, estaba influenciado por la mayor figura de la denominada "arquitectura revolucionaria", Ledouox, el autor del Panteón, Soufflot y el constructor de la iglesia de Saint Suplice, Servandoni. Los excelentes arquitectos, inspirados por la obras arquitectónicas francesas del barroco tardío clasicista, construyeron en Vác, en esta pequeña ciudad húngara, una catedral contemporánea con los modelos franceses, en un estilo parecido a la arquitectura revolucionaria. La catedral fue consagrada en 1772, pero las obras interiores terminaron sólo en 1777. La construcción fue dirigida por el fraile arquitecto de la orden de las Escuelas Pías, Gáspár Oswald.

Siguiendo el ejemplo de Ledoux y los otros, Canevale compuso la estructura de la catedral de cubos sencillos. Las enormes superficies sin ornamentación, están decoradas sólo por grandes ventanas; el espacio delante del presbiterio, está cubierto por una cúpula sin cimborio. La fachada principal es la más adornada: la cornisa robusta, en que se pueden leer los nombres de los titulares de la catedral, se apoya en seis pares de columnas de orden corintio, colocados con un ritmo diferente. El ritmo barroco tardío clasicizante de los pares de columnas está subrayado por las estatuas de los apóstoles hechos en estilo barroco maduro, por el escultor József Bechert de Vác.

El interior de la iglesia – fiel a las relaciones de espacio y elementos de forma de la arquitectura revolucionaria – está compuesto de espacios con claras proporciones que se ensanchan y se estrechan rítmicamente. Dominan la vista medias columnas marcadas, arcos enormes y cornisas ricamente articuladas. El fresco de la cúpula y de la pared detrás del altar mayor, son obra de Franz Anton Maulbertsch; el primero representa el triunfo de la Santísima Trinidad y el segundo, la Visitación. (El pintor utilizó como modelo, la pintura del maestro francés Jouvenet sobre el mismo tema, que se encuentra en la Notre Dame de París y a la cual Canevale llamó probablemente la atención de Maulbertsch.) La madurez de la composición del cuadro del altar mayor y el empleo de elementos clasicizantes señalan el inicio del período barroco tardío del artista, al cual contribuyó el trabajo hecho en conjunto con Canevale.

Entre las nubes arremolinantes del fresco que parece abrir la cúpula, se presentan los habitantes del cielo, entre los cuales, formando un grupo apartado, están los santos húngaros: San Esteban, con su hijo Emerico, San Ladislao, Santa Isabel y Santa Margarita.

Son dignos de atención, igualmente, los retablos de los altares colaterales pintados por Johann Martin Schmidt que representan a San Nicolás y San Juan Nepomuceno, así como los elementos renacentistas de la barandilla del presbiterio que provienen de la catedral medieval, al igual que el frontón con el escudo de la familia Báthory, que hoy se encuentra en la cripta. (B. D.)

VÁL | *Provincia de Fejér* | 119
Mausoleo Ürményi

El Justicia Mayor, József Ürményi, dueño del latifundio de Vál, encargó en 1834 a János Ágost Heine, de diseñar los proyectos de la iglesia parroquial y muy probablemente, también del mausoleo.

La capilla redonda abovedada construída sobre la cripta patronal, que llama la atención por su modesta ornamentación y por la falta de articulación, al mismo tiempo es solemne y reservada.

La única decoración del cuerpo cilíndrico cubierto con una cúpula plana, es la fila de guirnaldas y coronas debajo de la cornisa principal. (B. D.)

VELEMÉR | *Provincia de Vas* | 144
Iglesia de la Santísima Trinidad

En un rincón sudoccidental de la provincia de Vas, cerca de la frontera húngaro-yugoslava, en la región llamada Őrség, se encuentra la aldea Velemér, al borde de la cual se encuentra una pequeña iglesia católica de la época románica tardía.

El primer documento procedente de 1360 que menciona la iglesia, dice que fue erigida en homenaje a la Santísima Trinidad, pero las formas de los detalles de la estructura demuestran que el edificio de ladrillos fue construído antes, hacia la segunda mitad del siglo XIII.

Su planta es de la época románica; la torre, la nave y el presbiterio llevan los sellos del período tardío de esta época. Al mismo tiempo, la forma poligonal del presbiterio y sus ventanas de arcos ojivales hacen suponer que los vientos del nuevo estilo artístico – el gótico – también llegaron a este lugar tan lejano de los centros de los latifundios reales y aristocráticos.

El interior de esta iglesia rural fue pintado por János Aquila en 1378, de quien no sabemos mucho, aparte de su nombre y su retrato pintado en varios lugares. János Aquila en 1387 llegó a Velemér de su ciudad natal, Radkersburg. Antes y después, el artista trabajó mucho en esta región; por ejemplo, en su ciudad natal, luego en el cercano Fürstenfeld y también conocemos obras suyas en Bántornya y Mártonhely. En este último lugar trabajó también como arquitecto proyectista. Se siente en él el influjo de las escuelas italianas, pero los detalles (por ejemplo, los trajes) y los sellos iconográficos demuestran que también conocía bien las exigencias de los clientes locales.

Conforme a las costumbres de la época, Aquila pintó frescos en todas las paredes de la iglesia, en varias filas. Cuando a mediados del siglo XVII la iglesia pasó a ser propiedad de los protestantes, las paredes quedaron encaladas y los frescos desaparecieron.

En 1733 la iglesia fue devuelta a los católicos, pero desde 1808 no la utilizaron: su techo se arruinó y su altar mayor se destruyó. Apenas medio siglo después, estaba cubierto solamente el presbiterio; el techo de la nave y la torre ya no existían. En este estado lo vió Flóris Rómer, quien convenció al obispo de Szombathely de proveer el edificio, al menos de techo y puerta. Antes en la fachada occidental de la iglesia de Velemér se podía ver la enorme figura de San Cristóbal, de la cual quedaron sólo algunas huellas de pintura.

En el interior del edificio, en la pared occidental, a finales del siglo pasado aún se podían ver las figuras de San Martín y San Jorge. Debajo de este último, aparece la vista panorámica de una ciudad indeterminable y, debajo de la otra figura, el cuadro de moda de la época, la Virgen con Manto. En los fragmentos del ciclo de imágenes visibles en la pared meridional de tres ventanas, se pueden distinguir sólo cuatro figuras. En la parte más cercana al presbiterio, se ve Santa Isabel de Hungría y es de suponer que las otras figuras también representaron a santos húngaros. La pared septentrional de la nave estaba adornada por dos filas de frescos. La fila superior se destruyó casi completamente, ya que la iglesia estuvo sin techo durante mucho tiempo, pero los fragmentos de pies y los nichos nos hacen suponer que debían ser los doce apóstoles. Debajo de los apóstoles, se ve la Adoración de los Reyes Magos ante la Virgen con el niño Jesús en brazos y, a su lado, San Ladislao y San Nicolás. La parte de derecha de la pared septentrional del arco de triunfo está adornada con una imagen que es quizás la más hermosa: el Calvario. En la izquierda del arco de triunfo está Santa Ana, con María y el niño Jesús entre sus brazos. En el único fragmento conservado del fresco de arriba se puede admirar el Juicio final.

Los frescos más intactos se encuentran en el presbiterio abovedado: en la parte superior están los símbolos de los evangelistas (Marcos, el león; Juan, el águila; Mateo, el ángel y Lucas, el ternero). Debajo de Marcos y Juan se encuentra la Anunciación y a la izquierda, el retrato del pintor arrodillado, vestido de chaqueta verde y de calzas lilas. A su lado está su escudo y enfrente de él, un fragmento del retrato de Santa Apolonia. Los frescos de Velemér nos trasmiten una interesante información: el maestro educado en Italia, pintó su propio retrato en el grupo de los santos, conforme a la mentalidad renacentista, humanista del Trecento. Con esto quizás quería comunicarnos que era un verdadero artista. (B. D.)

VESZPRÉM | *Provincia de Veszprém* | 165
Catedral Episcopal
Dedicada al Arcángel San Miguel

La diócesis de Veszprém fue fundada hacia 990. En el siglo XI ya había erigido en la ciudad una basílica de tres naves.

En 1400, la basílica fue reconstruída en estilo gótico. En el curso de los siglos fue varias veces reconstruída, para obtener su forma actual entre 1907 y 1910. Conforme al estilo purista de la época, el arquitecto, Sándor Aigner construyó una catedral románica, evocando la primera época de la iglesia. Al mismo tiempo, se conservaron el presbiterio y la cripta góticos.

La iglesia actual es una basílica neorrománica de tres naves, con un presbiterio que da al Este y un par de torres al Oeste. En la fachada meridional se encuentran los restos del muro de la catedral del siglo XI. La portada del presbiterio obtuvo su forma actual con las ventanas góticas, altas y treboladas arriba y cuadradas abajo, en el curso de la reconstrucción efectuada en 1400. En la fachada occidental, en el tímpano de la puerta principal neorrománica, se encuentra la Patrona de Hungría y en los dos lados, el escudo del obispo Károly Hornig y el escudo antiguo del cabildo.

Al entrar en la iglesia, debajo de la galería del órgano, llegamos a la nave principal neorrománica. Los capiteles de los pilares divisorios de las naves, fueron esculpidos según modelo de los capiteles de la iglesia medieval. La nave principal está cubierta con un techo artesonado.

En la nave lateral meridional se encuentran los altares de San Emerico y Santa Ana (1818) y en la nave lateral septentrional, los altares de la Asunción (1781) y de San Jorge. En la pared de la nave lateral meridional se ve la imagen de San Juan Nepomuceno y en la septentrional la de San Carlos de Borromeo, obras de Antal

Szirmay. En la nave principal se encuentran los cuadros de los santos de la casa de Árpád: San Esteban, San Emerico, San Ladislao y Santa Margarita y los Santos Padres, San Gregorio, San Juan Crisóstomo, San Agustín y San Gregorio Magno; en el arco de triunfo, los cuatro evangelistas con ángeles y corderos.

Los vitrales de la catedral son obra de Lili Sztehló-Árkay. En el rosetón que se encuentra sobre la galería del órgano, se observan los símbolos de los evangelistas, acompañados por ángeles. Los vitrales de las naves laterales están adornados por las figuras de San Esteban y Santa Margarita, la vista de Veszprém y la iglesia de la coronación de la reinas, la Beata Helena, la Beata Gisela, San José y San Gerardo. El vitral central del presbiterio presenta la lucha de San Jorge con el dragón.

En los dos lados de los escalones que llevan al presbiterio, se hallan las escalinatas que conducen a la cripta, que obtuvo su forma actual en el curso de la reconstrucción efectuada hacia 1400. La bóveda de crucería ojival de la cripta se apoya en pilares octogonales. En la parte oriental se encuentra el presbiterio que se cierra con los tres lados del octágono. Delante del altar está colocada la lápida sepulcral del obispo László Bánáss. A través de una puerta de hierro forjado de estilo barroco, podemos entrar en la capilla sepulcral de Márton Padányi Bíró. Sobre la entrada pende el escudo del obispo. El sepulcro barroco del obispo, con la figura del difunto y cuatro ángeles en los ángulos de la lápida, fue construída en 1762.

En la cripta están colocados también los fragmentos del sepulcro renacentista del obispo Péter Beriszló. (J. Z.)

ZALAEGERSZEG / *Provincia de Zala* / 147
Iglesia parroquial
de Santa María Magdalena

La iglesia con una nave de cuatro arcadas y un presbiterio de dos arcadas, fue edificada entre 1750 y 1760, por encargo de los obispos de Veszprém Márton Padányi Bíró e Ignác Koller. El arquitecto de la iglesia barroca de imponentes dimensiones, fue probablemente József Tiethrath.

Todas las paredes de la iglesia están adornadas por frescos que para remediar los daños causados por el incendio de 1826, han sido restaurados. El pintor de los frescos hechos en 1769 fue el maestro vienés, Johann Ignaz Cimbal. Los frescos de colores claros y serenos y de pocos detalles arquitectónicos, en el presbiterio representan la Santísima Trinidad y la Asunción; en la nave el Triunfo de la Iglesia y la Alegoría de la Fe, así como el Tránsito de la Virgen acompañada por los santos. Son frescos, igualmente, las imágenes del altar mayor y de los altares colaterales, dedica-

dos a Santa Isabel, San Juan Nepomuceno, la Inmaculada, San Ignacio y San Esteban. El fresco del altar mayor representa a Magdalena la Penitente y el de la capilla sexta, el Calvario.

Entre los muebles de la iglesia se destaca la sillería decorada con la estatua del Cristo Resucitado y la estatua de la Piedad ubicada en el altar de la capilla de San Esteban. (B. D.)

ZEBEGÉNY / *Provincia de Pest* / 44
Iglesia parroquial
de la Virgen de las Nieves

La iglesia de tres naves, de estilo art nouveau húngaro, con motivos medievales, se construyó en los años 1908 y 1909, según los proyectos diseñados por Károly Kós y Béla Jánszky. La fachada, con una torre de disposición asimétrica, está adornada con una puerta y ventanas que evocan las épocas románica y gótica.

En el interior de la iglesia, la nave principal alta que sube hasta el tejado, está separada de las naves laterales por pilares redondos. Los frescos fueron pintadas por los estudiantes de la Academia de Artes Aplicadas, bajo la dirección Aladár Kőrösfői-Kriesch. El ciclo de imágenes representa *El triunfo de la Santa Cruz,* rodeada por ornamentos florales art nouveau.

El mobiliario de la iglesia fue diseñado por Károly Kós y la pila bautismal, por Dénes Györgyi. (J. Z.)

ZIRC / *Provincia de Veszprém* / 200
Iglesia parroquial (cisterciense)
de la Asunción

El rey Béla III patrocinador de la orden cisterciense, de origen francés, fundó cuatro grandes abadías, entre ellas la de Zirc, en 1182. Para poblar la abadía, el rey invitó a sacerdotes de Francia, del monasterio Clairvaux (Champagne), el más grande y célebre de la orden. La edificación de la abadía se inició a finales del siglo XII y terminó durante las primeras décadas del siglo XIII. Entre las guerras y los conflictos de sucesión del trono, para 1538 el monasterio había perdido la mayoría de sus habitantes y cuando el castillo de Veszprém cayó en 1552, Zirc quedó deshabitado. Los territorios de la abadía en plena destrucción, pasaron primero a propiedad de laicos y más tarde, a la de la abadía cisterciense de Lilienfeld (la Baja Austria). En 1699, el abad de Heinrichau (Silesia) adquirió los territorios por una suma notable y durante el primer cuarto del siglo XVIII pobló la aldea de nuevos habitantes.

En aquella época, los pilares y los muros de la iglesia con las ventanas góticas subsistían aún y las bóvedas de las capillas que se abrieron en el crucero se encontraban en tan buen estado que en las dos capillas de la izquierda renovadas durante un tiempo se celebraron

misas para los nuevos colonos. Más tarde, los viejos edificios ya no respondían a las necesidades y surgió el plan de la construcción de una nueva iglesia según el gusto barroco. La construcción empezó con la demolición de los edificios en ruinas. Las piedras esculpidas fueron utilizadas para la edificación y sólo se conservó de la antigua iglesia un haz de pilares sobre el cual fue colocada la estatua de San Emerico.

El nuevo convento se construyó entre 1727 y 1733, con dos plantas. La primera piedra de la nueva iglesia fue colocada en 1732, al Sur del templo medieval. El nuevo edificio de dimensiones similares a las del medieval, fue construído en 1751. Las labores de la decoración interior continuaron hasta 1770. Los nombres del arquitecto y del jefe de las obras son desconocidos; es probable que trabajaron en Zirc maestros de Silesia. Pasados unos cien años, se elevó la altura de las torres de la iglesia; las agujas actuales fueron construídas en 1858. Entre 1844 y 1847 se anadió otra planta al monasterio que fue ampliado con una biblioteca de estilo clasicista.

La fachada principal de la iglesia está adornada en lo alto con una estatua de la Santísima Virgen; debajo de la estatua se ve el escudo unido de las abadías de Heinrichau y Zirc. A la altura de la puerta, se ven en sendos nichos las estatuas de San Benito y San Bernardo.

La joya más hermosa del interior de la iglesia es el altar mayor, cuyo retablo con la Asunción de la Virgen fue pintado por Franz Anton Maulbertsch en 1754 y comprado sólo más tarde por los sacerdotes de Zirc. El enorme cuadro está acompañado por parejas de estatuas: en la parte interior se ven las figuras de San Benito y San Bernardo; entre las columnas, las de San Juan Bautista y San José y en los extremos, las de San Pedro y San Pablo. En la parte superior del altar flota el arcángel San Miguel, acompañado por los arcángeles Gabriel y Rafael. El mecenas del altar mayor tallado en Pápa y colocado en su lugar en 1755, fue el canónigo István Dubniczay de Veszprém.

Otros adornos del presbiterio son el oratorio tallado con gran riqueza (1761), el pequeño órgano (1770) y el trono del abad.

Los frescos de las bóvedas son obra de József Wagenmeister de Pest. Durante las obras de restauración de 1891, los frescos fueron repintados, de modo que para hoy sólo la composición de los cuadros guarda el carácter barroco.

El adorno más bello de la nave es el púlpito. La balaustrada y la barandilla de la escalinata del púlpito están decoradas con relieves y el tornavoz y el parapeto de la balaustrada, con estatuas. La magnífica pintura del altar colateral de la Santa Cruz debe ser obra de Maulbertsch o algún seguidor suyo. Merece atención especial la galería del órgano: la caja de éste es de 1753. Las estatuillas del rey David y los ángeles músicos fueron colocadas en 1760 en la ornamentación que rodea los caños. (B. D.)

Bibliografía

Historia de la Iglesia Católica Húngara

Artner, Edgár: *Az egyházi év magyarázata* (Explicación del cómputo eclesiástico). Budapest, 1922

Bálint, Sándor: *Karácsony, húsvét, pünkösd* (Navidad, Pascua de Resurrección, Pentecostés). Budapest, 1973

Bálint, Sándor: *Ünnepi kalendárium I–II* (Calendario de las fiestas I–II). Budapest, 1973

Dobszay, László:. *Magyar zenetörténet* (Historia de la música húngara). Budapest, 1984

Gamber, Klaus: *A liturgia reformjának problémái* (Problemas de la reforma litúrgica) In: Nova et vetera. Budapest, 1975. pp. 48–61

Hermann, Egyed: *A katolikus egyház története Magyarországon 1914-ig* (Historia de la iglesia católica en Hungría hasta 1914). Munich, 1973

Hubay, Ilona: *Magyar missáliák* (Misales húngaros). Budapest, 1938

Jávor, Egon: *Hét kéziratos pozsonyi missale a Nemzeti Múzeumban* (Siete misales manuscritos de Pozsony en el Museo Nacional). Budapest, 1942

Jungmann, Josef A.: *A szentmise – történelmi, teológiai és lelkipásztori áttekintés* (La misa – compendio histórico, teológico y sacerdotal). Eisenstadt, 1977

Mezei, László: *Deákság és Európa* (Latinidad y Europa). Budapest, 1979

Parsch, Pius: *Üdvösség éve, I–II.* (Año de la salvación I–II.) Budapest, 1936

Parsch, Pius: *A szentmise magyarázata* (Explicación de la misa) Budapest, 1937

Radó, Polikárp: *Az egyházi év* (El cómputo eclesiástico). Budapest, 1957

Radó, Polikárp: *A megújuló istentisztelet* (Funciones religiosas renovadas). Budapest, 1973

Radó, Polikárp: *Enchiridion Liturgicum, I–II.* Segunda edición. Herder, 1966

Rajeczky, Benjámin: *Mi a gregorián?* (¿Qué es el gregoriano?). Budapest, 1980

Szilas, László: *Kis magyar egyháztörténet* (Breve historia de la Iglesia húngara). Roma, 1982

Szunyogh X., Ferenc: *A zsolozsma, I–II.* (El oficio divino, I–II). Budapest, 1938

Török, József: *A magyar pálos rend liturgiájának forrásai, kialakulása és főbb sajátosságai (1225–1600)* (Fuentes, desarrollo y rasgos principales de la liturgia de la orden húngara de San Pablo (1225–1600). Budapest, 1977

Török, József: *A középkori magyarországi liturgia története. In: Kódexek a középkori Magyarországon* (Historia de la liturgia medieval húngara. En: Códices en la Hungría medieval). Budapest, 1985, pp. 49–66

Historia de las diócesis de Hungría

Kristó, Gyula: *A vármegyék kialakulása Magyarországon* (Desarrollo de las provincias en Hungría). Budapest, 1988

Tivadar, Ortvay: *Magyarország egyházi földleírása a XIV. század elején a pápai tizedjegyzék alapján feltüntetve, I–II. (térképmelléklettel).* (Catastro eclesiástico de Hungría a principios del siglo XIV, recopilado a base de la lista del diezmo papal I–II; carta geográfica adjuntada). Budapest, 1891–1892

Obras generales

A magyarországi művészet története (La historia del arte en Hungría, recopilada por Lajos Fülep, Dezső Dercsényi y Anna Zádor). Budapest, 1970

A magyarországi művészet története (volúmenes publicados hasta 1991 de la Historia del arte en Hungría):
1300–1470körül (Alrededor de 1300–1470, recopilado por Ernő Marosi). Budapest, 1987
1890–1919 (recopilado por Lajos Németh). Budapest, 1981
1919–1945 (recopilado por Sándor Kontha). Budapest, 1985

Descripción de monumentos

Genthon, István: *Magyarország művészeti emlékei* (Monumentos artísticos de Hungría). Budapest, 1959–1961

Szőnyi, Ottó: *Régi magyar templomok* (Iglesias húngaras antiguas). Budapest, 1934

Magyarország Műemléki Topográfiája (Volúmenes publicados hasta 1991 de la Topografía de los Monumentos de Hungría

Otras obras, sobre las diferentes épocas del arte

Árpád-kori kőfaragványok (Piedras esculpiadas de la época de los Árpád). Catálogo de exposición. Budapest–Székesfehérvár, 1978

Baranyai, Béláné: *Mesterek és műhelyek az északkelet-magyarországi barokk szobrászatban. Magyarországi reneszánsz és barokk* (Maestros y talleres en la escultura barroca en el Noroeste de Hungría. El Renacimiento y el Barroco en Hungría). Estudios de historia de arte (recopilado por Géza Galavics). Budapest, 1975

Galavics, Géza: *A barokk művészet kezdetei Győrben* (Comienzos del arte barroco en Győr). Ars Hungarica 1973. pp. 97–126

Gerevich, Tibor: *Magyarország román kori emlékei* (Monumentos de la época románica en Hungría). Budapest, 1938

P. Szűcs, Julianna: *A római iskola* (La escuela romana). Budapest, 1987

Szabó, Júlia: *A XIX. század festészete Magyarországon* (Pintura húngara en el siglo XIX). Budapest, 1985

Széphelyi, F. György: *Vallásos festészet. Művészet Magyarországon 1830–1870* (Pintura religiosa. Arte en Hungría, 1830–1870). Catálogo de exposoción. Budapest, 1981

Voit, Pál: *A barokk Magyarországon* (El Barroco en Hungría). Budapest, 1970

Zádor, Anna–Rados, Jenő: *A klasszicizmus építészete Magyarországon* (Arquitectura clasicista en Hungría). Budapest, 1943

Catedrales e iglesias parroquiales

Bedy, Vince: *A győri székesegyház története* (Historia de la catedral de Győr). Győr, 1936

Eger város műemlékei (Monumentos de la ciudad de Eger). Budapest, 1982

Fizt, Jenő: *Székesfehérvár. Magyar városok* (Székesfehérvár. Ciudades húngaras). Budapest, 1980

Galavics, Géza: *Program és műalkotás a 18. század végén* (Programa y obra de arte a finales del siglo XVIII). Budapest, 1977

Géfin, Gyula: *A szombathelyi székesegyház* (La catedral de Szombathely). Szombathely, 1945

Gutheil, Jenő: *Az Árpád-kori Veszprém* (Veszprém en la época de los Árpád). Veszprém, 1979

Hajdúdorog története (Historia de Hajdúdorog). Debrecen, 1971

Horler, Miklós: *A Bakócz-kápolna az esztergomi székesegyházban* (La capilla Bakócz en la catedral de Esztergom). Budapest, 1987

Magyar székesegyházak (Catedrales húngaras). Edición de la Asociación de Regiones, Epocas y Museos, Budapest, 1989

Mojzer, Miklós: *A váci barokk rezidencia* (La residencia barroca de Vác). Cuadernos de la historia del arte, Budapest, 1960

Pintér, Imre: *A kalocsai főszékesegyház* (La catedral de Kalocsa). Budapest, 1942

Pirigyi, István: *A görög katolikus magyarság története* (Historia de la religión católica griega en Hungría). Nyíregyháza, 1982

Prokopp, Gyula: Packh János, 1796–1839 (János Packh, 1796–1839). Catálogo de exposición. Budapest, 1989

Rados, Jenő: *Hild József életműve* (Obra de József Hild). Budapest, 1958

A szegedi Dóm (La catedral de Szeged). Anuario conmemorativo de la diócesis de Csanád. Szeged, 1980

Ybl, Ervin: *Ybl Miklós* (Miklós Ybl). Budapest, 1956

Tájak, Korok, Múzeumok Kiskönyvtára (Colección de la Asociación de Regiones, Epocas y Museos). Budapest, 1979–1991:
no. 6.: Ják, Szent György-templom (Ják, Iglesia de San Jorge); no. 9.: Budapest, Budavá-

ri Nagyboldogasszony-templom (Budapest, Iglesia del Castillo dedicada a la Asunción); no. 44.: Szeged, alsóvárosi templom (Szeged, Iglesia de la Ciudad Baja); no. 56.: Nyírbátor, minorita templom (Nyírbátor, Iglesia minorita); no. 60.: Sárospatak, plébániatemplom (Sárospatak, iglesia parroquial); no. 74.: Sümeg, plébániatemplom (Sümeg, iglesia parroquial); no. 88.: Vörösberény (Balatonalmádi), plébániatemplom (Vörösberény, iglesia parroquial); no. 94.: Máriabesnyő (Gödöllő), kegytemplom (Máriabesnyő, santuario); no. 103.: Máriapócs, kegytemplom (Máriapócs, santuario); no. 114.: Zirc, apátsági templom (Zirc, iglesia abacial); no. 117.: Lébény, Szent Jakab-templom (Lébény, Iglesia de Santiago); no. 118.: Felsőörs, prépostsági templom (Felsőörs, iglesia de la prepositura); no. 127.: Kőszeg, Szent Jakab-templom (Kőszeg, Iglesia de Santiago); no. 128.: Bélapátfalva, apátsági templom (Bélapátfalva, iglesia abacial); no. 156.: Gyöngyöspata, plébániatemplom (Gyöngyöspata, iglesia parroquial); no. 158.: Budapest, Szent Anna-templom (Budapest, Iglesia de Santa Ana); no. 170.: Szécsény, műemlékek (Szécsény, monumentos); no. 182.: Pápa, római katolikus Nagytemplom (Pápa, Gran iglesia católica romana); no. 183.: Ganna, plébániatemplom (Ganna, iglesia parroquial); no. 185.: Fót, műemlék (Fót, monumentos); no. 188.: Nagybörzsöny, műemlékek (Nagybörzsöny, monumentos); no. 210.: Szentsimon, plébániatemplom (Szentsimon, iglesia parroquial); 211.: Debrecen, Szent Anna-templom (Debrecen, Iglesia de Santa Ana); no. 215.: Eger, Szent Bernát-templom (Eger, Iglesia de San Bernardo); no. 216.: Eger, minorita templom (Eger, iglesia minorita); no. 225.: Keszthely, Fő téri plébániatemplom (Keszthely, iglesia parroquial de Fő tér); no. 230.: Budapest, Egyetemi templom (Budapest, Iglesia de la Universidad); no. 232.: Őriszentpéter, plébániatemplom (Őriszentpéter, iglesia parroquial); no. 240.: Budapest, terézvárosi plébániatemplom (Budapest, Iglesia parroquial de Terézváros); no. 241.: Kecskemét, piarista plébániatemplom (Kecskemét, Iglesia parroquial de las Escuelas Pías); no. 245.: Zebegény, plébániatemplom (Zebegény, iglesia parroquial); no. 258.: Gyula, műemlékek (Gyula, monumentos); no. 268.: Cserkút, Árpád-kori templom (Cserkút, iglesia de la época de los Árpád); no. 273.: Pécs-Málom, középkori templom (Pécs-Málom, iglesia medieval); no. 283.: Feldebrő, plébániatemplom (Feldebrő, iglesia parroquial); no. 293.: Velemér, római katolikus templom (Velemér, iglesia católica romana); no. 296.: Kiszombor, körtemplom (Kiszombor, iglesia redonda); no. 321.: Tarnaszentmária, római katolikus templom (Tarnaszentmária, iglesia católica romana); no. 348.: Székesfehérvár, középkori műemlékek I. (Székesfehérvár, monumentos medievales I.); no. 358.: Szentgotthárd, egykori ciszterci épületegyüttes (Szentgotthárd, edificios de los cistercienses); no. 384.: Budapest, Szent István-bazilika, Szent Jobb-kápolna és kincstár (Budapest, Basílica de San Esteban, capilla dedicada a la "Sagrada Diestra" y el tesoro); no. 391.: Gyöngyös, a ferencesek plébániatemploma (Gyöngyös, iglesia parroquial de los franciscanos); no. 400.: Nagycenk, Széchenyi-mauzóleum (Nagycenk, Mausoleo Széchenyi); no. 417.: Nagycenk, Szent István-plébániatemplom (Nagycenk, Iglesia parroquial de San Esteban)

Fotos (blanco y negro) y reproducciones: Jenő Beke, Vilmos Bertalan,
Lajos Dobos, Róbert Hack, György Makky, Tamás Mihalik, István Petrás, Albert Petrik
Diseño gráfico: Ágnes Multas

Edición de Hegyi & Társa Kiadó Sc.
(con la cooperación de la Dirección Comercial del canal 2 de la Televisión Húngara
y la Imprenta Révai Óbuda Ltd.)
Editor responsable: Gábor Hegyi
Redactor responsable y redactor técnico: Erzsébet Déri
Impresión: Color Point Ltd. (substracción de colores; responsable: János Bakos, director gerente)
Fényszedő Központ Ltd. (composición; responsable: Baráth János, director gerente)
Impresión y encuadernación: Imprenta Brepols, Bélgica
En 50,6 pliegos A/5; caracteres Times

ISBN 963 7592 07 5